BONNIE GROSSMAN

Cómo sanar de amores difíciles

PRÓLOGO DE LILA DOWNS

Ediciones B
MÉXICO

México · Barcelona · Bogotá · Buenos Aires · Caracas · Madrid
Montevideo · Quito · Santiago de Chile

Cómo sanar de amores difíciles

Primera edición, julio 2011

D.R. © Bonnie Grossman
   www.sanardeamores.com

D.R. © 2011, Ediciones B México, S. A. de C. V.
   Bradley 52, Anzures DF-11590, MÉXICO
   www.edicionesb.com.mx
   editorial@edicionesb.com

ISBN 978-607-480-174-3

Impreso en México | *Printed in Mexico*

A mi hija Talisa
A mis padres
A mi familia y amigos

Por su apoyo y amor incondicional

A las mujeres guerreras que participaron
en los talleres con entrega y valentía

A Paula Ramirez Hohne por su generosidad,
capacidad en las innumerables revisiones del texto

A Nonny por su fe profunda

A la sabiduría de los antiguos mexicanos

Al Gran Espíritu

Todos los relatos son verídicos,
sólo se ha cambiado los nombres
de los protagonistas.

Contenido

PRÓLOGO

POR LILA DOWNS

> *La flor que vemos pasa breve, pero el perfume*
> *que entrega enriquece la economía de mundo.*
>
> FRANCISCO CÁNDIDO XAVIER

Cuando Bonnie me solicitó que escribiera el prólogo de este libro, me puse a reflexionar sobre las experiencias en mi vida que me marcaron especialmente como mujer. Entonces pensé: qué mejor manera de presentar estos relatos que contando unos detalles importantes de mi propia historia, mi proceso para fortalecer mi autoestima, poder amar y, así, romper un legado negativo que heredaron las mujeres de mi familia.

Los relatos siguientes, a través de los cuales conocerán a mujeres que lograron superar relaciones de pareja conflictivas, son importantes. Leerlos me transmitió una impresión de cotidianeidad y confianza para poder hablar honestamente de las cosas que nos suceden y que usualmente nos da pena o temor exponer, porque pensamos que sólo nos pasan a nosotras.

Este libro hará que tú también pierdas el temor de decir las cosas honestamente y nos permitirá crecer como personas individuales, así como disfrutar de mayor paz interna y contar nuestras historias, muchas veces dolorosas, pero que de todas maneras debemos compartir porque, al conocerlas, aprendemos otras maneras de crecer. Leyendo los testimonios, descubrí que todas tenemos una gran fuerza y potencial. Fue alentador darme cuenta de que yo, al igual que las protagonistas de estas vivencias, he transformado momentos difíciles en luz, en algo positivo.

Es conveniente saber que todos podemos pasar por algo así en la vida, o al menos vernos muy cerca de quienes sufren este tipo de aflicciones, al tratar actitudes que afectan relaciones de pareja y familia en todo el mundo. Y es que cada persona va construyendo su destino particular, pese a que algunos puedan tener la impresión de que los actos individuales y sus consecuencias obedecen a fuerzas que no se pueden gobernar. Inclusive en casos demasiado problemáticos, que parecen dictados exclusivamente por una persona con la cual nos vinculan fuertes lazos de afecto, la responsabilidad personal –nuestra actitud ante esos lazos– es algo que tiene más importancia y efectos de los que se suelen reconocer.

Por esto, quisiera contarles brevemente cómo la vida me fue enseñando a buscar la luz en medio de situaciones muy difíciles. Soy hija de una pareja poco común en mi medio natal. Mi padre era estadounidense y mi madre indígena; vivíamos en la Mixteca oaxaqueña, donde nacieron todas las mujeres de mi familia.

Mi madre, de jovencita, vivió en una época en la que todavía se discriminaba mucho a las personas por ser indígenas, por hablar su idioma y por su color de piel. Esto es algo que ha dejado en mí varias inseguridades. Desde pequeña sentí inseguridad a causa del color moreno de mi piel. Me daba cuenta, en especial cuando íbamos a la ciudad de México, que me daban un trato distinto cuando estaba con mi padre que al ser acompañada por mi madre. Ahora entiendo que en parte ese trato se debía a mi condición de mujer, pero también tenía que ver con la actitud racista de nuestra sociedad y otros problemas que hasta la fecha no resolvemos. Creo que por eso he cantado tanto sobre estos temas, pues ha sido una terapia importante para mí; con mis canciones, mis actos y mis momentos en el escenario, experimento una catarsis, al encontrarme conmigo misma de una manera más pacífica y armoniosa.

La etapa más difícil en mi vida llegó con la muerte de mi padre, cuando yo era pequeña. Al no haber más hombres en la familia, nuestra situación social cambió; de pronto, las personas que nos conocían y nos demostraban amistad, empezaron poco a poco a dejar de hablarnos y de invitarnos a sus reuniones; hasta dejaron de saludarnos en la calle. Fue impresionante. Considero que entonces me di cuenta de que una, como mujer y ser humano, tiene que demostrar sus capacidades, sólo que yo no sabía exactamente cómo hacerlo. Hasta la fecha todavía pienso con nostalgia que mi vida hubiese sido muy diferente si mi padre aún estuviera vivo.

Un muchacho que había sido mi novio empezó a contar cosas muy negativas de mí, lo cual me ocasionó un problema. En el pueblo todo mundo se conoce, pero a consecuencia de las mentiras de mi ex novio la gente comenzó a inventar rumores: decían que yo había hecho cosas terribles, que me había ido de... y hablaban básicamente de la parte delicada de la mujer, que es su virginidad y su capacidad sexual. Cuando las personas empezaron a verme como una mujer "mala", cambiaron su conducta hacia mí. Mi respuesta inmediata fue hacer algo al respecto e investigar de qué manera podía proceder legalmente.

Fui con mi madre a demandar a ese joven que había estado cometiendo conmigo una difamación de honra (ése era el término legal). También recuerdo que llegaron las hermanas de él como sus testigos a atacarme. Mis testigos eran mi madre y otro amigo que estaba dispuesto a declarar en contra de lo que falsamente se había dicho de mí en un bar o una cantina de mi pueblo. Todo esto fue muy duro; ahora me río de ello, pero en ese momento fue devastador porque me di cuenta de toda la gente que estaba en mi contra. Aunque la mayor parte de mí los ha perdonado, creo que a la fecha hay una partecita pequeña dentro de mí que todavía no los disculpa, pero lo importante es poder llegar hasta ese punto y dejar el odio y el rencor. Esa experiencia fue un gran aprendizaje y tengo la convicción de que me ha hecho madurar, pues me hizo fuerte.

Percibo que aún es tabú en nuestra sociedad hablar de la sexualidad y del poder que nosotras las mujeres podemos tener sobre nuestro cuerpo y nuestra dignidad. Valoro el privilegio de contar con una madre que me daba apoyo y me ayudaba económicamente a seguir estudiando. No me imagino qué hubiera hecho de no haber tenido esa fuerza detrás de mí, ese apoyo tan importante de mi madre a nosotras.

A pesar de este gran amor que recibimos de nuestra madre, ella a veces, sin querer, nos transmitió inseguridades y traumas. Mi desarrollo me ha costado más trabajo que a otros, porque en mi familia hubo mucha negatividad desde que yo era muy pequeña. Esto lo supe porque desde mi niñez existieron personas que me alentaban a dedicarme al canto, diciéndome: "Tienes una voz súper especial", y yo les respondía: "Bueno, lo voy a intentar". Pero en mi familia solían repetirme frases despectivas como: "Aprende a hacerlo bien, no está muy bien, canta más fuerte, canta mejor, canta con sentimiento, eso no vale nada". Y por eso, aunque no estaba del todo convencida, empecé a cantar con una banda tradicional de Huajuapan, en las fiestas de los pueblos en las montañas. En mi vida ha sido sumamente importante buscar la luz, porque mi tradición viene de un lugar algo pesimista y muy exigente. Así que la clave está en cómo darle relevancia a tu vida después de vivir esas experiencias.

Considero que lo principal para desarrollar confianza en mí misma ha sido la práctica de reforzar ideas positivas, para lo que es imprescindible hacer trabajo "de hormiguita" a diario. Por una parte, necesito tener mucha confianza en mí misma, porque los artistas tenemos que estar muy seguros de lo que queremos decir para poder expresarlo. Pero hay momentos en que me siento muy insegura como mujer; a veces siento que no valgo mucho, como digo en mi canción, que soy polvo de la tierra: así me sentí y sigo sintiéndome toda la vida. Es quizás una cuestión psicológica compleja debida en buena parte a mi crecimiento: mi madre no estaba muy convencida de tener hijos; hemos platicado muchas veces este tipo de problemas psicológico-emocionales profundos, ya que a veces heredamos estos problemas de algún familiar. Para saber de dónde vienen los nuestros, rascamos en la historia familiar y supimos que se deben a que mi abuela tuvo una historia tan difícil con los hombres que mi madre, cuando era chiquita, aprendió a odiarlos; luego le dio por jugar con los sentimientos de ellos porque era muy bonita, aunque no dejaba de tenerlos a distancia. Mi madre, por lo tanto, tiene una relación muy peculiar con los hombres, porque si bien son el centro de la autoridad en la casa, al mismo tiempo ella ha ejercido una especie de poder sobre ellos. Creo que, sin darme cuenta, aprendí de mi madre ese temor y odio que más adelante mi esposo Paul me ayudó a disminuir.

Pienso que ese antecedente me impide concebir bebés. No sé hasta qué punto una puede controlar su físico mediante la mente, pero a mí se me hace que soy de esas personas. Ahora que me convertí en madre, gracias a mi hijo adoptivo, puedo tratar libremente ese tema. Ser madre es de los regalos más grandes que antes ni siquiera imaginaba; quizás en otro momento de mi vida pude haberlo sido, pero Dios y el destino sólo lo permitieron hasta ahora. Lo agradezco mucho y siento que es un momento muy importante de volver a dar y de ser también crítica conmigo misma por la vida del ser que voy a nutrir, lo cual será difícil pero muy hermoso.

En cuanto a mi esposo Paul, lo conocí cuando empecé a cantar con la trova serrana de Guelatao. Encontrarme con él dio paso a una hermandad de conocimiento y de esperanza, porque es una persona muy espiritual, muy justa, que busca vivir sus ideales. Yo no me había encontrado con una perso-

< 16 >

na así hasta ese momento; Paul es músico también, así que coincidimos en muchas cosas y eso hizo también que para mí el ser cantante se hiciera realidad, porque me encontré con un cómplice de algo que me interesaba hacer. Quizás Paul ha sido una especie de maestro para mí, porque él es muy práctico (como lo son muchos hombres con respecto a cómo aplicarse en la música). Yo estaba como desesperada por la planeación y le decía: "¿Pero cómo vamos a grabar el disco y lo vamos a promover?" Él me respondió: "No te preocupes, canta a diario, canta en un lugar con frecuencia y así poco a poco vas a tener un público". Yo nunca lo había pensado de esa manera, era como empezar algo pequeño con la confianza de que se iba a convertir en algo mayor.

La comunicación en nuestro matrimonio ha sido muy importante, porque día a día hay muchas cosas que hacer, y a veces una se olvida de preguntarle: "¿Cómo estás?" o "¿Te sientes solo?" A veces yo me siento sola, aunque estamos siempre juntos; cuando me siento aislada, se lo comunico; entonces tomamos un tiempo para hacernos compañía de verdad, y ésa creo es la auténtica relación que continuará, pues te pones de acuerdo con tu pareja para tener armonía en tu vida porque eso deseas.

Para concluir, yo diría a las mujeres: si estás en una situación peligrosa o difícil para ti (tú te conoces y sabes cuál es el problema) tienes que hacerle caso a la voz de la intuición. Las mujeres intuimos, es un don que creo pertenece a nuestro género: una sensación que es como una sabiduría proveniente del pasado, que nos toca, y creo que nos corresponde escuchar esa intuición. A veces no le prestamos atención a causa de los códigos dominantes en nuestra sociedad, pues ni en la escuela ni en nuestras familias nos explican qué significan muchas cosas que nos afectan. Sin embargo, podemos escuchar esa intuición básica de la mujer que nos habla y nos dice con voz fuerte: "Esto no se siente bien". Yo creo mucho en esa voz porque empecé a oírla a los dieciseis años, cuando comenzó mi lucha en el entorno social que me tocó superar.

INTRODUCCIÓN

Voy a beber del pozo de mis sueños.

ILLAPU

La intención de este libro es que cada mujer que lo lea, pueda poner en práctica alguna(s) de las lecciones aprendidas por estas mujeres, que lograron una recuperación en cuanto a la insatisfacción que sentían en sus relaciones de pareja.

Este es un libro de esperanza, que muestra que al igual que las mujeres cuyos relatos se han publicado aquí, tú también puedes recuperarte. Se basa en un proyecto que emprendimos en 2006, en una ciudad de la República Mexicana cuyo nombre mantenemos anónimo para proteger la identidad de las protagonistas. Somos dos psicólogas, que con la idea de promover la conciencia y empoderar a las mujeres de la región, empezamos un trabajo de desarrollo humano con un grupo que denominamos: "Mujeres Amando Demasiado".

El objetivo era poner en práctica los aprendizajes surgidos del libro *Mujeres que aman demasiado*,[1] y con ello poder facilitar a las mujeres participantes el tránsito por un proceso de autoconocimiento (auto-comprensión) y recuperación. Se trataba de un grupo abierto al público, en donde ofrecí sesiones semanales que más tarde se convirtieron en un proyecto de mayor alcance, pues recorrí el país y el extranjero impartiendo estos cursos-talleres a grupos, al igual que sesiones privadas.

Este libro es el resultado del trabajo con mujeres que participaron en estos talleres o en sesiones privadas y lograron un cambio significativo en sus vidas; es un libro que busca recuperar los recorridos de mujeres que a lo largo de su proceso de poner en práctica los aprendizajes de *Mujeres que aman demasiado*, lograron no sólo transformar su forma de entender sus relaciones, especialmente de pareja, sino sobre todo pudieron transformar también su modo de vivirlas.

El libro ofrece una serie de historias contadas por mexicanas que no sólo han iniciado el camino de sanación después de estar en una relación destructiva, sino que han recorrido un largo trecho de aprendizaje y entendimiento. Se trata de relatos de mujeres de diferentes edades, profesiones y clases sociales. Algunas viven en pueblos, otras en ciudades; hay otras que son de comunidades que hablan una lengua indígena además del español. En general, se trata de la mujer hispanoamericana, que si bien comparte problemáticas universales con el resto de su género, tiene particularidades que sólo comprendiendo la cultura latinoamericana

---

1 Robin, Norwood, *Mujeres que aman demasiado*, Ediciones Byblos, Barcelona, 2004.

se pueden explicar: es una mujer que acarrea una herencia cultural de grandes contrastes, en donde el rol del hombre ha sido mucho más prominente y dominante que el suyo; que es testigo de notables desigualdades (no sólo de género, sino de clase, de posibilidades, etcétera), y que, sin embargo, ha desarrollado una persistente valentía.

Cada historia inicia con el relato de los problemas emocionales que sobrellevaba cada una de las mujeres cuando empezaron su proceso de recuperación, y qué estaba pasando en sus vidas en ese momento. Las mujeres describen sus relaciones de pareja, pero realmente esclarecen algo mucho más importante: nos confían sus vidas en general, su pasado, sus insatisfacciones, sus penas, el sufrimiento que acarrean. Las relaciones de pareja son como un barómetro que te indica cómo estás realmente por dentro: son un reflejo de tu relación contigo misma.

De allí, estas mujeres te estrechan la mano y te permiten acompañarlas en los pasos que dieron para el autodescubrimiento, lo que las condujo a la recuperación, y que pueden ayudarte a ti también. Cuando expreso la palabra recuperación, no empleo ésta en el sentido de recuperarse de una enfermedad, sino de recuperar tu fuerza interior y amor propio, pues en ello radica tu posibilidad de establecer y vivir relaciones de pareja satisfactorias, sanas.

Los relatos que se incluyen en este libro te indican los pasos de acción que tomaron estas mujeres en sus vidas, que incluyeron cambios internos y externos; así como los procesos que atravesaron para llegar adonde están ahora: en el crucero del camino donde se sienten contentas con su progreso y mucho más felices con sus vidas en general. Ya lo decía una de ellas al grabar su testimonio, tres años después de que inició el proceso: "ahora puedo contar todo sin dolor."

Después de cada historia, se ofrece una serie de recomendaciones que conducen a la reflexión y acción, para ayudarte a salir de tu situación difícil de manera autónoma. No se trata de un proceso para lamentarse por lo ocurrido, sino para comprender lo que sucedió, mirar hacia el futuro y hacer cambios positivos.

Los relatos y sugerencias ofrecen herramientas concretas para que tú elijas la acción que es correcta para ti. Todo depende de lo que estás dispuesta a hacer y hasta dónde deseas llegar.

Paola

26 AÑOS, DOCTORA

Mi padre, que es maestro, no vivía con nosotros cuando yo era niña, pero sin avisar llegaba a la casa a visitarnos y se quedaba varios días. Yo nunca pregunté dónde vivía el resto del tiempo, sólo me limitaba a aceptar que era necesario vivir casi todo el tiempo con mi mamá, mi abuelo y mis tres hermanos. Mientras mi papá no estaba todo iba bien, pero cuando nos enterábamos de que iba a llegar, se creaba un ambiente de angustia entre los hermanos, pues ya sabíamos que aunque tuviéramos todo limpio y en orden, él se iba a enojar por cualquier cosa que estuviera mal. Él es de carácter muy fuerte y, por eso, nos causaba mucho miedo. Mi mamá pasaba la misma angustia, así que todos nos poníamos obsesivamente a limpiar la casa antes de que él llegara.

Cuando papá estaba en casa, se sentía un ambiente pesado, de tensión. Discutía a veces con mi mamá, o se enojaba por cualquier cosa. Todos estábamos tan tensos que no podíamos comportarnos normalmente. Cuando mi padre nos visitaba, hasta a la hora de comer guardábamos silencio; no era como los días en que él estaba ausente, y nosotros podíamos conversar con confianza. Cuando él llegaba todo cambiaba. Era muy exigente, nos obligaba a tener todo limpio y se ponía muy mal si las cosas no estaban en el lugar que él las había dejado: quería que la pinza o cualquier cosa estuviera exactamente donde la dejó un año atrás, sin tomar en cuenta de que éramos unos niños y sin importarle que hubiera pasado mucho tiempo desde su partida. Nos exigía bastante, desde muy pequeños. Yo entré al kínder sabiendo leer, porque mi papá me obligó a aprenderme los números y las letras. Todo lo aprendí por miedo a sus reacciones explosivas, a su intolerancia hacia la desobediencia y el desorden.

Cada vez que mi papá llegaba a la casa se quedaba quince días o una semana, pero yo no quería que estuviera con nosotros ni uno solo; yo anhelaba que el tiempo pasara rápido y que llegara la hora en que ya se fuera de mi casa. Nos visitaba una vez al año, y aunque parece poco, para mí era demasiado; esas semanas eran eternas; yo sufría mucho cuando mi mamá me decía que mi papá iba a llegar.

Mi abuelo de alguna manera suplió el rol de padre en nuestra familia. Era un hombre muy amoroso e inteligente, pero desafortunadamente en ese entonces atravesaba por un problema serio de alcoholismo, que nos obligaba a encerrarlo en la casa, donde destruía todo lo que tuviese a su alcance. No era precisamente el mejor ejemplo de padre ni mucho menos, pero no obstante que cuando tomaba se dedicaba a la destrucción, a nosotros nunca nos agredió ni nada parecido. El abuelo superó más tarde su problema de alcoholismo, pero durante nuestra niñez tuvimos que vivir con ello.

Pasó el tiempo, crecimos, y un día de repente, cuando ya éramos todos adolescentes (yo tenía once años), mi mamá nos anunció que mi padre regresaba a vivir con nosotros. Como es de imaginarse, para mí fue un golpe muy grande. Si me sentía mal cuando nos visitaba, ahora que llegaba a quedarse me resultaba una pesadilla.

Desde que llegó se puso bien exigente, sobre todo conmigo, decía que todo lo hacíamos mal y que mi madre nos tenía muy consentidos. Sin embargo, a todos nos iba muy bien en la escuela y, dentro de lo que cabe, éramos buenos chicos. Pero todo parecía disgustarle y yo tenía pleitos horribles con él. Le reclamaba que me parecía mal e injusto que nos viniera a gritar y a exigir cosas que ni siquiera nos había enseñado, que él no había estado con nosotros, no había crecido con nosotros, y que para mí era como un extraño exigiéndome cosas. Me molestaba mucho que mi madre permitiera que mi papá se comportara así con nosotros, que nos exigiera y nos gritara.

Desde el inicio de nuestra convivencia hubo choques, en especial entre él y yo, porque no nos llevábamos bien. Mis hermanos, por miedo, le obedecían en todo, pero yo no, yo estaba justamente entrando a la adolescencia y nos enfrentamos cada vez con más violencia, hasta que me propinó los primeros golpes físicos. Fue por puras tonterías, de hecho ya ni recuerdo la razón concreta, pero el caso es que yo le reclamé algo y él me golpeó. Esa fue la primera de varias veces en que me agredió físicamente. Mi mamá estaba ahí, pero en un sitio alejado de la casa, así que cuando escuchó que me estaba pegando se metió a defenderme. Ahí me empecé a llenar de coraje, me sentía débil, sentía que no podía defenderme.

Fue la primera vez, a la que siguieron cuatro o cinco más. Yo no sabía cómo defenderme, pero sentía que lo tenía que hacer de alguna manera. Recuerdo un día que yo estaba haciendo agua de limón y él llegó, y no me acuerdo ya ni cuál fue el motivo pero empezó un pleito. Intentó golpearme otra vez, pero yo alcancé a agarrar el exprimidor de limones y con eso me defendí. De alguna manera se detuvo. En esa ocasión mi mamá no estaba y afortunadamente logré detenerlo, ya no me siguió golpeando.

Después de eso pasó mucho tiempo así, y yo ya no era capaz de poner límites y preguntarle por qué me pegaba, no era capaz de enfrentarme a él; le tenía miedo. Hubo muchos problemas entre nosotros, había veces que ni siquiera nos hablábamos. Yo estaba tan enojada con él, tan molesta que había días enteros, semanas, en que no nos hablábamos, no nos dirigíamos la palabra para nada; yo subía a mi cuarto y a la hora de bajar a comer no quería hacerlo porque sabía que mi papá estaría ahí comiendo, entonces me aguantaba el hambre hasta ya muy tarde para no comer con él. Pero también sucedía que él se esperaba hasta que yo bajara: él tampoco comía hasta que yo bajara a cenar con él; eso a mí me enojaba mucho y sucedía frecuentemente.

Cuando yo estaba en el servicio (terminando mis estudios de medicina), hubo una vez que íbamos a viajar juntos y yo llegué una hora tarde. Le avisé por teléfono que llegaría tarde, pero una vez que ya estábamos dentro del coche y en camino, me golpeó; de la nada me dio un golpe en la cara. Yo me sentí verdaderamente muy mal, me quise bajar, pero él aceleró. Ya estábamos en carretera y no me quedó más que ponerme a llorar con mucho coraje e impotencia. Yo no estaba en el grupo de terapia todavía, y fue en ese momento cuando decidí que tenía que hacer algo, pues no podía seguir así. Eso pasó en octubre y yo empecé la terapia en noviembre, pero tuvieron que pasar muchos años de relación con mi padre para que yo tomara la decisión.

Entré al grupo más por lo que yo pasaba con mi padre, que por lo que estaba pasando con mi novio Daniel, con quien andaba entonces. Cuando empecé la terapia sentía que ya no podía, estaba convencida de que algo tenía que hacer, pero no sabía por dónde; sólo sabía que necesitaba ayuda. En terapia me di cuenta de que debía hablar con mi padre y decirle que no le permitiría que me volviera a pegar nunca, pero me resultaba demasiado difícil. Pasaron dos meses antes de que pudiera hablar con él, y cuando por fin me animé a hacerlo, pensé: "Hoy es el día, hoy tiene que ser el día" y le dije, mientras él estaba volteado trabajando en la computadora: "Oye, papá, yo ya no te permito que me vuelvas a pegar", y empecé a contarle todas las cosas que me dolían y que no me gustaban desde la niñez. Yo esperaba que se volteara y me dijera algo, pero no se volteó ni me dijo absolutamente nada; en lugar de eso me dio dinero y me mandó a la tienda por el pan tostado. No le dije nada, tomé el dinero y cuando salí de mi casa me solté a llorar. No me esperaba esa reacción de su parte, yo pensé que voltearía a mirarme y hablaría conmigo, pero no lo hizo. En ese momento le hablé a Daniel y le dije: "Fíjate que por fin logré hablar con mi papá y me mandó por un pan tostado", y Daniel se rió y me dijo que lo esperara afuera, que iba a verme. Fue un momento muy difícil.

Cuando hablé con mi padre pensé que no le había importado, porque no me dijo nada y me mandó por el pan.

Ya no le quise volver a hablar del tema porque me quedé lastimada, y creía que no tenía caso insistir. Un día mi papá vino al consultorio a dejar a mi tía a su sesión, que también está en terapia, y aceptó acudir a una consulta primero él solo y después conmigo. En la sesión conmigo lloró mucho y lamentándose me dijo que él no sabía que me había afectado tanto y que lo sentía mucho. Se disculpó y me dijo sinceramente que él no lo había querido así y nunca había pensado que había causado todo ese daño. Me explicó que aquel día que yo le confesaba mis sentimientos de la niñez, él estaba tan sorprendido que no supo cómo responder y que la única cosa que se le ocurrió decir fue mandarme a comprar el pan.

Me dolió mucho verlo llorar en la sesión y ver que le afectó tanto lo que yo le dije. Siempre lo vi como un hombre muy fuerte, insensible, así que verlo llorar con tanta tristeza me impactó mucho. Ahí pensé que quizá no era tan monstruo como yo lo veía. En ese momento sentí que me quería; creo fue de las primeras veces que sentí su cariño. No esperaba entonces ver esa parte de él que no había visto antes; en ese momento yo tenía veinticinco años y nunca en mi vida había visto a mi padre llorar.

Esa sesión fue increíblemente difícil para mí; hablar de lo que yo sentía, de cómo veía las cosas implicó vencer un miedo que acumuló desde hace años. Sin embargo, decir lo que sentía y pensaba también me liberó mucho, pues descargué un peso enorme que traía encima y, como consecuencia, mi papá se disculpó y empezó a mejorar. Después de eso le insistí que siguiera yendo a la terapia sólo por él, pues finalmente es él quien trae la carga de sus problemas; pero ya no quiso continuar. Creo que tiene mucho miedo de enfrentar lo que le ha tocado vivir.

Yo siempre hacía muchas cosas para buscar la atención de mi padre: pasada mi etapa de rebeldía adolescente, busqué ser la mejor portada de mis hermanos, sacaba las calificaciones más altas, me esforzaba muchísimo para ser la más obediente y aplicada. Sabía que a mi papá le importaba mucho eso de ser el mejor, y yo sin realmente quererlo me convertí en eso: la mejor en la escuela, la mejor portada, siempre llegué temprano a mi casa; en el fondo, siempre traté de complacerlo y de buscar su aprobación.

Él era muy poco expresivo. Normalmente era hija de mi madre, y cuando me iba bien en la escuela o me daban algún reconocimiento por eso, entonces era hija de mi padre también. Por ejemplo, cuando terminé la carrera de medicina, él se pavoneaba y decía: "Mi hija terminó medicina", pero en muchas otras cosas en que yo fallaba, le decía a mi madre: "Mira lo que hizo tu hija".

Hubo un tiempo en que mi padre se esforzó mucho por acercarse a mí, pero yo lo rechazaba automáticamente. Me compraba cosas que yo rechazaba, aunque quisiera, y en general trataba de ponerse cariñoso conmigo. Después de que estuvimos juntos en la sesión, sus intentos por acercarse a mí han sido aun mayores. Desafortunadamente para mí, no es tan fácil reconciliar la relación con mi padre ahora, después de tantos años. Yo sentía que de repente él quería convertirse en el papá tierno y adorable que nunca fue y eso me hacía sentir muy incómoda, simplemente porque no estoy acostumbrada a esas muestras de cariño de su parte; no me gustaba que me abrazara ni nada. Hasta la fecha sigo poniendo ciertos límites, poniendo barreras; no dejo que se me acerque del todo.

Me preocupa el hecho de que uno tiende a repetir los patrones de los padres, y que vaya yo a terminar casada con un hombre como mi padre. Yo no quiero algo así para mis hijos, porque para mí fue muy difícil y me hizo sufrir mucho. Yo no quiero terminar con un hombre que trate a mis hijos como mi padre nos trató y nos hizo sentir a nosotros, y voy a trabajar por romper ese círculo que no hace bien a nadie.

Luego de las sesiones del grupo que me llevaron a entender cosas que antes no comprendía, empecé a cambiar mucho en cómo veo y vivo mi vida y mis relaciones. Incluso con mi padre, luego de la terapia las cosas mejoraron bastante. Por ejemplo, por primera vez en toda mi vida mi padre tuvo un gesto muy lindo conmigo: me vio muy triste y deprimida cuando terminé con Daniel hace dos años y le dijo a mi mamá: "Yo la quiero llevar de viaje". Nos fuimos juntos a Mérida, en uno de los pocos viajes que hemos hecho solos él y yo, y que disfruté muchísimo, pese a que no hablamos mucho porque él iba manejando y yo me dediqué a llorar todo el camino. Entonces agradecí que no me cuestionara por mi llanto y que, por el contrario, respetara que estuviera pasando por un momento doloroso, mío; de hecho él hacía como que no se daba cuenta. Disfruté el viaje porque me sentí verdaderamente querida y atendida por mi padre; me sentía su niña consentida que podía pedirle cualquier cosa con la certeza de que habría una respuesta positiva a mis deseos. Fuimos a la playa, y como yo no sé nadar, él me metió al mar como niña chiquita, y cualquier cosa que le pedía, a donde fuera que quisiera ir, él cooperaba contento. Creo que exageré un poco al decir que sentí por primera vez que tenía a mi papá. Antes de eso yo sentía cierta envidia hacia mi sobrinita porque ella es muy apegada a mi hermano y de alguna manera tenía ese papá que yo deseaba tener. Después, cuando me tocó vivir ese viaje, me di cuenta de que yo me comportaba con mi papá como mi sobrina.

Ese viaje me fascinó y aunque en ese entonces yo estaba triste y deprimida, la experiencia fue no menos que maravillosa para mí; pude conocer la otra parte de mi papá que nunca conocí y que tampoco él dejaba que nadie conociera. Me gustó muchísimo y yo creo que él lo disfrutó también. Ahora que se ha dado la oportunidad de conocerme y acercarse a mí me dice continuamente que me parezco mucho a él, y hasta bromeamos al respecto.

Poco a poco he ido entendiendo y perdonando a mi papá. Un día, en sesión, mi tía nos contó una parte de su niñez y me quedé muy sorprendida por lo terrible de la infancia de mi padre. Para mí fue muy duro e impresionante escuchar a mi tía, pues me di cuenta lo mucho que ella y mi papá habían sufrido; tuvieron una infancia muy dura, con un padre cruel e insensible que les hizo mucho daño. Lloré mucho y comprendí por qué mi papá es como es, pero también me di cuenta de que mi papá no es cruel, tiene un carácter fuerte y todo, pero no es ni cercanamente tan duro como era su padre. Saber de su infancia y su pasado me permitió entender muchas cosas de él y me ayudaron a cambiar mi actitud hacia él.

Llegó un momento en que me empecé a llevar bien con mi papá, pero tan bien, que de repente hasta sentía que hacía a un lado a mi mamá, le daba la razón a él y me interesaba mucho su opinión. Cuando me di cuenta de qué bien me llevaba con él, sentí que estaba traicionando a mi mamá, y decidí hablarlo con ella; le pregunté si se sentía mal o le molestaba de algún modo esa relación. Enseguida contestó que al contrario, que había sido siempre muy difícil para ella que nosotros no tuviéramos una buena relación y que ahora le daba mucho gusto vernos reír y conversar con tanto entusiasmo.

Daniel

Cuando conocí a Daniel, mi ahora ex novio, yo pasaba mucho tiempo en mi casa porque mi mamá era muy conservadora y casi no nos dejaba salir a ningún lado. Siempre me advertía que no debía de tener novio porque supuestamente estaba muy joven, aunque en realidad yo creo que su miedo era que fuera a quedar embarazada o algo así. Vivíamos en un pueblo con tradiciones muy arraigadas y conservadoras, así que mi mamá no nos dejaba tener novio ni salir, mucho menos ir a bailar, o algo por el estilo. Precisamente porque no salía a ninguna parte, conocí a Daniel en mi casa.

Llegamos a la ciudad cuando yo empecé a estudiar la secundaria. Entonces me dejaban salir hasta las ocho de la noche y ni un minuto más. Además, siempre debía dejar el teléfono de la amiga con quien me encontrara, e incluso llegó a suceder que la mamá de alguna de mis amigas tenía que hablar con la mía para que me dejara ir a hacer alguna investigación o trabajo de la escuela. Yo siempre le decía a mi madre que tenía que confiar en mí, pero ella sin titubear me respondía que no era de mí de quien desconfiaba, sino "de los demás".

Cuando mi hermano conoció a mi cuñada, ella empezó a llevar a sus hermanos a comer a la casa. Fue así como conocí a Daniel. Al inicio me cayó mal porque hizo un comentario que no me gustó, pero después coincidió que comimos una vez solos en mi casa, platicamos de lo que estudiábamos, y de pronto me cayó muy bien. A partir de entonces Daniel iba todos los días a comer a mi casa y era la única persona con la que yo convivía fuera de la escuela. Llegó un momento en que me empezó a gustar y hasta se lo comenté a un amigo, pero algo desanimada, pues pensaba que a Daniel yo no le interesaba, que no me iba a hacer caso porque era muy chica para él; yo apenas estaba en el bachillerato y él ya cursaba su carrera universitaria. Pero él siempre me buscaba, así que empezamos a desarrollar una relación: platicábamos mucho y empezamos a ir al pueblo, en donde íbamos al campo y pasábamos largo tiempo juntos.

Yo sabía que Daniel tenía novia, pero un día que estábamos en el pueblo me besó. A mí nadie me había besado antes, así que no supe bien qué hacer o lo que eso significaba. Se lo conté a mi mejor amiga y ella me dijo que lo más probable era que hubiera sido sólo un beso y que no significaba nada más. Las dos pensamos que como tenía novia y por lo chica que yo estaba no era una opción para él. Por esos tiempos estaba entrando a la facultad y a la semana del beso Daniel me fue a buscar a la universidad para decirme que se sentía muy bien conmigo, y aunque yo le pregunté por la novia, él me dijo estar confundido y me siguió visitando. Yo nunca había tenido novio y ese era mi primer encuentro con el sexo opuesto. Estaba muy emocionada; tenía dieciocho años.

Pasó el tiempo y empezamos a salir más: al cine, acá, allá y un día que habíamos quedado en reunirnos, me habló y me dijo: "Mi novia está aquí y no te voy a poder ver". Yo me sentí muy mal, al otro día era mi cumpleaños y yo me sentía fatal. Pero al día siguiente me fue a ver para decirme que había terminado con su novia y que ya podíamos andar juntos.

Empezamos a salir y pronto se convirtió en un noviazgo formal. Su ex novia nunca lo dejó de buscar, y aunque yo me cercioré de que Daniel había terminado la relación con ella, lo seguía buscando a pesar de que él ya no le hacía caso. Así pasaron dos años y medio, hasta que un día Daniel me llamó por teléfono y me dijo que quería verme, que quería hablar conmigo. Sonaba muy triste, así que nos vimos, me llevó a un parquecito y después de besarme y decirme que me amaba y que me quería sólo a mí, me dijo que iba a ser papá, que su ex novia estaba embarazada. Para mí fue un golpe muy fuerte, me sentí traicionada, herida, muy dolida. Lo cacheteé, me puse a llorar como loca, y así estuve seis meses o más, llorando y sufriendo por Daniel. No paraba de llorar, en la madrugada me levantaba y me ponía a llorar, no podía dormir, no podía hacer nada.

Empecé a hacer mucho ejercicio, pues sentía que me ayudaba a liberar la tristeza y toda la energía negativa que traía. Me dio por correr, corría y corría, y con cada carrera sentía que me liberaba de otro poco de tristeza. Corrí como nunca, hice mucho ejercicio, y él empezó a buscarme otra vez. Cuando regresaba de correr me lo encontraba sentado afuera de mi casa esperándome, y nunca fui capaz de pasarme y dejarlo ahí, siempre me sentaba a su lado y así lo hice muchísimo tiempo. Se deshizo en mil perdones, de repente yo llegaba a mi escuela y me encontraba con carteles por todo lados que decían: "Te amo, perdóname", o cosas así. Yo estaba totalmente confundida, no sabía qué hacer, porque estaba enamorada de él, pero estaba muy dolida también.

Así pasaron seis meses, y un día, platicando con una tía de mi amiga me preguntó qué iba a hacer con relación a Daniel. Me dijo que si la ex novia tuvo relaciones con Daniel sin importarle que fuera mi novio, a mí tampoco me debería importar su hijo. Pero yo no me sentía bien, tenía una mezcla de rencor y amor que no podía reconciliar; estaba muy confundida.

Terminé perdonando a Daniel y anduvimos juntos cuatro años más. De repente empezamos a tener muchos problemas (al parecer había una tercera persona) justo antes de irme a Campeche para el internado, antes de subirme al autobús, le dije: "Me voy a Campeche. Dime que me quieres". Daniel me respondió que no me podía decir algo que no sentía. Yo me quedé impávida; lloré todo el camino hasta Campeche, pero al llegar allá cambié mi chip, me olvidé del asunto y así pasaron dos o tres meses, hasta que un día Daniel me volvió a llamar. Me dijo que me había estado buscando y me empezó a llamar regularmente. Yo a veces ni le contestaba el teléfono, empecé a salir con un doctor allá, un chavo joven con quien la pasaba muy bien. Pero cuando regresé a casa de vacaciones, Daniel estaba esperándome en la terminal, sentado con un ramo de flores. Yo no supe qué hacer y una vez más regresé con él.

Pasaba mucho tiempo deprimida, yo siempre había tenido tendencia depresiva, pero no era tanto por los problemas que tenía con Daniel, sino, como contaba al inicio de este relato, yo sentía que mis problemas fuertes eran con mi papá, y es así como busqué ayuda en la terapia. Incluso Daniel me ayudó mucho en ese aspecto, y mi hermana, con quien soy muy cercana, fue la que me propuso que buscara ayuda. "Yo te lo pago", me dijo.

Una vez en terapia, empecé a poner límites en mis relaciones. Empecé a cambiar cosas primero con mi papá, y luego también con Daniel. Por ejemplo, Daniel siempre llegaba tarde, a veces me dejaba esperando hasta seis horas; era algo que no soportaba, así que un día le dije: "Te voy a esperar nada más diez minutos, si no llegas, pues me voy, porque me aburro, no me gusta estar esperándote". Igual lo hice con mi padre, le empecé a decir cosas como: "No me grites, no me hables así, no me lo merezco".

Empecé a darme cuenta de que yo también tenía la culpa de que tuvieran ese trato conmigo, por el sólo hecho de aceptarlo. Yo tendía a pensar que la culpa de lo malo que me ocurría era de los demás, y no me daba cuenta de que yo también podía hacer algo para cambiarlo. Al inicio de la terapia me dio mucho miedo sacar todas las cosas que traía, tenía miedo por lo que iban a pensar de mí, pero sobre todo tenía miedo de enfrentarme a todas esas cosas. Resultaba doloroso porque ir a terapia implicaba hacer frente a un pasado que quería dejar enterrado y no ver más. Requirió valor afrontarlo, revivir el dolor y emprender el camino hacia el cambio.

Al inicio me sentí muy extraña en la terapia de grupo, no sabía qué decir, pero pronto me di cuenta de que cada vez que contaba algo me sentía un poco liberada, un poco menos triste. Escuchar a las demás me sirvió mucho porque empecé a comprender la dimensión de mis problemas, me di cuenta de que no eran tan graves como los de otras mujeres, y pude darle importancia a lo que realmente lo tiene. Cada vez que salía de la sesión me sentía ligera, era un bienestar que no había experimentado antes. Me di cuenta de la importancia de compartir las cosas, de expresar los sentimientos y pensamientos, de liberar cargas pesadas que uno trae dentro. Después de ir muchas veces a las sesiones, me empezó a gustar ir: obviamente, me gustó ese bienestar y me sentía más relajada.

Empecé a trabajar en descubrir cuál era mi responsabilidad en las cosas que me sucedieron con Daniel. En nuestra relación, yo dedicaba mucho tiempo a reclamarle cosas, sobre todo la falta de tiempo, me enganchaba fácilmente en cualquier discusión y cuando me decía que no me podía ver más tiempo por trabajo yo terminaba acusándolo de andar con alguien más. Seguramente él también se fastidió de tantos reclamos. Además, pienso que muchas veces no me detuve a escucharlo; siempre era yo la que hablaba y hablaba, nunca lo dejé que se expresara y me dijera lo que pensaba, cómo se sentía y qué esperaba de nuestra relación, con su familia, etcétera. Con la terapia he aprendido mucho a escuchar a los demás, es algo que ahora hago deliberada y conscientemente, aunque todavía me cuesta un poco de trabajo.

Ahora estoy saliendo con un chico que antes era mi amigo y se volvió mi novio. Por lo general tiene mucho trabajo y lo veo poco, a veces sólo una vez a la semana o menos, pues trabaja fuera de la ciudad. Ahora que estoy con él he aprendido a respetar su espacio y a exigir el mío; hasta disfruto de estar sola: puedo dormir, ver tele o hacer otras cosas que me gustan y ya no estoy de obsesiva llamándole o mandándole mensajes para saber en dónde y con quién está. Ahora entiendo que ese es su espacio, su trabajo, y yo también tengo el mío. Antes no era así, yo quería formar parte de todas las cosas que pasaban en la vida del otro; quería estar ahí en todo momento.

Esa ansiedad que yo tenía la trabajé cuando terminé con Daniel. Entonces, pasé por momentos de gran intranquilidad en que no pensaba en otra cosa más que en buscarlo. Requirió mucha fuerza de voluntad no hacerlo. Afortunadamente en ese entonces mi mayor proyecto y motivación era pasar la residencia, y aunque cuando pensaba en Daniel me trataba de convencer de que perdía el tiempo, no podía apartarlo de mi mente; varias veces estuve a punto de llamarle, pero con el celular en la mano, listo para marcar, me arrepentía y no le llamaba. Es importante tener algo qué hacer cuando estás en una situación como en la que yo me encontraba, porque si no, es demasiado difícil controlar la ansiedad, aguantar la tentación. Cuando pensaba en Daniel trataba de distraerme con algo más, me ponía a estudiar o a leer, y me costaba mucho trabajo concentrarme pero me obligaba; otras veces le hablaba a alguna amiga o leía una novela. Entonces me dediqué a hacer cosas que a mí me gustaban y llamaban fuertemente la atención para que se me fuera pasando lo de Daniel, y así se me fue yendo poco a poco la ansiedad, hasta que lo logré.

Ahora me dedico más tiempo a mí misma. Desde que dejé de andar con Daniel me empecé a dar gustos que antes no me daba. Yo no tenía zapatos bajitos porque no le gustaban, así que luego de terminar con él me compré unos que me encantaron. En terapia aprendí que si te quieres ver diferente también tu entorno tiene que cambiar, entonces empecé por mover mi cama de lugar, cambié mi cuarto por completo, me corté el pelo, me lo pinté, en fin me sentí muy bien, muy guapa, muy llena de vida. Empecé a salir más y a frecuentar a los amigos que tenía abandonados por andar de novia con Daniel. Me di cuenta de que tenía un montón de amigos a quienes no les había prestado mucha atención los últimos años, así que comencé a salir más con ellos, a dedicarles tiempo, a disfrutarlos. También durante ese tiempo me dediqué a viajar, a hacer cosas que me gustan mucho y a recobrar esa parte de mí que había estado apagada durante mi relación con Daniel.

Yo siempre he sido muy platicadora y amiguera, me río de todo y me llevo con medio mundo, pero durante mi noviazgo con Daniel dejé de ver prácticamente a todos mis amigos. A Daniel no le gustaba que yo anduviera platicando con nadie, así que la única persona con la que hablaba era mi mejor amiga. Cuando terminamos volví a disfrutar de mis amigos y a ser la misma de antes en ese sentido, conocí gente muy interesante y me encantó volver a ser así; me sentí liberada. Fue un buen momento, empecé a hacer ejercicio, adelgacé, hice muchas cosas que me gustan y que no hacía antes por falta de tiempo.

Trabajando en terapia pude percibir cómo la forma de relacionarme con mi padre se reflejaba en mi relación de pareja. Al igual que con mi padre, yo también trataba de hacer todo lo que Daniel quería para obtener su cariño, siempre trataba de complacerlo, sobre todo en lo que tenía que ver con mi aspecto y apariencia. Si a Daniel no le gustaba alguna blusa o zapatos yo simplemente ya no me los volvía a poner, y en cambio me compraba cosas que no me gustaban tanto pero que sabía que a él sí. Me decía hasta cómo peinarme. De hecho hace poco, cuando nos encontramos después de mucho tiempo sin vernos, Daniel me dijo que ya sabía que no me iba a peinar como él quería. La verdad es que yo ni me acordaba cómo le gustaba, y aunque me hubiera acordado, ya no me importaba, ahora me peino como quiero.

Ahora que mejoró la relación con mi padre siento que puedo estar en una relación de pareja más sana. Con mi actual novio, Mariano, estoy muy cómoda, no siento la necesidad de fingir, con él soy más libre. Con Daniel siempre me sentí muy incómoda, hasta cuando comía con él, y yo me dedicaba a cuidar las formas y cada uno de los detalles relacionados con mi actitud y mi apariencia. Con Mariano en cambio me siento como en familia, fue amigo mío muchos años, así que me siento cómoda de decirle que se me antojan unos tacos o de cenar con él en un lujoso restaurante. Ahora no me importa que mi novio me vea sin maquillaje o desarreglada, porque lo que hay en la relación va mucho más allá; Mariano me quiere como soy. A veces lamento haber estado tanto tiempo con Daniel, pero también me doy cuenta de que son cosas que tienen que pasar para ser una mejor persona, simplemente porque así es la vida.

Hace poco Mariano me dijo que me había esperado ocho años a que yo terminara con Daniel para que le hiciera caso; que él siempre estuvo enamorado de mí. Y en efecto, ahora que lo recuerdo, él siempre fue muy atento y lindo conmigo. Yo no sé si lo que yo siento por él es amor, hay mucho cariño, pero por ahora me estoy dedicando a disfrutar y pasarla bien con él. Mariano es muy guapo, y en cambio

Daniel es feo. Siempre todo el mundo me decía que Daniel era feo, pero yo lo consideraba el más bello del mundo. Ahora que lo veo a la distancia, me doy cuenta de que en realidad Daniel es feo y Mariano, además de guapo, es médico y un buen amigo de toda la vida. El otro día me insinuó que nos tomáramos estos dos años para terminar nuestras respectivas especialidades y que después nos casáramos. ¡Caramba!, yo no había pensado en casarme ni mucho menos, pero Mariano no es ningún mal prospecto.

Siento claramente que pude establecer este nuevo tipo de relación con Mariano porque pude mejorar la relación con mi papá. Ese proceso me ayudó a fortalecerme, a valorarme, y a confiar más en mí. Mi trato con Daniel era parecido al que tenía antes con mi papá, y mi relación con Mariano se parece a la que tengo ahora con mi padre.

Ahora cuando lo pienso me siento afortunada de haber terminado la relación con Daniel, aunque me dolió mucho y fue muy difícil para mí, fue definitivamente lo mejor. De no haber terminado con él, ahora ya estaríamos casados, y habría abandonado mi carrera y mi trabajo. De hecho, estuve a punto de hacerlo, cuando estaba en la residencia me dejé de esforzar porque pensaba que no tenía sentido hacerlo, pues ese año supuestamente me casaba con Daniel. No sucedió así y pronto recapacité y me dije: "¿Estás loca? ¡Esto es algo que has querido siempre!", así que retomé mi camino y ahora estoy muy contenta con mi carrera y mi trabajo; es lo que yo siempre quise hacer; me siento muy animada y muy libre.

Cuando terminé con Daniel, yo llevaba como cinco meses en el grupo; fueron momentos muy difíciles. Escuchar de su viva voz que no me quería fue devastador y estuve meses desconsolada por ello; me preguntaba cuándo se me pasaría todo ese dolor, y le pedía a mi mejor amiga que me ayudara y que me dijera cuándo me dejaría de sentir así, que ya no lo soportaba más. Pero llegó un momento en que me concentré tanto en mis exámenes que un día me di cuenta de que ya se me estaba pasando. Y más adelante, poco a poco, se me pasó por completo; se me pasó cuando dejé de aferrarme a la idea de estar con él, cuando dejé de pensar en ello. Cuando terminé con Daniel de manera definitiva.

En terapia hicimos un ejercicio en el cual teníamos que tomar una foto y agradecer a nuestros padres el simple hecho de habernos dado la vida. Pensé que podía hacer el mismo ejercicio con Daniel, así que ese día en mi recámara puse su foto, prendí una vela y le empecé a hablar en voz alta. Le conté la historia de nuestra relación desde el inicio hasta el día que terminamos, y me di cuenta de que hubo muchas cosas buenas, que lo quise y lo seguiré queriendo mucho siempre. Pensé que así como hubo cosas terribles, también había otras que tenía que agradecerle, que tenía que reconocerle. Así que le agradecí y le dije que trabajaría mucho para perdonarlo, que quería perdonarlo con toda el alma, pero que en ese momento me resultaba imposible por estar llena de ira y dolor. El ejercicio me ayudó muchísimo; me sentí liberada, sanada de algún modo.

También me han servido mucho otros ejercicios, como el de verme al espejo y decir: "Yo soy fuerte, yo soy muy fuerte", y convencerme en cada paso, en cada momento de lo que yo creo que soy y quiero ser. Después de hacerlo mucho, siento que lo llegué a creer, y así pude olvidar a Daniel. Esta vez, como la pasada, volví a hacer mucho ejercicio y cada vez que corría, cada paso que daba me repetía: "Soy muy fuerte, soy muy fuerte", o: "Sí puedo". Cada día era una lucha para no salir corriendo a rogarle a Daniel que volviéramos a estar juntos, y los ejercicios me ayudaron a darme cuenta de que en realidad soy muy vigorosa, cuando siempre me creí débil, una niña indefensa. Ahora sé que poseo esa fortaleza y me encanta; sé que puedo hacer cualquier cosa que me proponga.

Fue muy difícil terminar con Daniel definitivamente porque mi voluntad tuvo que ser doblemente enérgica. De repente empezó a ir a la casa nuevamente, y con frecuencia me lo encontraba comiendo o cenando con su hermana; no sólo tuve que dejar al que pensé que era el amor de mi vida, sino que además tuve que superarlo con su presencia en mi casa; Daniel siempre estuvo presente. Pero ese esfuerzo, ese aprendizaje de saberme animosa y capaz de lo que me propusiera me llevó a otros logros. Por ejemplo, cuando tuve el examen de la especialidad tenía un miedo enorme a no pasar, pero entonces pensaba: "Si pasé lo de Daniel, pasar este examen sólo depende de mí." Así que pasé el examen; ese proceso te lleva a percibir que puedes ser capaz de muchísimas cosas.

Una de las cosas más importantes que he aprendido en mi proceso es a respetarme mucho, a respetar lo que siento y a no reprimirlo por miedo a que me vayan a rechazar o a dejar de querer. Con Daniel siempre me sentí así, reprimida, haciendo sólo aquello que a él le gustaba o pensaba que estaba bien. Ahora puedo expresar mis sentimientos a mi novio sin miedo de su reacción, simplemente lo digo y ya, ya no me tengo que estar aguantando algo que no quiero o que no estoy disfrutando. Ahora, si estoy enojada o a disgusto, lo demuestro. Creo que lo que se nota es que tengo una actitud diferente ante la vida, que he adquirido mucha presencia y personalidad; yo digo lo que pienso y eso hace que la gente que me rodea me respete, que se den cuenta de que mi opinión vale. Por ejemplo, en el hospital donde trabajo yo no me dejo maltratar (que es muy frecuente en el medio), no dejo que ningún doctor me grite, y cuando ha sucedido, respetuosamente les digo: "Doctor, no hay necesidad de que me grite, lo estoy escuchando". Así me han aprendido a respetar, me tratan todos muy bien y tienen muchas atenciones hacia mí. Ahora me considero alguien con mucha presencia y eso es algo que me gusta, es algo que disfruto mucho.

Lo mismo ha sucedido en mi casa. En mi familia me he ganado el respeto de todos, y ahora hasta me ven como la más centrada de la familia. A mí me gusta que mis hermanos sepan cómo soy, no me gusta fingir ni quedarme callada, y eso ha llevado a que mi hermano mayor, con quien tengo una excelente relación, me respete mucho; él me escucha, salimos a comer y hacemos cosas que antes nunca hacíamos y que ahora disfrutamos muchísimo. Ahora él siempre me pide mi opinión, y en ocasiones, que ha tenido que tomar decisiones difíciles, me ha llamado desde donde quiera que esté para consultarme qué hacer.

A veces temo recaer y volver con Daniel, pues si bien es algo que en el fondo no quiero hacer, también resulta una tentación enorme; él fue mi primer amor, el que yo pensé el amor de toda mi vida. Justamente acabo de verlo porque fue a trabajar unos días a la cuidad donde estoy trabajando, así que fuimos a tomar un café. Yo le dije que ya no tenía caso que se acercara a mí, pues yo ya no quería estar en esa relación. Sin embargo, en el fondo, aún me siento vulnerable, aún tengo miedo de volver a disfrutar estar con él, a pasarla bien, a sentirme como antes. De repente estuvimos tan a gusto platicando que parecíamos dos grandes amigos; él me pidió que siguiéramos en contacto, pero a mí me da miedo seguir cerca de él, porque yo sé lo que eso implica; no quiero regresar a algo que ya viví.

Ahora pienso muy positivamente. Antes me veía fea, me miraba al espejo y pensaba: "Con razón me engaña, porque soy chaparrita y soy fea". Ahora me considero muy atractiva, me miro al espejo y me veo bien, me gusto a mí misma. Mi mentalidad cambió totalmente; ahora, cuando hay mucha presión y cuando suceden eventualidades que de verdad son un problema, las dejo pasar, ya no reacciono en forma negativa; pienso que si está ocurriendo algo malo ahora, algo bueno tiene que venir después. Ya no me cierro como antes, cuando sentía que todo estaba mal y seguro se iba a poner mucho peor; ahora no, ahora lo dejo deslizarse, y pienso que si estoy atravesando por un mal momento, ya vendrá uno bueno después; entonces me conforto un poco y ya no lo tomo tan dramáticamente como antes, que sentía que el mundo se me venía encima por cualquier inconveniente. Ahora evalúo lo que me sucede, le doy la importancia y el valor que corresponde. De repente uno discute por tonterías, y a veces yo pienso: "Para qué estamos discutiendo si es algo que se puede solucionar, no es el fin del mundo, es una tontería, no es algo tan importante".

Ahora me siento con la capacidad de ver cuando alguien es o no es sano para mí. Antes no podía ver si una persona estaba bien o si estaba mal. Conocí a un chavo que se drogaba, pero pronto me di cuenta de su adicción, y empecé a preguntarme qué hacía yo saliendo con él si no me convenía para nada. Así que me alejé. Antes, nada más porque estaba guapo, yo hubiera seguido saliendo con él.

Ahora me siento querida, sobre todo por los varones de mi casa, a quienes siempre rechacé, seguramente por la relación que tenía con mi papá. Antes yo rechazaba mucho a los hombres en general, los odiaba y le decía a mi mamá que yo nunca me iba a casar. Ahora al contrario, soy la consentida de la familia, todos me quieren, me atienden y se preocupan por mí. Incluso en el hospital, también siento que la gente ahí me quiere, los doctores me respetan y se portan muy amables conmigo; hay algo de mí que causa mucha empatía y eso me encanta. Me gusta mucho sentirme consentida por la gente que me rodea, y ni se diga con mi papá y mi hermano. Todo eso me gusta, es un bienestar que siento ahora y que antes no existía en mi vida.

La única que aún sigue renuente al cambio es mi mamá. Ella es una persona amorosa pero muy dura para los cambios. De hecho, fue una de las que peor reaccionó cuando empecé a venir a las sesiones, pero seguí asistiendo, aunque a ella no le parecía bien. Eso fue la primera vez en mi vida que la desobedecí. Cuando empezó a ver cambios positivos en mí ya no estuvo tan renuente, pero de repente seguía intentando bloquear mi asistencia al grupo; se ponía mal o hacía que pasara algo justo el día de la sesión.

Tengo la satisfacción de saber que fui yo quien provocó los cambios positivos en mi vida. Empecé a hacerlos cuando inicié la terapia con el grupo y a darme cuenta de muchas cosas que me sucedían y de mi actitud hacia la vida. Pude medir la dimensión real de mis problemas y cambiar actitudes. Yo siento que los cambios que he logrado han tenido un efecto muy positivo en mi familia. Cuando yo decidí empezar a ser como realmente soy, a decir lo que pienso y lo que siento, y a respetarme y valorarme, mis hermanos también empezaron a cambiar. Lo mismo sucedió con mi padre, con quien ahora tengo una sana relación de cariño y respeto.

Todo parecía estar bien con Daniel

Amarte sin límites y vivir una gran historia.

DJAVAN

Paola decía que todo estaba bien en su relación con Daniel cuando empezó a asistir a la terapia, pero a lo largo del tiempo en que estuvo en el grupo y luego de la reflexión profunda a la que se sometió al terminar con su pareja, se dio cuenta de que su relación con Daniel en realidad no era tan buena como ella pensaba. Es común sentir que "todo está bien" cuando hay ausencia de conflicto o cuando uno recibe lo que quiere, ya sea atención o cariño. Sin embargo, aun cuando no estamos del todo satisfechas con la relación, no le damos importancia a ello y no nos damos cuenta de lo que realmente sucede. En el caso de Paola, en efecto, la dinámica de su relación con Daniel reflejaba aspectos positivos como apoyo y comprensión, pero también evidenciaba el hecho de que ella, al sentirse necesitada del amor de Daniel buscando siempre su aprobación, no supo poner límites (por ejemplo, al esperarlo durante horas) y empezó a dejar de ser como ella es realmente para volverse cada vez más como Daniel quería que fuera (cambiando su forma de vestir y de comportarse, entre otras cosas).

Como le sucedió a Paola, es frecuente que después de una separación o acto de infidelidad, la parte afectada no se explique por qué la relación llegó a ese punto, pues aparentemente las cosas marchaban "muy bien". Hay muchas razones por las que no nos damos cuenta de los problemas que atraviesa nuestra vida en pareja; a veces no queremos verlos, y otras tantas, por falta de experiencia, ni siquiera los percibimos como tales. Sin embargo, resulta indispensable poder revisar y estar atenta a cómo vives tu relación: si sientes que te estás realizando como mujer, si hay buena comunicación, satisfactoria convivencia sexual, si el tiempo que comparten juntos es de calidad, o si, por el contrario, uno de los dos guarda rencor, o se enoja constantemente causando distancia e impidiendo la intimidad. A veces dejamos pasar las cosas que nos inquietan hasta que nos enfrentamos con un hecho dramático, como una infidelidad, que nos obliga a percatarnos de los problemas.

La relación con el padre

Paola se dio cuenta de que su necesidad de ser aprobada y querida por su padre la llevó a repetir el mismo patrón de conducta con Daniel (ser altamente complaciente y no poner límites en su trato) Por ello, haber sanado la relación con su padre le permitió dejar atrás esa lucha contra su ansiedad por obtener el cariño de los demás y, como consecuencia, dejó atrás su necesidad de pedir lo mismo en su nueva relación de pareja.

Sacar el dolor del pasado

Como lo dice Paola en su relato: es difícil y causa profundo dolor revivir momentos duros del pasado que es necesario revisar y trabajar[2] para sanar. Sin embargo, si bien el dolor de enfrentar lo sucedido puede resultar inmenso, hacerlo

---

2   Hablando de lo ocurrido o haciendo ejercicios relacionados con la sanación del evento.

también produce gran satisfacción y alivio. Se trata de una liberación de aquello que hemos cargado por mucho tiempo y que ha pesado fuerte en nuestras vidas. Revisar y trabajar nuestro pasado es una manera de evitar que nos duela o afecte más en el futuro. Esto es parecido al proceso que sobreviene cuando uno come algo descompuesto: generalmente dan náuseas y dolor intenso de estómago, para finalmente llegar al inevitable vómito, que si bien no es una experiencia nada agradable, después suele ser seguido por una sensación de gran alivio y bienestar.

La depresión

Paola padeció de depresión por muchos años; desde el día que su padre volvió a vivir a su casa hasta que ella se enfrentó a sus circunstancias de vida y se decidió a cambiar, estuvo inmersa en un intenso abatimiento. Si crees que, como Paola, sufres esa postración, considera las siguientes actividades para cambiar y salir de donde estás:

Sánate de eventos dolorosos del pasado

El dolor de estos eventos puede fermentarse dentro de nosotros, afectando nuestras acciones e impactando en nuestro sentir diario.

Reflexiona sobre lo que estás pensando

Pensamientos negativos o distorsionados pueden causar depresión. Un pensamiento negativo puede pasar muy rápido por

< 50 >

nuestra mente sin que nos demos cuenta, dejando un residuo de desánimo o tristeza. Es similar a lo que pasa cuando la fruta se empieza a pudrir: "de la nada", salen insectos que vuelan encima, a consecuencia de lo podrido. Si no estás acostumbrada a poner atención al contenido de tus pensamientos, vale la pena empezar a hacerlo, pues ello nos puede llevar a comprender la razón de nuestra pena o malestar.

Cambiar nuestro diálogo interno por uno más positivo afecta sustancialmente nuestro estado de ánimo. Es casi imposible sentirse bien pensando negativamente; por eso, el primer paso para cambiar nuestro enfoque es darnos cuenta del contenido de nuestros pensamientos y de cómo estos influyen en nuestros sentimientos. Si nos damos cuenta consciente e intencionalmente que estamos pensando de manera negativa, podemos decidir, con la misma voluntad, concentrarnos en otra cosa o hacer algo que requiera toda nuestra atención para apartar estas ideas, como leer un buen libro, practicar algún deporte, bailar, ver una película, o cualquier otra cosa que requiera nuestra total aplicación (Sánchez, 1994).

La idea no es luchar en contra de estos pensamientos negativos, sino decidir no engancharse con ellos, y de manera voluntaria e intencionada reflexionar en algo distinto.

Nuestros pensamientos impactan en cómo nos sentimos

Tendemos a culpar a otros por nuestra falta de alegría o infelicidad; se trata de una actitud de defensa que se manifiesta al no darnos cuenta y no hacernos responsables del rumbo de nuestra propia vida. Así, pensamos que lo que no nos hace felices depende de los demás y no de nosotras mismas, y nuestra cabeza es invadida por pensamientos sobre cómo deberían ser los otros para hacernos felices: "Si tan sólo él fuera más atento me sentiría feliz", o "Si ella cambiara esto que me molesta, estaría más contenta", etcétera.

Inmersos en esta dinámica, no nos damos cuenta de que es el contenido de nuestros propios pensamientos el que contamina nuestro bienestar, y no aquello que pensamos que nos hace infelices.

Por eso, cuando decidimos cambiar y miramos las cosas con otro lente, más positivo y menos culposo, nos sentimos necesariamente mejor; tal como pensamos. Todo depende de nosotras. Si piensas todo el tiempo en el daño que te han hecho, lo más probable es que estarás triste y fomentarás el rencor. En cambio, si enfocas tu atención en los momentos bellos que la vida te ha regalado, recibirás lo mejor de ella y te sentirás muy bien.

Un tip para ayudar a enfocar nuestros pensamientos en lo positivo es recordar y nombrar en voz alta todo lo que va bien en nuestra vida, reconociendo y agradeciendo lo positivo que nos pasa.

Revisa y verifica si estás enojada

Usualmente, en el fondo de la depresión hay mucho enojo. La gente que está enojada con la vida o con alguien más suele reprimir este sentimiento en lugar de expresarlo, e involuntariamente lo dirige contra ella misma, lo cual puede provocar abatimiento. Cuando nos damos cuenta de esta aflicción y estemos en condiciones de expresarla, podemos eliminar el agobio. Muchas veces, en el fondo de esta irritación se esconden sentimientos de autocompasión o mucho dolor. Suele suceder que cuando sacamos el enojo nos dan muchas ganas de llorar; al hacerlo, damos salida a la tristeza atascada y acumulada, por lo cual sentimos un enorme alivio.

Revisa si estás buscando pagar una culpa del pasado aferrándote a una emoción o conducta dañina.

Los sentimientos de culpa, en muchos casos injustificados, nos llevan a juzgamos duramente, a dedicar mucho tiempo lamentando nuestras conductas del pasado. En estos casos, es recomendable examinar todo lo que ocurrió, ver cuál fue nuestra responsabilidad en lo sucedido y comprender el porqué de las acciones que decidimos tomar en ese momento. También ayuda pedir una opinión de un tercero, para ver si la culpa que sentimos realmente corresponde al hecho al cual se la atribuimos. Por ejemplo, podemos sentir culpa por algo en lo que en realidad no tuvimos nada que ver y cuyas consecuencias estaban fuera de nuestro alcance controlar. En tales casos, cuando examinamos lo ocurrido y entendemos lo que pasó, podemos perdonarnos y asumir lo que sucedió como una enseñanza, y no como un fracaso o un error. Más aún, si este proceso no ocurre, la culpa nos puede llevar inconscientemente a someternos a situaciones de auto sabotaje, en busca de una manera de saldar la deuda.

Confía en la vida

La vida es sabia: sabe lo que necesitamos y trabaja para nuestro bien (Gasparetto, 2003). Cuando hacemos algo para pro mover nuestro bienestar, la vida nos apoya. Así le sucedió a Paola, quien, luego de terminar con Daniel, no obstante lo difícil y doloroso que fue para ella, se dio cuenta de que después de todo fue lo mejor. En situaciones difíciles solemos reclamarle a la vida lo que nos pasa, pero con el paso del tiempo, si nos tomamos un momento y nos damos la oportunidad de reflexionar y crecer, nos damos cuenta de que hubo que pasar por lo vivido para llegar a un lugar mejor, para tener una existencia más satisfactoria y completa.

Paola es el más vivo ejemplo de ello, pues cuenta que cuando terminó con Daniel, el sufrimiento era tal que le parecía lo peor que le podía haber pasado. Sin embargo, con el transcurso del tiempo se dio cuenta de que esa experiencia le permitió crecer, ser un mejor ser humano y tener una vida más plena y feliz. De hecho, la experiencia de la relación es un aprendizaje invaluable que ahora le permite a Paola experimentar otro tipo de relación con una persona distinta. En otras palabras, tenía que pasar por lo primero, la parte difícil, para poder llegar a lo segundo: un estado mejor.

Luz
35 AÑOS, COMERCIANTE

Yo estaba muy enamorada de Felipe cuando decidimos vivir juntos. Tristemente los problemas empezaron muy pronto. A los pocos días empezó la violencia. Comenzó con palabras muy hirientes y terminó mucho peor; yo tenía mucho miedo de decir que eso me estaba pasando, tal vez porque somos de pueblo. Después de vivir juntos dos meses, decidimos casarnos por lo civil, y justo el día que nos casamos me dijo: "Tú no eres la mujer con la que me quería casar, y si me voy a casar contigo, nada más es por no dejar a mis papás con el compromiso de la fiesta, pero no porque en realidad te ame". Para mí fue un golpe muy duro, pero no tuve el suficiente valor de dejarlo en ese momento, o hacer algo al respecto. Hoy pienso que tal vez hubiera sido lo mejor; no estaba embarazada todavía, era joven, de apenas veinte años; pero no hice nada, no tuve el valor, pensaba en lo que dirían mis papás, en que nadie me apoyaría.

Desde que empecé a vivir con Felipe me hacía comentarios sobre otra mujer, la halagaba y, comparándola conmigo, me decía cosas como: "Ella está más bonita que tú". Un año después de casarnos, estando embarazada, me enfermé y corría el riesgo de tener un aborto. A Felipe no le importó, no se preocupó para nada por mí, y todavía me dijo: "Te veo a ti así como estás, y la veo a ella y está mucho más bonita", e incluso me llegó a decir: "La verdad no me interesa si pierdes ese hijo, después podemos tener más". No se sensibilizó en lo más mínimo.

Tuve a mi primera hija y tres años después, a mi otro hijo. Para entonces Felipe me golpeaba mucho, así que en los siguientes dos embarazos perdí a mis bebés por su violencia. Me hicieron un legrado, y luego otro a los tres meses. Estaba desesperada, pensé varias veces en suicidarme, ya no quería vivir así, pero tampoco lo podía dejar pues me sentía desamparada; sentía que nadie me iba a comprender, que estaba sola. No tenía a nadie a quien decirle cómo estaba viviendo y pedirle que me apoyara; no sabía a quién recurrir. A las pocas mujeres que se lo comenté superficialmente, me dijeron: "Así es el matrimonio y así se tiene uno que aguantar". Entonces yo pensaba: "Si esto va a ser así toda mi vida, prefiero no vivirla".

La verdad yo ni me daba cuenta de lo mal que estaba, que sigo estando, porque han pasado quince años y yo siento que todavía no he podido superar todo lo que sufrí en esa relación. Sin embargo, para mí ya es un gran avance el haberme decidido a no regresar con él. Ya llevamos diez meses separados.

Lo primero que hice para cambiar mi vida fue reflexionar sobre lo que yo estaba haciendo mal. Yo me sentía muy desesperada porque en todo, hasta en lo más mínimo, Felipe me controlaba. Nosotros no somos ricos, pero tenemos un negocio que nos permite contar con dinero siempre. Por ganar su amor yo me esforzaba demasiado en todo: en la casa, con él, con los hijos, con el negocio; trabajaba todo el día y parte de la noche. Desde un inicio me dominaba, no sólo en el negocio donde él llevaba las cuentas y era el único dueño de nuestro dinero, sino también en todo lo demás, hasta en la forma de vestirme. Siempre me decía que no me arreglara, que no me peinara, que no me pintara.

Yo no podía salir sola o con mis hijos a ningún lado ni a visitar a mis papás ni a la iglesia o a la escuela; para hacer cualquier cosa necesitaba su permiso y estar junto a él; para todo dependía de él. Si Felipe tenía tiempo me dejaba ir a ver a mis papás; él me llevaba y yo le tenía que hablar para que me fuera a recoger. Si alguna vez yo salía sin su autorización, me golpeaba. Un día, una de mis hermanas me dijo molesta: "¡Cómo es posible que te dejes controlar tanto por él!", pero para mí ya era demasiado tarde; para entonces yo le tenía un miedo inmenso. Un miedo que me hacía hasta temblar sólo de pensar que pudiera estar enojado, porque entonces ya sabía que venían los golpes. En aquellos tiempos yo no me había dado cuenta realmente de lo mal que me encontraba, de lo mal que estaba nuestra relación. Sin embargo, varias veces le propuse que fuéramos a terapia de pareja y también que nos acercáramos más a la Iglesia. Nunca obtuve una respuesta suya.

Lo más terrible fue una ocasión en que por enojo nos pegó a mi hija mayor y a mí. La niña tenía entonces once años, y yo una bebé de dos meses que cargaba en brazos. Felipe le ordenó a mi hija algo que ella no obedeció, y fue tal su enojo que agarró un cinturón grueso y le pegó hasta que se cansó.

Mi hija ya estaba tirada en el suelo y él le seguía pegando. Yo me metí a defenderla, con mi bebé en brazos, y entonces me golpeó a mí también. De esa golpiza aún tengo cicatrices en las piernas. Como vivíamos alejados de la población me encerró en un cuarto para que yo no saliera a buscar ayuda. Con el pasar de los días se fue arrepintiendo y me pidió perdón, pero en la primera oportunidad, mi hija agarró mi celular y le marcó a mi hermana para que fuera por nosotras; estábamos muy lastimadas.

Mi hermana llegó por nosotras en un taxi, y así me separé de mi marido por seis meses. Pero al faltarme ayuda psicológica, me dejé convencer poco a poco por él y por mis niños de regresar a casa. Pensé, una vez más, que las cosas iban a cambiar. Para entonces ya teníamos tres hijos: la de once años, un niño de ocho y la bebé de meses. Felipe incluso llevó al pastor, amigo mío, para que me hablara y me dijera que lo mejor es que la familia esté unida. Me dejé convencer y volví con él.

Pronto me di cuenta de que había regresado a algo peor. Creo que Felipe se dio cuenta de que podía hacer lo que quisiera conmigo, porque a pesar de cualquier cosa que él hiciera, por más terrible que fuera conmigo, yo siempre regresaba cuando él me pedía perdón. Los golpes fueron cada vez más fuertes, y la idea de suicidarme estaba cada vez más presente en mí. Sentía que Felipe cada día me quería menos, porque me golpeaba más; además, huía de mí, no quería nada conmigo, todo el tiempo me rechazaba. Mi sorpresa fue grande cuando supe que estaba embarazada nuevamente por haber tenido relaciones una sola vez. Los médicos me habían dicho que después de dos legrados ya no podía quedar embarazada. Así tuve a mi cuarto hijo, por una sola relación sexual después de mucho tiempo de abstinencia.

Dormíamos en cuartos separados porque Felipe no quería que le molestaran los gritos de los bebés en la noche. Nuevamente los pensamientos de suicidio ocupaban mi mente. Estaba embarazada por cuarta ocasión y lo único que quería era morir. No me quité la vida porque tuve fe en Dios, porque recordé las palabras de alguien que me dijo: "Si no aguantas el infierno en esta vida que es pasajera, no aguantarás el infierno eterno". Siento que en el momento más crítico ese recuerdo me salvó.

Una vez se enfermó uno de mis hijos, el mayorcito, y lo llevamos con el pediatra. El doctor habló con nosotros y nos dijo que no nos veíamos bien como familia. No sé que haya percibido él, pero nos propuso que fuéramos a terapia, nos dijo que así nuestros hijos estarían mejor. Insistí mucho a Felipe para que fuéramos juntos; él asistió dos veces y ya no le interesó, no quiso seguir, ni tampoco me quería llevar, pero yo continué yendo.

Una vez en terapia, pronto me di cuenta de que tenía más temor a enfrentarme a mi propio miedo, que a enfrentarme al coraje de Felipe. Mi problema era mi miedo, y debido a eso yo no hacía las cosas que quería, o permitía que me hicieran cosas que no quería. Antes culpaba a Felipe por esas cosas de las que me abstenía, hasta que un día decidí empezar a hacerlas por mí misma. Pensaba: "Yo necesito ir a mis terapias y aunque él se enoje y no quiera, yo tengo que ir". No podía ir seguido, pero tomé la decisión de no faltar tanto a las sesiones y le dije: "Me voy a terapia, me llevo a mis hijos y me llevo a quien los cuide". Un día me fui sin él y cuando regresé estaba muy enojado, enojadísimo, pero se dio cuenta de que yo ya había tomado una decisión y que no cambiaría de opinión, aunque él se enojara. Empecé también a practicar la costura, salir sola con mis hijos a la casa de mi madre y poner en el negocio la música que a mí me gusta.

Cuando yo empecé con las terapias mi meta no era dejar a Felipe, ni siquiera me pasaba por la cabeza la idea de abandonarlo. Al insistirle para que fuera a terapia, buscaba que él cambiara su actitud conmigo; pensaba que si yo me volvía más hacendosa, más trabajadora, más cariñosa, o si insistía en las terapias, lo iba a lograr. En realidad mi meta era y siempre fue que Felipe me quisiera, recibir una muestra de cariño de su parte. Yo me esforcé mucho para que Felipe me dijera que yo hacía bien las cosas, pero nunca me lo dijo, nunca escuché de sus labios que lo que hacía estaba bien; muy por el contrario, en el primer error que cometía me decía que era una tonta, una estúpida que no servía para nada. Creo que el daño a mi autoestima es aún tan profundo, que no logro superarlo.

En terapia me recomendaron ir a la Procuraduría, así que la siguiente vez que Felipe me pegó, aunque para él fue algo muy mínimo, yo ya había tomado la decisión de no permitir que me golpeara más. Al día siguiente salí con mis bebés temprano (uno tenía tres meses y el otro año y medio), mientras Felipe se había ido a dejar a los otros dos niños a la escuela. Fui a la casa de mi mamá, le encargué a mis hijos y le pedí a mi sobrino que me acompañara a la Procuraduría. Tenía demasiado miedo de ir pero estaba decidida. Fui con la persona que me recomendaron y me asesoró muy bien; ella misma le mandó a Felipe un citatorio para conciliación,

< 60 >

para ver qué pasaba en nuestra relación. Yo le llevé el citatorio a Felipe, y él, una vez más, reaccionó con insultos y gro-
serías: "¿Quién me comprueba que yo lo recibí?; yo digo que
no estaba enterado y se acabó", me dijo. Traté de hablar con
él, de decirle que era por nuestro bien, pero no me escuchó.

Me sentí todavía más decepcionada de lo que ya estaba,
porque en el fondo, yo aún tenía la esperanza de que él se
diera cuenta de que necesitábamos un cambio como pareja. Ocurrió exactamente lo opuesto. En esos días empezó
una frialdad terrible en nuestra relación; si yo estaba viendo la tele, él no se acercaba a verla; si él estaba comiendo y
yo llegaba, él se paraba a ver la tele. No quería dormir conmigo, no quería sentarse a comer conmigo, no quería nada
de mí. Así estuvimos dos meses o más, hasta que un día me
acerqué a su cuarto, toqué a su puerta, entré y me senté a
la orilla de su cama; quise agarrarle la mano, pero él me rechazó. Le dije: "Vengo a hablarte tranquilamente. Si no podemos llevar la relación como pareja, no te puedo obligar,
pero compartimos un negocio y compartimos cuatro hijos;
por el negocio vamos a ser socios y por los hijos vamos a ser
amigos, vamos a llevarlo tranquilos, ya no te voy a insistir
en que me quieras". Felipe me contestó que no le interesaba
ningún tipo de relación conmigo, que ya no me soportaba,
que ya no quería ni escuchar mi voz. Así que no le insistí,
pero ya no tenía tanto miedo.

Sin embargo, el día que me fui de la casa, me volvió
a golpear y sentí nuevamente ese miedo incontrolable; me
golpeó, me arrastró del cabello por las escaleras, me llevó a
un cuarto y me tiró en la cama, me amenazó y me dijo que
no siguiera con los planes de divorcio o de conciliación por-

que él no necesitaba ningún tipo de asesoría, ninguna terapia, y que si él quería lo podría hacer con fuerza de voluntad, pero que no le interesaba estar bien conmigo. Mi hija nos vio y se metió, y una vez más, la golpeó también a ella. Ahí fue cuando tomé la decisión de irme definitivamente de la casa. Me fui, me llevé a mis cuatro hijos, levanté otra acta, fui al DIF y a la Procuraduría.

Felipe convenció a mi hijo y a mi hija más grandes de irse con él; la niña pronto regresó, después de un pleito con su papá, pero mi hijo más grande sigue viviendo con Felipe. Me da mucha tristeza porque mi hijo está con su padre por puros chantajes; Felipe le dice que si lo deja va a empezar a tomar o cosas así. Tengo miedo y tristeza porque sé que mi hijo vive con culpa; esa culpa que yo tenía de sentir que todo lo malo que le pudiera pasar a Felipe era mi responsabilidad.

Si un día mi esposo salía enojado de la casa, yo me quedaba toda angustiada porque pensaba que de pasarle algo en el camino, sería mi culpa. Él siempre me decía eso. Hasta estando separados, pensaba que si mis hijos se enfermaban sería mi culpa, y por todo tenía miedo. Eso fue otra cosa que aprendí en terapia: que cada quien tiene que aceptar la responsabilidad de sus actos, que yo no era responsable de sus fracasos o sus desgracias, y mucho menos de su insatisfacción.

Mucho tiempo viví con miedo a demasiadas cosas; estaba llena de culpas. Felipe me sigue echando la culpa de todo, pero su actitud ya no me afecta. Ahora que estamos separados me ha insistido muchísimo en que regrese con él, me manda mensajes todo el tiempo y cosas así. Yo no he querido terminar en un pleito legal con él por temor a la reacción de mis hijos mayores: no quiero que se rebelen contra mí o que me culpen de

< 62 >

la separación. Sin embargo, sé que es necesario seguir adelante con lo que me he propuesto, responsabilizándome de las consecuencias de mis actos. La realidad es que ese miedo no he logrado vencerlo; no he logrado reunir el valor para hacer lo que debo, además de que el licenciado a quien le corresponde tramitar el divorcio como que no lo toma en serio, porque me pone muchos peros.

Con el tiempo, poco a poco he empezado a poner mis límites, pero ha sido difícil. Hace un tiempo, por ejemplo, sucedió algo muy feo. Una de mis hermanas estaba en Cabo San Lucas y me mandó un mensaje, en donde ponía: "Sólo porque tienes a tus hijos pequeños no creo que no tengas oportunidad de venir a vacacionar a mi lado una temporada, ya sabes que yo te quiero mucho, te extraño y te acepto aquí con tus hijos, te quiero mucho, besos, chao". Yo no borré el mensaje ni lo dejé con el número de mi hermana, lo envié a *borradores*, donde se eliminó el número de quien lo mandó. Hace dos meses estaba con mi mamá cuando llegaron los empleados de la fábrica y me dijeron: "Doña Luz, aquí están las llaves de la casa, la camioneta y el negocio; dijo Felipe que por favor se haga cargo porque él se fue anoche y no sabemos adónde". Enseguida fui a la casa y hablé con los empleados, les pregunte qué había pasado y si tenían idea de adónde se había ido Felipe, pero nadie sabía nada. Había estado, según me dijeron, muy sospechoso. Hizo "un pancho".

Cuando fui a la casa encontré unas cartas que dejó para su papá, sus hermanas, para mis hijos y una para mí, donde me pedía perdón por todo lo que había hecho y me explicaba que tenía que irse porque aquí no podía hacer lo que él quería. Felipe se convirtió a una religión cristiana y se volvió fanático, no creyente o seguidor. Se fue. Yo me hice cargo del negocio, de la casa y de los cuatro hijos. A los quince días, Felipe regresó.

Para entonces, el miedo que sentía hacia él ya era bastante menor. He aprendido a tomar mis decisiones y a enfrentar las consecuencias de mis actos. Toda decisión tiene consecuencias, buenas o malas, pero yo antes no quería aceptar las malas, yo quería que todo lo que hiciera fuera perfecto porque sabía que si fallaba me iba a sentir culpable. Ahora pienso diferente; considero que si algo sucedió es porque tenía que ser así, y ni modo. Antes eso me afectaba muchísimo; ahora lo tomo como parte de la vida.

Cuando regresó Felipe se empezó a hacer cargo del negocio otra vez y yo me fui. Por error dejé mi celular en el negocio y Felipe encontró el mensaje que mi hermana me había mandado hacía ya un mes. Tan pronto como pudo me preguntó sobre el mensaje, que de quién era y demás. Yo le dije la única verdad, que era un mensaje de mi hermana: "Te estoy diciendo que así es, si no me crees ni modo", le dije. Aparentemente, Felipe me creyó y ahí quedó la discusión. Al día siguiente se anunció un brote de influenza, y Felipe me mandó un mensaje al celular avisándome que compraría medicinas para proteger a los bebés. Llegó a casa de mi mamá como a las 7:30 de la mañana con las medicinas y me pidió que saliera por ellas para que me explicara cómo suministrarlas. Él estaba en su camioneta, así que me subí a ella, y tan pronto estaba yo adentro, Felipe arrancó y aceleró; me llevó por unas calles desconocidas y solitarias. El miedo terrible regresó. Pensé lo peor.

Me empezó a golpear y me dijo: "Me tienes que decir de quién es ese mensaje, y cuando lo hagas te voy a matar, y luego me voy a matar a mí también, no me importa lo que pase con los demás". Intenté bajarme de la camioneta, pero me vio y arrancó; yo caí, quedé lastimada y supongo que ahí Felipe se dio cuenta de lo aterrada que estaba, porque me subió a la camioneta otra vez y me llevó a casa de mi madre.

Entonces levanté la demanda de divorcio definitivo, también en la Procuraduría levanté un acta para que siguieran las averiguaciones, porque es mucha la violencia; ha sido demasiada. Ni siquiera estoy interesada en que Felipe vaya a la cárcel, sólo quiero que me deje libre, en paz. Ya no quiero nada con él, pero él sigue con los mensajes, pidiéndome que regrese, que lo perdone y demás. La semana pasada me mandó un ramo de flores pero no lo acepté, se lo mandé de regreso a su casa. Pensar que antes yo hubiera dado lo que fuera porque Felipe me mandara un ramo de rosas, aunque fuera una sola flor, que me demostrara algo de amor; ahora ya no me interesa. Ni siquiera me interesa llevar una relación amigable con él, porque me parece que esas no son sus intenciones; según él, es amor, pero en realidad son celos posesivos. Él nunca me demostró que me quería mientras yo estuve a su lado; entonces, por qué me lo quiere demostrar ahora cuando sabe que ya no quiero regresar con él. Todo esto me ha costado, a causa de la insistencia de mis hijos, pero ni siquiera les digo que lo voy a pensar.

Mi familia me apoya mucho. Creo que antes no me había atrevido a dejar a Felipe porque no encontraba un apoyo; mi familia no creía que Felipe era como yo les decía que era, pues con mis padres era muy bueno y amable; ahora que saben cómo es, están muy enojados con él. Fue importante empezar a hablar con mi familia sobre lo que me estaba pasando. Ahora ven que es un problema grave y me aconsejan no salir, por miedo a Felipe, pero yo les digo que no voy a dejar de salir y que tengo que tener el valor de enfrentarme a lo que sea.

Siempre me he dedicado mucho a mis hijos, pero de pronto empecé a tener una inquietud por hacer algo más, así que tomé la iniciativa de conseguir un préstamo y abrir mi propio negocio. Pronto, Felipe me ofreció que yo vendiera la mercancía del negocio que tenemos juntos; hicimos un trato, y ahora yo le compro la mercancía que él produce. Seguimos teniendo problemas por los gastos familiares; él se queja mucho porque siente que lo que da de pensión alimenticia es mucho. Yo le pido mil pesos a la semana y él me quiere dar sólo cuatrocientos. Es imposible que me alcance con esa cantidad tan baja; tengo que hacer de comer para todos, mando a la escuela a los niños, compro las cosas, tengo todos los gastos. Incluso le he propuesto a Felipe que me deje el negocio y la casa, para que yo le dé su pensión de cuatrocientos pesos, pero no quiere.

En los meses en que hemos estado separados, mi miedo ha disminuido bastante, pero todavía tengo un poco y aún no he logrado llegar a mi meta, que es divorciarme y sentirme bien conmigo misma. Tengo muchas ganas de independizarme, de él y también de mi familia, porque no es posible que esté todo el tiempo viviendo así; mi madre nos ha ayudado mucho, pero no nos podemos quedar para siempre en su casa; mis hijos y yo necesitamos nuestro espacio.

Con el divorcio espero poder negociar algo para mis hijos: que nos deje la casa o que nos ponga otra en otro lugar.

Quiero hacer eso, pero sobre todo quiero vencer mis miedos. Hace tiempo leía una parte de *El caballero de la armadura oxidada,* en donde dice que hay que enfrentarse al dragón una y otra vez hasta que el dragón sea un sapito nada más. Lo he releído mil veces y siento que eso es lo que ha pasado conmigo: sigo enfrentando a mi dragón, pero se vuelve cada vez más pequeño.

Antes, cuando vivimos juntos, sólo de escuchar el ruido de la camioneta cuando Felipe llegaba a casa me daba terror, porque por cualquier cosa podía explotar. Yo siempre quería que todo fuera perfecto, que la comida no se pasara de sal, que el refresco no estuviera al tiempo, quería que todo estuviera perfecto para que él no tuviera motivos para pelear; pero siempre los encontraba, no importaba lo perfecto que pudiera estar todo.

Cosas tan absurdas como que Felipe no me dejaba ni bañarme sola. Cuando yo me bañaba él tenía que estar lo más cerca posible del baño porque decía que me podían ver los vecinos. Un domingo yo me tuve que bañar y él no estaba, así que cuando regresó a la casa y vio que ya me había arreglado, me pegó. El grado de violencia que vivía con él era demasiado y yo no me daba cuenta; mi miedo a su enojo, a sus reacciones, era muy grande, y por miedo dejaba de hacer las cosas que a él le molestaban. Todo el tiempo andaba justificando sus celos y pensaba que él estaba en lo correcto y que yo no debía hacer esto o aquello para que no se enojara. Ahora ya no, si le molesta, ni modo.

Las cosas empeoraron después de que falleció su madre, porque toda su familia se volvió devota de la iglesia cristiana. Felipe siempre ha tenido mucha influencia de su familia, y me presionan bastante para que entre con ellos a esa religión. Yo no quiero, no porque tenga algo contra ella; la fe en Dios es la misma en cualquier religión, aunque no pertenezcas a ella. Pero lo importante es lo que se siente en el corazón, y yo no quise porque ese culto no reflejaba mis ideas.

Por ese tema han empezado más pleitos; Felipe me acosa y me dice que si yo sigo sin acudir a su iglesia es porque no estoy bien. Siempre tenemos disgustos al respecto, y eso que estamos separados. No tengo ningún interés en volver con él, porque ya vi que hay un tipo de vida muy diferente, donde puedo decidir lo que quiero hacer y cómo lo deseo, donde puedo rodearme de la gente que me quiere y me cuida, y no de la que me rechaza y me ataca. Ahora tal vez tengo más carencias de dinero y cosas materiales, pero estoy empezando, pronto nos repondremos. Por lo menos tengo la satisfacción de que aquí en mi negocio soy yo quien dispone del dinero, lo gasto cuando yo quiera, en lo que yo determine. En cambio, cuando vivía con Felipe, quizá veía pasar los miles de pesos, pero no tenía derecho de gastarme ni diez de ellos; todo era pleito: comer un helado o un dulce tenía que ser a escondidas de él, porque de todo se enojaba.

Ya me acostumbré a estar sola, a tomar mis propias decisiones, buenas o malas, pero mías, y no puedo recrear en mi mente el estar con Felipe otra vez; ya no me interesa. El otro día leí que este proceso es similar al de una adicción, en donde hay recaídas y por momentos te sientes vulnerable. Es cierto, hay momentos en que me siento deprimida y pienso que Felipe me hace falta. No es lo mismo el cariño de los hijos o el de la familia, que el de la pareja. Pero cuando

< 68 >

me siento así me pongo a analizar y me digo: "¿De qué sirve tener a alguien si no recibes de él lo que necesitas o quieres?"

Antes me preocupaba demasiado lo que la gente fuera a decir de mi divorcio; hasta para vestirme pensaba en lo que iban a decir de mí. Ahora no me importa nada. Hace tiempo se empezó a decir que yo andaba saliendo con alguien a espaldas de mi marido, lo cual era por supuesto una mentira. Me afectó muchísimo, sobre todo porque yo hacía esfuerzos extraordinarios para ser la esposa perfecta, fiel, atenta, hacendosa. Ahora me da risa y pienso: "Si ya hablaron tanto de mí y dijeron que hice algo que no hice, cuando lo haga ni se van a dar cuenta".

Mucho me ha ayudado leer; en mis libros encuentro mucha fuerza para seguir adelante. No falta quien me diga: "No puedes estar separada de Felipe, es tu esposo, es el padre de tus hijos, él les hace falta a ellos, ellos necesitan ver a sus padres juntos, la mujer tiene que vivir así". Pero también hay quien me ha dicho: "Eres una tonta porque dejas que te trate así, demándalo, métalo a la cárcel, quítale la casa". Opiniones muy encontradas, pero a mí ya no me afecta ni una cosa ni la otra, porque estoy haciendo lo que yo decido.

Dejo que las cosas sucedan con calma. En el momento en el que lo siento necesario, hago lo que me propongo; ya no me dejo influir por comentarios de otras personas; ahora mi propia fuerza soy yo, no trato de aferrarme a alguien que me diga qué hacer, sino voy tratando de analizarme, evaluar qué puedo hacer y qué consecuencias puede traerme.

Ese miedo terrible que tenía ya no lo siento para nada; antes me daba miedo hasta escuchar la música que me gustaba. La escuchaba cuando él no estaba para que no se enojara. Ahora no me interesa si le molesta o no, yo salgo sola, si le molesta es problema de él, no mío.

El otro día Felipe me reclamó que ando con alguien y que por eso nos separamos. Yo le contesté: "Te voy a prometer una cosa, el día que yo quiera andar con otra persona tú vas a ser el primero en saberlo porque te lo voy a contar: te voy a decir que tal persona me busca o tal persona me interesa y que voy a empezar una nueva relación; pero de momento lo que me interesa es mi recuperación, por mis hijos, ahora yo no necesito una relación diferente, ni la tuya ni otra". Ahora, cuando recuerdo mi vida con Felipe, pienso: ¿Cómo es posible que aguantara yo tantos maltratos por tanto tiempo?

A lo largo de todo mi proceso, a veces me sentía muy enojada conmigo misma, me decía: "Fui una tonta, fui una estúpida, ¿por qué dejé que me tratara así?". En una pelea con Felipe me dijo que la culpable de todo era yo misma, porque yo permitía que él me tratara así. Me dolió muchísimo, por la desfachatez del comentario, pero tenía algo de razón. Siento que ahora también he logrado perdonarme por eso.

Desde que estamos separados hemos tenido varias discusiones. Un día llegué de improviso a la casa, había ido a una junta de la escuela de mi hijo menor y fui a platicarle sobre esa reunión. Cuando llegué, me encontré con que todas mis cosas –mi ropa y todo lo que había dejado– ya no estaban. Felipe las puso en bolsas y cajas y las echó a la basura. Me dolió bastante, pues no hemos llegado a un acuerdo todavía como para que él se sienta dueño de todo y disponga de mis cosas sin siquiera avisarme. Tiró cosas mías muy queridas y a mí me afectó muchísimo, me enojé, peleé con él, lo insulté, sentía odio hacia él y su hermana, quien le había aconsejado deshacerse de mis cosas.

Por mucho tiempo sentí un odio profundo y trabajé mucho espiritualmente para liberarme de ese veneno que traía adentro. No me daban ganas de comer, no quería dormir, no quería escuchar música, no quería ni arreglarme por estar pensando en lo mismo, en ese dolor y ese odio, hasta que un día decidí que ya no quería seguir pasándola mal y que necesitaba perdonarlos por mi propio bien; tenía que hacer lo necesario para que ni Felipe ni su hermana ni nadie me hicieran daño. Una vez leí que perdonar no es olvidar, es simplemente recordar sin que nos cause daño; perdonar tampoco es reconciliarse, porque una cosa es que haya perdonado a Felipe y otra que me reconcilie con él. Ahora que lo he superado bastante, me siento aliviada, porque antes cargaba un peso terrible; siempre estaba pensando en la forma de hacerle daño, de hacerle sentir lo que él me hacía sufrir a mí.

Ha sido una lucha muy fuerte, larga. Aún ahora que estamos separados hubo un día en que salimos juntos, no recuerdo si llevamos a los niños al doctor o algo así, pero salimos juntos, y de regreso me invitó a que me quedara a comer con él; yo acepté. Pensé que tenía que ponerme una prueba para ver lo que realmente sentía por él. Tuvimos relaciones, pero en mí ya no hubo eso que antes sentía, eso tan bonito, esa magia, ese sentimiento; para mí fue algo totalmente superficial. Mi cariño por Felipe no se ha acabado porque es el padre de mis hijos, hemos compartido juntos muchas cosas, mucho tiempo, pero ya no siento amor por él, ni la obsesión que tenía porque me quisiera o que me abrazara. Ahora ya no, él ya no es mi obsesión, ya no lo siento así, ya no me hace falta, ya vi que puedo estar sin él y que sin él estoy mucho mejor.

Yo siento que a Felipe le hace demasiada falta ir a terapia o hacer algo que le permita analizarse a sí mismo, porque yo sé que él también ha sufrido mucho. Tuvo una infancia muy dolorosa, le hicieron un enorme daño. Yo por eso siempre lo justifiqué. Durante mucho tiempo lo traté de ayudar, incluso traté de hablar con su papá para decirle que a Felipe le hacía falta su cariño, y a pedirle que no hiciera tanta diferencia entre Felipe y Pancho, su otro hijo. El señor lo tomó a mal, pensó que le estaba pidiendo dinero para Felipe, no amor. En esa familia son muy materialistas y no saben dar afecto. Ellos piensan que decir "te quiero" es dar dinero o comprarte algo. No sienten el calor de un abrazo.

Felipe no tuvo esa atención de sus padres, de su familia, y eso le afectó mucho. Por eso yo también trataba de reemplazar ese cariño que él no había recibido, yo pretendía quererlo el doble, quererlo como esposa y además darle un poco del cariño maternal que no tuvo. No me arrepiento, porque dar amor no es para arrepentirse, pero me doy cuenta de que sin proponérmelo lo ayudé a ser más violento y a sentirse más como víctima al mismo tiempo.

He recorrido un largo camino de recuperación, y me falta mucho por hacer: vencer por completo mi miedo, lograr el divorcio, recuperar mi autoestima. Pero estoy satisfecha, estoy tranquila porque poco a poco estoy recuperando mi propia vida, una en la que puedo ser feliz.

Reconocer los logros

La vida no juega para perder. Cuando ella coloca un desafío en nuestro camino a pesar de que nos parece difícil es porque tenemos condiciones de vencerlo.

GASPARETTO

Cuando reconocemos cada uno de nuestros logros, grandes o pequeños, nos sentimos contentos y bien con nosotros mismos. Sin embargo, reconocer los aspectos de nuestra vida y de nuestra persona en que nos hace falta trabajar es clave para poder transformar nuestra vida, y no debe ser objeto de autorreproche, sino, por el contrario, de reflexión para aprender a vivir mejor. Al leer la historia de Luz resulta evidente que en su proceso ha logrado muchos cambios positivos en su vida. En el inicio de su historia ella compraba un helado a espaldas de su esposo por miedo a que éste se enojara, y ahora es la dueña de su propio negocio. Sin embargo, ella continúa en un proceso de mejora, sigue viendo hacia adelante: lo que le falta por hacer, por resolver y sanar. Luz quiere llegar más allá y puede ahora valorar el hecho de que está muy lejos de donde comenzó.

La mente engaña fácilmente. Es posible que Luz tenga la tendencia a pensar mucho en sus fracasos o en lo que le falta por hacer, y eso la puede desanimar hasta el punto de deprimirla y llevarla a dejar de luchar. Para salir de ese estado depresivo, ella podría pensar en todos sus logros –momentos de éxito y felicidad– para llenarse de confianza a fin de poder mirar hacia el futuro de manera más positiva, esperando y buscando más buenos momentos. Un logro in dudable de Luz es la transformación de su vida: ella podría recordar cómo se encontraba en el inicio del proceso de recuperación y dónde se encuentra ahora, y entonces considerar con buen ánimo lo mucho que ha logrado.

Asumir la responsabilidad

¿Por qué permitiste que apagara tu alegría?

Al inicio de su proceso, Luz culpaba a Felipe por todo lo negativo que sucedía en su vida. Para ella, inicialmente, la causa de su infelicidad era él, y guardaba gran rencor porque lo acusaba de las situaciones que la hacían infeliz y por las decisiones dañinas que ella tomaba. Optaba por medidas autodestructivas debido a su miedo a enojar a Felipe, y a su necesidad obsesiva de hacer lo que fuera posible para que él la amara. Por ejemplo, Luz trabajó sin descanso durante su cuarto embarazo, con lo cual puso en riesgo la vida de su bebé y la suya misma. Pese a que eso fue lo que Felipe quería, fue ella quien finalmente tomó la decisión de cumplir ese deseo ajeno. Podía, en cambio, haberle dicho que de ninguna manera iba a trabajar quince horas sin descanso con un embarazo de alto riesgo, y después enfrentarse a las consecuencias del enojo de su esposo. De todos modos, si Luz lo contradecía o no, Felipe buscaba y encontraba siempre una razón para enojarse con ella. Así que hubiera sido mejor pensar que si se enojaba era problema de él, y nada más; no fue una sana resolución que Luz tratase de evitar los estallidos del esposo a costa de sacrificar su vida en esa relación.

Como es evidente, Luz temía enfrentarse a las consecuencias del enojo de Felipe porque ellas implicaban siempre violencia física (golpes), además del abuso verbal. Por ello, en caso de haber decidido enfrentarse contra esos tratos dañinos, Luz tendría que haber considerado la posibilidad de interponer una denuncia judicial y pedir el apoyo de su familia. Pero debido a sus necesidades afectivas y materiales, Luz no le puso límites a los atropellos que Felipe cometía contra ella, y es así como ella se convirtió en corresponsable del aumento de violencia en su hogar.

Cuando asumimos la responsabilidad de nuestros actos y emociones, estamos en condiciones de enfrentarnos a ellos y cambiarlos, pues la clave del éxito está dentro de nosotros mismos, y no depende de las acciones de los demás. Al hacerse responsable de sus actos y decisiones, Luz logró empezar a enfrentarse a su miedo por el enojo de Felipe. Vale la pena recordar que, en cualquier relación, cada una de las partes contribuye al estado de la misma, y culpar al otro nos impide ver nuestra parte de responsabilidad, crecer y ser proactivos en el logro de cambios positivos.

Culparse a sí mismo

Culparnos a nosotros mismos por los problemas de la relación, las emociones del otro o por la falta de amor por parte de nuestra pareja, es caer en un juego destructivo e inconsciente para obtener lo que uno quiere. La mente funciona de modos curiosos; pensamos que con echarnos la culpa, con auto castigarnos, martirizarnos y hacernos responsables de la relación y del otro integrante de la pareja, obtendremos su amor. Es como decir: "Pago por mi culpa de no cumplir con tus expectativas para así obtener tu aprobación y cariño".

Si una de las partes asume toda la responsabilidad por los problemas que se presentan, entonces también asume que los problemas en la relación son algo que puede cambiar sin ayuda o participación del otro, cuando en realidad ningún problema de pareja se puede resolver unilateralmente: todas las relaciones de pareja requieren la participación de ambos. Quizás, gran parte del enojo de Felipe y su incapacidad de expresar afecto por Luz, poco tenía que ver con ella y mucho con una parte de su vida antes de conocerla. En otras palabras, Felipe también necesita transitar por un proceso de cambio, para resolver los problemas, las carencias que viene acarreando desde mucho tiempo atrás, y que lo llevarán a seguirse comportando del mismo modo en cualquier otra relación, si no logra una transformación radical de sí mismo.

Si nos involucramos en una relación donde el otro no asume su responsabilidad, y como consecuencia, decidimos asumirla nosotras, probablemente se deba a que estamos acostumbradas a cargar con culpas desde la niñez. En esos casos, es común atraer a nuestro círculo íntimo a individuos que nos hacen sentir la emoción negativa más dominante de nuestra niñez. Si sufrimos la falta de cariño de nuestros padres, y nos auto castigamos en un esfuerzo de lograr su amor, lo más probable es que de adultos repitamos el mismo patrón. El primer paso para dejar de culparse es aceptar esa falta de amor que padecimos.

Más aún, si un miembro de la pareja asume la culpa de todo, el otro percibe esa actitud, y en lugar de asumir la responsabilidad de lo que le corresponde, le resulta más fácil y cómodo dejar que el otro lo haga. Así, quien asume la responsabilidad del éxito de la relación, asume también todos sus errores y fallas; y quien no lo hace, culpa al otro con la certeza de que éste asumirá enteramente la carga. Es un círculo vicioso que se refuerza con cada problema.

Si estás en esta situación, puedes deshacerte de culpas que no te corresponden, tanto dentro como fuera de tu relación de pareja. Es fundamental que analices la situación con frialdad y puedas identificar cuál es tu parte, lo que te corresponde hacer, tu responsabilidad, hasta dónde puedes llegar. Hacer lo que quieres y lo que puedes; lo que queda fuera de tu alcance ya no es tu obligación; queda en el ámbito de lo que el otro quiere y puede hacer. Ahí es necesario marcar una línea clara en donde se evidencie la parte que le toca asumir a tu pareja. Si te equivocas en el proceso, o sientes que lastimaste a alguien, puedes pedir una disculpa o rectificar el daño, y así aprender a perdonarte también a ti misma.

Hacer caso a las señales

Luz dice que Felipe no era violento durante su noviazgo. Fue poco después de irse a vivir con él que empezó la violencia psicológica y después la física. Es importante poner atención a las señales de alerta cuando conoces a una persona. Un ejercicio que hago en talleres es poner a personas que no se conocen entre sí a trabajar en pareja. El ejercicio consiste en intuir cómo es el otro. Las instrucciones son mirarse a los ojos y decirle al desconocido que tienes enfrente cómo intuyes que es: cuáles crees que son sus virtudes, defectos, sueños, miedos, hobbies, y detalles de su vida familiar. En mi experiencia, una gran cantidad de personas aciertan entre un 90 y 100 por ciento al adivinar cómo es el desconocido. Todos tenemos esa capacidad de intuir, pero no siempre le hacemos caso a nuestra intuición, sobre todo cuando queremos ver algo distinto de lo que en realidad es la otra persona. Un ejemplo de esto es el caso de una señora cuyo padre y hermanos eran alcohólicos, y que al crecer se casó con otro alcohólico, alegando que no sabía que tenía este problema cuando decidió vivir con él. En realidad, las señales siempre estaban allí, pero ella decidió no ponerles atención ni pasarlas por alto.

Tomar tus propias decisiones

Las opiniones de la gente cercana a Luz diferían sustancialmente sobre si ella debía regresar con Felipe o no; algunos opinaban que sí, y otros, lo contrario. Se pueden valorar los consejos, pero resulta fundamental aprender a tomar nuestras propias decisiones, tal como con el tiempo lo empezó a hacer Luz. Nuestro poder y nuestra libertad aumentan en la medida en que tomamos nuestras propias decisiones y asumimos sus consecuencias. En el caso de Luz, lo que realmente importa no es si regresa o no con Felipe, sino los cambios que ella está dispuesta a hacer para desarrollar una vida plena, con o sin pareja. Viviendo con Felipe o separada, Luz puede desarrollar su proyecto de vida, enfrentarse a sus miedos, recuperar su autoestima y no permitir que nadie le vuelva a hacer daño.

< 78 >

Enfrentarse al miedo

El proceso de romper hábitos nocivos y empezar a cuidar de nuestro bienestar implica hacer cambios que pueden hacernos sentir miedo. Cada vez que hagas algún cambio de este tipo a pesar de que te genere miedo, te sentirás muy satisfecha contigo misma y adquirirás más confianza para enfrentarte a futuros retos. Cuando hacemos algo que va más allá de lo que nos sentimos capaces de hacer, cambia la concepción que tenemos de nosotros mismos. Para este proceso de enfrentarnos a nuestros miedos, ayuda practicar actividades que si bien son seguras, requieren precisamente superar nuestros temores, tales como escalar, volar en parapente, aprender a manejar o a nadar.

Luz entregó poco a poco todo su poder a Felipe, como si por años hubiera estado inflando un globo que se volvió tan gigantesco que le llegó a inspirar terror. Pero así como Luz tuvo la capacidad de inflar ese globo hasta volverlo inmenso, también tuvo el poder de deshincharlo y retomar su propio poder. El proceso de "desinflamiento" requirió que Luz hiciera cosas que quería realizar, pese al miedo de que Felipe fuese a enojarse. Por ejemplo, poner en su negocio la música que a ella le gusta, ir a la casa de su madre cuando la extraña, o comprar una golosina para sus hijos. Luz se enfrentó a sus miedos siendo asertiva y no agresiva, por ejemplo, diciéndole a Felipe con mucha confianza y tranquilidad, aunque fuesen fingidas y por dentro estuviera temblando de miedo: "Te veo al rato, voy a la casa de mi mamá", e ir, no obstante su terror. Enfrentándose a sus miedos, Luz se dio cuenta de que es mucho más valiente de lo que pensaba.

No hay víctimas

Nuestras actitudes y creencias contribuyen a la construcción de nuestra realidad. No somos observadores pasivos de lo que nos pasa, sino creadores de nuestro presente. Lo que nos ocurre no está exento de nuestra participación. Si te encuentras en una circunstancia difícil, analiza lo que está ocurriendo lo más objetivamente posible, como si fueses dueña de la situación y pudieras hacer cambios, como si dirigieras la historia de tu propia vida.

Pasos para dejar de sentirse víctima

Pregúntate a ti misma:

¿Cómo y por qué creé este evento en mi vida?

¿Qué puedo aprender de ello?

¿Acaso una parte de lo que sucede es el resultado de mis pensamientos negativos o de mis actos?

¿Qué puedo hacer y cómo puedo contribuir para hacer cambios positivos y formar parte activa de la solución del problema?

No podemos cambiar a los demás, pero sí a nosotros. Lo que pensamos, cómo actuamos y lo que decimos impacta en el resultado de lo que hay en la relación entre dos personas.

Hazte consciente

Analiza cuando lloras si tus lágrimas te quitan el dolor acumulado, o si es un llanto de autocompasión; resultado de pensamientos que reflejan un estado de victimización.

< 80 >

Responsabilízate de tu parte

Cuando cuentas la historia de lo que sucede o sucedió en tu relación con alguien, incluye también la parte de responsabilidad que te corresponde en lo que pasó. Si cuentas solamente lo que te hicieron o lo mal que te trataron, la gente a quien se lo cuentes van a estar de tu parte y reforzará tu posición de víctima, junto con tus sentimientos de autocompasión. Si cuentas lo que pasó incluyendo tu parte de la responsabilidad de la situación que padeces, se convierte simplemente en una historia de amor con momentos difíciles.

Asume la responsabilidad de tus decisiones

Cuando hagas algo, repite "yo lo decido" y asume la responsabilidad de tus determinaciones. Yo decidí levantarme tarde y por eso llegué atrasado al trabajo; yo decido limpiar toda la casa sola; yo decido permitir que alguien limite mi libertad. Como consecuencia de esta reflexión, empiezas a asumir la responsabilidad por todo lo que haces (Sánchez, 1994).

Tu historia y la elección de tu pareja

Es un delito ejercer la violencia en una relación de pareja y es absolutamente condenable el uso de la superioridad física para reprimir al otro. Sin embargo, no es por casualidad que una persona elige una pareja violenta. Esta elección está fuertemente influida, aunque no determinada, por la historia de nuestras vidas, sobre todo nuestra niñez.

Si experimentaste un trato violento desde pequeña o si los adultos en tu hogar eran violentos, es algo que fue seguramente muy doloroso, pero de alguna manera aceptable, simplemente porque se consideraba que sucedía como algo "era algo que sucedia diario". Por ello, quizá como adulta puedas estar dispuesta a aceptar violencia y acostumbrarte a ella. Por ejemplo, si una mujer que siempre fue tratada con cariño y respeto en su niñez conoce a alguien violento, lo más probable es que después de la primera muestra de violencia, rápidamente ponga fin a ese tipo de relación.

Otro aspecto importante que puede influir en la elección de tu pareja es cómo tus padres y antepasados se han relacionado entre sí. Es muy común repetir patrones de conducta, incluso nocivos, de los padres, y por consecuencia, de los padres de los padres también. Más aún, la gente tiende a repetir los mismos patrones emocionales del progenitor del mismo sexo. Si la emoción negativa más dominante para tu madre fue comportarse como víctima, entonces es posible que en un intento de sentirte más cerca de ella busques parejas y circunstancias de vida que te faciliten recrear esta emoción en ti, y justificar con ella tu autocompasión (Villoldo, 2006). O puede ser un gesto de solidaridad hacia tu madre: "Tú estás triste y, porque te quiero, yo también me pondré triste en un intento de aliviar tu dolor". Es muy probable que estos patrones no se hayan originado en las actitudes de tu madre, sino en la línea materna de las generaciones anteriores.

Puedes pensar en una de las creencias negativas que más te afectan, como por ejemplo: "Todo es mi culpa". Puedes imaginar cómo vives tú esta frase con tus padres y tu pareja; cómo te sientes como resultado de esta culpa que decides echarte; qué haces o dejas de hacer cuando te sientes culpable. Después visualiza cómo tu madre vive esta frase con su

< 82 >

pareja y como la vivía, o aún la vive, con sus padres. Intenta el mismo ejercicio con tu abuela, tu bisabuela, y para terminar, tu tatarabuela. Si no las conociste, no importa, deja que el poder de tu imaginación te ayude a visualizarlas.

Puedes romper lazos negativos formados por falsa solidaridad, al decidir ser diferente y comportarte de modo opuesto al que esa solidaridad te empuja. Si la creencia negativa que estás trabajando es que eres una víctima, puedes empezar a analizar tu parte, asumir la responsabilidad de tus actos y sentirte con el poder de hacer cambios en tu vida. Puedes imaginar delante de ti a las mujeres de las generaciones anteriores y expresarles tu deseo de ser diferente. Y después, considera un acto concreto de tu vida en que puedas, dentro de poco tiempo, efectuar un cambio. Esto te ayudará a liberarte de la carga emocional que las mujeres de tu familia llevan soportando de generación en generación.

< 83 >

Yolanda

31 AÑOS, AMA DE CASA

Los problemas con mi pareja vienen desde mi niñez. Soy la mayor de tres hermanas y fui muy rechazada por mi madre. No era que me repudiara abiertamente, pero siempre me trató con una diferencia marcada. Siento que me cargó mucho la mano con violencia, obligaciones y represión. Vengo de un hogar donde no hubo padre, pues él murió cuando yo tenía año y medio. Desde pequeña fui muy noviera, pienso que lo hacía para reafirmar que yo era importante y llamar la atención.

A los quince años conocí a mi esposo. Para mí, Roberto significaba todo; al mes de empezar a andar con él sentí que era lo más importante en mi vida. Desde entonces Roberto era alcohólico, además de callejero, pero para mí sus aventuras resultaban maravillosas. Él me contaba sus pleitos, lo que le pasaba todo lo que él hacía me parecía admirable, lo máximo. Él tenía entonces dieciocho años, tres más que yo.

A pesar de lo joven que era, Roberto ya tenía toda una vida recorrida, incluyendo su problema de alcoholismo, que yo no veía como tal; desde mi punto de vista, la bebida era algo que lo relajaba y lo hacía sentirse bien. Yo era entonces su refugio, pues en su casa ya no lo querían, lo corrían a menudo y siempre acudía a mí. Pasaba por mí a la escuela, se iba a comer y regresaba por mí; era yo lo más importante para él o, al menos, así lo creí. A los diecisiete años me embaracé y enseguida nos casamos.

Como un mes antes de casarnos sufrí su primera violencia. Yo creí que ahí se iba a terminar todo, pero no fue así, seguí con él. Nos casamos y a los quince días me propinó la primera golpiza. Viviendo con Roberto, llegó un momento en que ya no importaba si estaba en su juicio o tomado, la violencia era inmensa, tanto física como psicológica. Me pegaba hasta porque me daba calentura o por llamarlo a cenar cuando él no lo deseaba.

Vivíamos en casa de sus padres, quienes compartían con mi marido tradiciones muy arraigadas de su pueblo. Siempre me decían que yo tenía que ser sumisa ante mi esposo porque así es el matrimonio. Por ello, empecé a pensar que tenía que ser sumisa. Recuerdo una vez que salí a ver a una amiga y, cuando regresé, me regañó mi suegra; cuando llegó mi marido, me pegó frente a toda la familia. Nadie fue capaz de decir: "¡Momento, la estás matando!", sino por el contrario, mientras él me golpeaba, su familia me reprochaba: "Mira lo que provocas".

Empecé a creer que lo correcto era someterme, pero también esperaba con la sumisión ganarme el amor y el respeto de mi esposo y el cariño de mis suegros. Así, me involucré en una situación en la que lo más importante para mí era agradar a los demás, y hacía todo por agradar a Roberto, pero al mismo tiempo sufría pensando: "No me gusta esto, ya no puedo más".

Recuerdo que desde el primer día de matrimonio, me quise separar y hasta hoy, después de catorce años de relación, no he podido hacerlo. Nunca fui feliz con mi marido. Al inicio les prendía veladoras a todos los santos para que Roberto me quisiera, y anhelaba que fuese como cuando era mi novio. Ahora, él ya no quería estar conmigo y las peleas se volvieron contra mí, ya no contra sus padres. Yo, según él, le hacía la vida imposible, era lo peor en su vida, cuando yo lo único que quería era ser lo mejor para él. En el fondo no me gustaba, yo no quería estar ahí, pero no podía dejarlo porque tenía miedo, y miedo no sé a qué. No a la pérdida económica, pues entonces él no trabajaba y yo prácticamente lo mantenía; era miedo a estar sola, simplemente, y no tenía el valor para tomar la decisión de dejarlo.

Hice lo que Roberto quiso, trabajé sin sueldo, lo mantuve y lo ayudé a terminar sus estudios. Le hacía los trabajos de la escuela y todo lo que yo ganaba en mi trabajo era para él. Le pagué el seminario de tesis, y cuanto fue necesario para que él pudiera superarse. Para mí, en cambio, no había nada. Por ejemplo, no podía comprarme nada, ni ropa ni cosas para la casa.

Roberto terminó su carrera y encontró trabajo en una empresa donde lo acomodó su cuñado. Empezó a tener un sueldo que no era mucho, pero para nosotros, que no teníamos nada, era bastante. De pronto, Roberto empezó a tener otras aspiraciones que, aunque buenas, eran a costa de toda la familia. Sus aspiraciones eran abrir su despacho y estudiar la maestría, y lo quiso hacer con el dinero que debió ser para la familia. Yo lo ayudé a llegar a donde está, pues Roberto lo quería todo para él, para abrir el despacho, para comprar su computadora, para libros. Al inicio yo no tenía el valor de exigir lo que yo sentía que le correspondía a la familia; ahora, aunque aún me limito, le exijo más.

Yo quería que Roberto terminara su carrera porque sentía que así me lo iba a agradecer siempre y se daría cuenta de con qué mujer se casó; quería que se sintiera afortunado de tenerme y que sintiera que yo lo apoyaba en todo y estaba con él en las buenas y en las malas. También quería que su familia pensara de ese modo, que me vieran como la esposa ideal. Sin embargo todos veían lo contrario en mí. Cuando Roberto empezó a trabajar, y yo a exigirle una quincena para el gasto, me dijeron que era una mantenida, que no servía para nada, que era una huevona. Ahí empecé a alimentar mi coraje.

Pasé por una etapa en la que pensaba que yo era la culpable de lo que sucedía; quería cambiar para agradar a Roberto y, así, estuviera contento conmigo, que me quisiera. Poco a poco me empecé a dar cuenta de que no había recompensas a mis sacrificios, y me sentí profundamente frustrada, resentida, enojada con él y con el mundo. Sentía que lo odiaba, le reprochaba no haber podido terminar mi carrera y hacerme de una vida mejor, lo culpaba de todo.

Nuestro matrimonio siempre ha sido de separaciones. Al inicio, Roberto varias veces amenazó con irse y yo le rogaba que se quedara. Una vez llegué a hincarme en medio de la calle, arrastrarme a sus pies y jalarle los pantalones para que no se fuera; él, a patadas, me decía: "Suéltame, déjame ir". Después era yo la que lo echaba de la casa y él se iba, pero regresaba a los cinco minutos. Empezó una nueva dinámica negativa en la relación. Yo dejé de rogarle que se quedara, pero aún no he tenido el valor de decirle que se vaya para no aceptarlo más.

Mi intención con la terapia no era estar bien con él ni estar bien conmigo misma; iba a pedir ayuda para tener el valor de decirle a Roberto: "Vete y ya no regreses". En el grupo pronto me di cuenta de que por ahí no va la cosa, y que para solucionar mi situación debo primero ver qué estoy haciendo yo que contribuye a aumentar el problema. Ahí me empecé a dar cuenta de que yo tenía un problema, y que yo lo debía de resolver sin importar si estaba o no con Roberto, pues de no hacerlo me sentiría mal de todos modos. Poco a poco, empezó a cambiar mi forma de pensar y quise trabajar por mí misma. Antes culpaba a Roberto de mi situación, de mi insatisfacción; pero luego me di cuenta de muchas cosas, como el hecho de que la vida que tuve y cómo la viví fue mi elección, y por tanto también mi responsabilidad. Fue ahí cuando el odio y el rencor hacia Roberto empezaron a disminuir, porque aunque lo sigo culpando, también me he dado cuenta de que yo he contribuido al problema que tengo.

La violencia física terminó desde el momento en que yo dejé de acosar y querer controlar a Roberto. Ahora, cuando veo que se pone violento, lo corto inmediatamente. Le digo que voy a llamar a la policía y me toma en serio, o me encierro en mi recámara. Ya no se presentan tanto estos episodios porque ya no le hago tanto caso a su neurosis. En cuanto a la violencia psicológica, en nuestra relación había bastante; todavía la hay, aunque ya no tanto, ya no es como era antes. Cada vez creo y me afectan menos las cosas que

Roberto me dice; en consecuencia, hace y dice menos cosas que me hieren.

Así como cambió mi forma de pensar sobre mi relación, también cambió mi actitud. Empecé a hacer cosas que antes no tenía el valor de realizar por miedo a que se enojara o me juzgara o, peor aún, que se fuera a quejar con su mamá. También me di cuenta de que las mujeres que amamos demasiado somos las eternas víctimas de todo, nos martirizamos por lo que nos pasa y culpamos a los demás por nuestros fracasos. Hasta entonces me di cuenta de que desde el momento en que me casé, todo lo que hice fue porque así lo quise, incluso el mismo hecho de mi matrimonio; entendí que todo lo que he hecho en mi vida es porque así lo he decidido. Por ejemplo, yo decidí ayudarle a terminar de estudiar y para ello sacrifiqué mis propios estudios; nadie me obligó.

Inicialmente trabajé con mi suegra, vendiendo comida en el mercado, para que ella supuestamente nos ayudara con algunos gastos. Cuando me di cuenta de que la ayuda no era económica ni moral, ni de ningún tipo, no tuve el valor para dejar el trabajo por miedo a que mi marido me dejara de querer. Para mí, trabajar sin sueldo para su madre era algo que yo hacía para demostrarle que yo era valiosa, para que me quisiera y, por supuesto, siempre esperaba algo a cambio que nunca obtuve.

Esos fueron tiempos en que yo era la víctima. Todavía hace unos meses o hace un año me decía a mí misma: "Él no me quiere, no me valora, yo que le di tanto o yo que hice tanto por él y él nada". Sufría constantemente en mi papel de víctima, y creo que llegó un punto en que me gustaba ese rol de mártir; ese sufrimiento de alguna manera me hacía sentir bien. Me hizo sentir que merecía el cielo. Decides sufrir porque te sientes bien sufriendo.

Antes yo no lo entendía así y me gustaba sentirme víctima de todo, me lamentaba diciendo: "¿Por qué mi esposo estudió y por qué yo no?, ¿por qué yo me dediqué a los hijos?, ¿por qué estuve trabajando con mi suegra? Él tuvo la culpa, no me ha apoyado, no me ha valorado, me ha tronchado, si no estuviera él yo sería algo más, él tiene la culpa de mi inseguridad, me ha hecho mucho daño". Mi rol en mis pensamientos era siempre el de víctima, y ello me permitía evadir mi responsabilidad en la situación.

Si yo tuviera el valor podría hacer cosas por mí, igual que él, pero no he querido. Por ejemplo, con el asunto del trabajo. Yo siempre he dicho que he querido trabajar, pero que no lo hecho por miedo al enojo de Roberto. En el último trabajo que tuve, en ventas, andaba siempre angustiada por no llegar tarde a la casa, o no podía salir a hacer encargos extraordinarios, como llevar un boleto o algo así por miedo a su reacción. Ahora me doy cuenta de que si hubiera tenido valor, no hubiera permitido que él me impidiera trabajar o hacer cualquier otra cosa que yo deseara. Ahora cuando voy al grupo no pido permiso; aviso, y le digo sin miedo que iré. Ya no temo a su enojo, pero mucho tiempo lo hice y lo culpé de todo: "Si no trabajo es porque no me deja, o si no soy nadie es porque él no quiere"; a veces me resultaba más fácil evadir mi responsabilidad, mis miedos, y cargárselos a él.

Yo creo que como mujeres sentimos que siempre somos las víctimas de la situación. Ahora lo veo así, lo entiendo, lo reconozco. Aunque he aprendido y me he reconciliado con muchos aspectos de mi vida, todavía necesito trabajar más en esto, porque en algunas cosas aún sigo responsabilizando a los demás por mis fracasos o fallas. Por ejemplo, mi esposo no me compra ropa o cualquier otro artículo personal; todo lo mío lo solvento yo. Estoy segura de que si se lo exigiera, él me compraría esas cosas, pues no le quedaría de otra, pero no lo hago para poder después hacerme la víctima, para poder sacarle en cara que yo me compro mis propias cosas.

Yo fui la hija mayor en mi familia y había sido la más querida por mi padre, quien murió cuando era yo muy pequeña. Mi madre, por su parte, me demostró un continuo rechazo. Pese a esto, siempre traté de obedecerla y de que se sintiera orgullosa de mí. Con el tiempo, mi madre me explicó que mi papá la minimizó durante el tiempo que estuvieron juntos, y todo su cariño lo reservó para mí.

Al reflexionar sobre las diferentes dificultades por las que atravesé en mi vida, ahora reconozco algo que antes negaba. Por el conflictivo trato con mi madre, no sabía cómo dejar de jugar el rol de víctima en una relación. En consecuencia, no hacía más que lamentar el haberme casado con Roberto y estar en la situación que padecía.

De vez en cuando vuelve mi resentimiento por cómo me ha tratado la vida; y pienso nuevamente que si no fuera por Roberto habría terminado mi carrera, y me pregunto una y otra vez por qué estoy con una persona que no me quiere. En el fondo, sin embargo, sé que yo tuve mucho que ver en lo que sucedió. Ahora trabajo en hacerme responsable de todas mis acciones y también en decidir sobre ellas. Ahora puedo cambiar el rumbo de las cosas.

Cuando uno es víctima carga culpas de los demás. Yo me culpaba por el hecho de que mi esposo no me demostraba cariño y atención, víctima nuevamente de las culpas que corresponden a otros. Estoy en una parte del proceso en donde empiezo a reconocer que he sido víctima y que puedo dejar de serlo, que puedo transformar mi relación, mi vida. Estoy trabajando en asumir mi responsabilidad por lo que sucede, dejar de culpar a los demás, y estar en condiciones de lograr mi propia recuperación.

Cuando llegué al grupo estaba muy enojada con mi relación de pareja, había subido de peso, tenía mucho miedo y culpaba de toda mi situación a mi marido. Me sentía muy frustrada y enojada. Ese enojo y esa frustración, al igual que mi posición de víctima, me hacían sentir que ejercían cierto poder sobre mi esposo; siempre le reprochaba mi infelicidad, y hacía todo porque él sintiera, al menos, culpa de lo que yo creía que era totalmente su responsabilidad: mi insatisfacción de toda la vida. Yo sentía que Roberto me había echado a perder la vida, y quería reprochándoselo para que él también sufriera.

Reprocharle era algo que me permitía estar distante de él. Aunque yo sufría con esa distancia, comportarme fría con él era algo que me estimulaba, como adrenalina. Por lo regular casi no veía a mi esposo hasta la noche; muy frecuentemente terminábamos discutiendo por alguna cuestión, me enojaba, luego le dejaba de hablar y eso me hacía sentir mejor. En la cama yo seguía distante y cuando oía que Roberto ya estaba roncando, me enojaba aún más y hacía ruido para que se despertara. Me di cuenta de que con esa actitud no ganaba nada, así que empecé a decirle tranquilamente a Roberto por qué estaba enojada y eso hacía que el coraje se fuera, permitiéndome disfrutar estar conmigo misma, e incluso con Roberto.

Empecé a cambiar esto cuando logré reconocer cuál era el sentimiento que estaba detrás de cada enojo. Me fui dando cuenta de cuáles eran los sentimientos que provocaban mi coraje: el sentirme no querida, no respetada, lastimada. Aprendí a ser sincera conmigo misma, a reconocer lo que sentía y también a comunicárselo a Roberto, sin esperar una reacción positiva de su parte ni mucho menos; realmente, sin esperar nada de él. Lo hacía y lo sigo haciendo simplemente porque me quiero liberar de ese sentimiento, y expresárselo me ayuda a descargarme.

He aprendido que cuando digo las cosas no es para que los demás dejen de ser como son, o para que piensen de diferente manera, ni siquiera para que me entiendan o para que ya no lo vuelvan a hacer. Digo lo que me molesta simplemente porque necesito liberarme de la emoción negativa que me hacen sentir, y entonces puedo estar mejor. Estoy consciente de que si espero una reacción o un cambio por parte de la otra persona, es posible que mis expectativas no sean satisfechas y terminaré enojándome o frustrándome por ello. A mí me ha funcionado mucho decir lo que siento, así, como es, clara y llanamente, sin esperar nada más.

También creo que la forma como te comunicas con los demás es importante. Cuando no esperas nada de la otra persona, tu forma de comunicarte es diferente, hay mayor acercamiento. Cuando esperas algo del otro, en cambio, tu comunicación es retadora, lo cual se percibe muy fácilmente y trunca cualquier cosa. Cuando estás en paz, puedes comunicarte con más confianza. Alguien del grupo me decía: "Tu vulnerabilidad es tu fuerza", pero yo siempre pensé lo contrario; pensaba que si mi esposo sabía lo que a mí me lastimaba, me lastimaría más aún. Ahora me doy cuenta de que no es así. En terapia hicimos una dinámica donde exploramos cómo nos comunicamos con nuestra pareja, y entendí que si dices las cosas sin esperar nada del otro y lo haces sinceramente, el otro te va a respetar.

Ahora le digo las cosas directamente a mi esposo y en cuanto me molestan, pero lo hago tranquilamente. Hace un rato, por ejemplo, me dijo que se iba a ir de viaje a la costa a un evento de AA, lo cual a mí me molesta mucho, pues cada viaje suyo implica un gasto, y para la familia nunca hay dinero. Siempre que le pedimos algo no tiene, y cuando se da cuenta ya está hasta el cuello de deudas; lo primero que recorta es el gasto familiar (teléfono, luz, agua). Así que cuando me dijo que iría a ese evento, yo le respondí: "Pues no estoy de acuerdo en que vayas".

Yo mañana tengo un compromiso, es el cumpleaños de una amiga y quiero ir desde temprano para estar con ella. Cuando Roberto me dijo que se iría a la costa, me molestó, pero también me dije: "Bueno, si se va, yo también tengo tiempo de hacer lo que necesito". Pero de todos modos me hice la fastidiosa (porque en realidad no estaba enojada) y le dije: "No vas," y él me dijo: "Sí voy", y ahí empezamos a discutir. Pronto en la discusión recapacité y le dije que estaba bien que se fuera, que no había problema, pero que lo lamentaba porque había quedado de pasar el fin de semana con nosotros y de pintar la cocina. Su gesto cambió de inmediato, su reacción fue totalmente positiva, me dio las gracias, me besó las manos y me prometió que el lunes llegando pintaríamos la cocina juntos. Yo no se lo dije con esa intención, pero me di cuenta y pude ver con claridad cómo mi actitud, la forma en que me acerco a él, contribuye mucho a su reacción.

Hay muchas cosas que uno puede hacer por uno mismo y las deja de hacer por querer controlar a la pareja; ahí sufres tú y también haces sufrir a tu pareja. También la pareja se siente acorralado, acosado. Yo me he dado cuenta de que en lo que se ha transformado nuestro matrimonio es tanto responsabilidad de mi marido como mía; estamos así porque los dos lo queremos. Yo sé que si quiero estar bien tengo que ceder mucho, tengo que dejar de controlar, dejar muchas actitudes nocivas que me cuestan mucho trabajo cambiar, sobre todo porque a veces pienso que él no se merece ese esfuerzo; sin embargo, ya no quiero pensar en lo que se merece él, sino en lo que me merezco yo.

La niñez

En terapia me di cuenta de cómo mi niñez había afectado la forma en que me relaciono con las personas y, en particular, con mi pareja. Yo fui la hija querida de mi padre, la mayor, la luz de sus ojos, pero él murió cuando yo era muy pequeña y ya no pude disfrutar de su cariño. Siempre sentí que mi madre me rechazó: se quejaba continuamente de mí, nunca llené sus expectativas. En mi casa siempre me tacharon de insensible, de mala hija, de floja, de rebelde; de lo peor. Mi mamá me decía que las pagaría con mis propios hijos. Sin embargo, siempre fui una niña con muy buenas calificaciones, de cuadro de honor y toda la cosa. No salía de mi casa si mi mamá no me daba permiso.

Estando en terapia, y después de mucho reflexionarlo, me acerqué a platicar esto con mi madre. Ella me contó que mi papá siempre la minimizaba, que siempre la hizo sentir menos. Cuando nací yo, mi papá dejó de prestarle atención a ella para darme todo el cariño a mí. Mi madre cuenta que empezó a sentir unos celos terribles hacia mí, y que me empezó a ver como a una rival en lugar de a una hija. De ahí viene el rechazo tan fuerte que yo he sentido de su parte. Además, dicen que me parezco mucho a mi papá, y eso alimentó el coraje que mi madre sentía hacia mí. La recuerdo decir con coraje que yo era tan arrogante y presumida como mi papá, que siempre me he creído más que ella y que incluso me he avergonzado de ella.

Mi madre sentía que yo la rechazaba. Yo, la verdad, nunca tuve un sentimiento parecido; al contrario, yo quería su amor y su aprobación, pero ella siempre me trató con bronca, me hizo sentir que he sido lo peor para ella, a diferencia de mis dos hermanas. Toda mi infancia me sentí rechazada por mi madre, y nunca comprendí por qué hacía tal distinción conmigo. Si me peleaba con alguna de mis hermanas, yo tenía la culpa, mi madre terminaba regañándome o pegándome a mí. Según ella, yo siempre hacía todo mal, me decía que era torpe y tenía "manos de atole", porque todo se me caía, que no podía hacer nada bien.

Todavía me falta sanar esas heridas de mi infancia. No he sabido cómo, y me sigue afectando mucho el rechazo de mi mamá. Aún ahora hay cosas que suceden y me duelen mucho. Por ejemplo, mamá vive con mi hermana, que es divorciada. Ambas ocupan una casa provisional que construyó mi madre en el terreno que nos dejó mi padre, en la mitad que le corresponde a esa hermana. Mi mamá se dedica totalmente a ella; le cuida a su hija, se encarga de la casa y además trabaja. Mi hermana le da una cuota mínima para su comida, pero yo siento que mi mamá hace demasiado por ella, y nada por mí. Y así empiezan de nuevo las culpas y el sentirme víctima de no haber sido apoyada para estudiar, de no haber sido querida por mi madre.

Cuando mi hermana estaba por terminar la carrera de educadora era la época en que yo ya no quería trabajar con mi suegra, mi hijo tenía dos años, y le pedí el favor a mi mamá de que lo cuidara mientras yo buscaba trabajo; le dije que tan pronto encontrara trabajo el Seguro Social me daba derecho a guarderías. Mi madre se dedicaba a la costura para pagarle la carrera a mi hermana, así que me contestó que no podía ayudarme porque tenía mucho trabajo para poder pagarle los estudios a mi hermana. Recuerdo que le contesté: "Pero mamá, yo también soy tu hija, yo también necesito que me ayudes", pero no lo hizo. Siempre pensé que ella sentía que yo no merecía nada de su parte.

Poco a poco he tenido que ir aceptándolo. Lo he platicado con mi mamá y le he dicho lo que siento. Ella no reconoce mucho de lo que yo le digo, pero en el proceso me he dado cuenta de que también ella ha sido víctima toda su vida. Siento que ahora se ha abierto conmigo un poco y eso me ha ayudado a entenderla y a perdonarla; y al mismo tiempo, y por consecuencia, a perdonarme a mí también.

Considero que el acercamiento y la comunicación con mi mamá han sido básicos para que yo deje de sentirme como yo pensaba que ella me veía. Ha sido una carga enorme para mí, y dejar de creer que yo era como los demás decían (o creían) que era, ha sido un proceso largo para poder aceptarme tal como soy. Lo que hice para acercarme más a mi mamá y aceptarla fue hablar con ella. Yo siento que siempre he estado cerca de mi mamá, siempre la he buscado mucho. Desde que me casé, a los diecisiete años, no hay un solo día que no haya ido a visitarla; y ahora que vivimos en el mismo terreno, prácticamente estoy diario con ella. Siempre la he buscado, pero antes peleábamos mucho, y ahora que yo le he dicho lo que siento, y que ella también ha puesto de su parte, hemos dejado de pelear tanto. Dejamos de hacerlo porque ya no me enojo, no la agredo, no le reprocho; porque ahora la entiendo y la he perdonado.

¿Cómo pude dejar atrás tanto enojo y rencor? Creo que cuando empecé a trabajar conmigo, y a entenderme, empecé también a comprender a mi madre. Fue muy importante buscar la comunicación, hablar sin tener miedo a lo que fueran a pensar los demás. Es lo mismo que hice con mi esposo: hablar y decir lo que sentía sin esperar nada a cambio; sin esperar que me pidiera perdón, o que reconociera el daño que me ha hecho. Lo importante fue simplemente expresarlo, sin otra expectativa. Me he dado cuenta de que con mi madre, al igual que con mi marido, hablar con sinceridad y tranquilidad ha tenido un efecto muy positivo. Yo veo cómo mi mamá se ha abierto conmigo, cómo también ha hecho esfuerzos para que nos llevemos bien. Ahora, cuando platicamos de cosas del pasado y me dice que yo era mala o que le hacía la vida imposible, simplemente no lo tomo a mal, pues respeto que ella piense así.

La relación con mi madre ha mejorado bastante. Por ejemplo, hace poco se me acercó para decirme que estaba orgullosa de mí y que se había dado cuenta de que soy buena persona, una buena hija. Para mí, a quien toda la vida llamó mala hija y mala persona, fue algo extraordinario, me sentí muy bien. Creo que he contribuido mucho en que mi mamá pueda reconocer que soy una buena hija, porque he buscado la comunicación, el acercamiento, y le he expresado lo que siento sin esperar nada a cambio. Eso me ha permitido dejar atrás el odio, el rencor, y ahora siento que la quiero de verdad, la quiero mucho. Antes yo decía que mi mamá no me quería y yo tampoco a ella, pues estaba muy enojada por su rechazo. Pero al platicar con ella, al hablar y decirle las cosas como las siento, me di cuenta de cuánto la quiero, y le demuestro ese amor a mi manera, le doy un beso, la invito a almorzar o algo así.

Opino que ya perdoné a mi mamá. Aunque aún me duela ver hacia atrás, me siento muy en paz y tranquila con ella. De repente ella se queja de mí, de que no la quiero ni la atiendo. Si eso es lo que piensa ella, lo creo respetable, pero aunque ella lo niegue, yo sé que sí la quiero; su opinión ya no afecta tanto la mía. Ahora como que estoy más segura de mis sentimientos hacia ella y ya no me creo tanto, ni le doy tanta importancia a lo que ella me dice.

También siento que de la niñez vengo arrastrando muchas cosas que no quiero ver todavía, que no he estado aún en condiciones de enfrentar. A lo largo de mi proceso de recuperación, me he dado cuenta de muchos aspectos míos; muchas cosas que estoy haciendo mal y que también veo en mi madre. Por ejemplo: mi mamá permitió que mi padre la minimizara, y yo también acepté que me hicieran menos en mi relación de pareja.

Tanto en mi niñez como en mi relación de pareja me he sentido siempre inútil. Si tengo un esposo que me mantiene es porque yo he querido, porque a lo mejor es cómodo estar así, porque así estoy acostumbrada, porque siempre he pensado que no sirvo para nada. Me resulta muy difícil vencer el miedo a trabajar; me da temor porque juzgo que no voy a poder, que no soy capaz. Veo ese miedo, esa creencia desde la niñez sobre mi inutilidad, sobre lo huevona que decían que era, reflejada ahora en mi vida adulta, sobre todo en la vida laboral.

Estoy intentando vencer mi miedo a trabajar; de hecho, me enfrenté a él antes de las vacaciones. Mi hermana me propuso acudir a un interinato y yo le dije que sí me interesaba, pero en el fondo pensaba que a la mera hora le iba a decir que no. Estuve buscando desesperadamente un pretexto para no ir, pero no encontré ninguno, así que fui. Al otro día llegué temblando, me presenté con los niños y todo, y los quince días que estuve yendo me di cuenta de que sí podía hacer las cosas, que me daba tiempo de arreglar mi casa antes de irme, de hacer la comida cuando volvía a casa, etcétera. Creo que eso fue como un escaloncito más para tener mayor seguridad en mí misma.

Lo importante fue haberme enfrentado a ese miedo y vencerlo. Me di cuenta de que sí puedo, que algo puede ser o parecer muy difícil, pero si te animas a hacerlo no pasa nada malo. Para mí, haberme presentado para ese posible interinato fue un éxito, pues aunque no me lo otorgaron (ya tenían a otra persona), me ayudó a vencer mi miedo y a darme cuenta de que sí puedo hacer las cosas; incluso pensé que podría trabajar en cualquier horario similar, porque lo pude hacer durante esos quince días.

Recuperar mi autoestima y mi seguridad ha sido un largo y difícil proceso. Ahora me siento muy bien, me di cuenta de que podía tener un proyecto de vida para mí, empecé a actuar y a asumir responsabilidades. Me di cuenta de que mi esposo no era el culpable de que fuese yo la víctima, y que cuando hay presión, control u hostigamiento, es mayor el alejamiento entre la pareja. Así que empecé a descansar de esa parte y a pensar en mí, en mi proyecto de vida y, en especial, en conseguir un trabajo. Me puse a buscarlo, presenté solicitudes, acudí a entrevistas, presenté exámenes. Estoy motivada y entusiasmada; me siento muy contenta, muy feliz, muy completa, porque estoy haciendo algo que yo deseo, que me había propuesto y que es para mí. No estoy peleando con mi pareja, ni estoy sufriendo por desamor: estoy haciendo algo por mí.

Expresar lo que sientes

Nuestras actitudes escriben nuestro futuro.
Gasparetto

Es fundamental expresar lo que sentimos sin esperar nada a cambio. Es importante hacerlo no sólo para que los demás nos entiendan, sino sobre todo para liberarnos de ese sentimiento que nos hiere. El hecho de poner en palabras lo que sentimos y expresarlo a la otra persona nos da poder y nos ayuda a descargar un sentimiento de dolor, resentimiento o coraje que llevamos a cuestas. Justo como reflexiona Yolanda en su relato, la clave es no esperar ninguna reacción del otro, porque cuando esperamos algo del otro nuestras expectativas pueden quedar insatisfechas y ello nos produce aún mayor frustración. Es necesario expresar lo que sentimos con la única intención de querer estar bien, no de pretender que la pareja responda con una reacción determinada.

Para que Yolanda se hiciera responsable de su vida, recuperara su poder interior y pudiera estar mejor en su relación, fue necesario que empezara a comunicar lo que sentía y quería. Expresarlo directamente y en primera persona – "yo siento esto y aquello"–, tranquilamente, sin regaños o reclamos, para facilitar que el otro la escuchara. Los sentimientos que uno no expresa, pueden causar más daño a la relación si finalmente se transforman en resentimiento y rencor.

El enojo

El enojo es un sentimiento secundario, suscitado a partir de otro de mayor importancia. Frecuentemente, el enojo es el resultado de emociones como dolor o miedo. En el caso de Yolanda, a lo largo de su proceso, revisó qué había detrás de cada uno de sus enojos, y se dio cuenta de que eran los recurrentes sentimientos de "no me escuchas", "no me comprendes", "no me apoyas", "no me das mi lugar", "no me respetas", "no me eres fiel", "no me quieres" y "no soy importante para ti".

Cuando una situación de la vida genera uno de estos sentimientos es común que nos enojemos, pero es importante saber cuál es la verdadera razón del enojo, para entonces poder apaciguarlo. Así, al identificar cuál es el sentimiento que está causando malestar, podemos comunicárselo a la otra persona y liberarnos de ese dolor. Pero es necesario hacerlo tranquilamente, sin acusar, sino expresando sinceramente lo que sentimos, con humildad. Cuando se produce un acercamiento adecuado y podemos comunicar a la otra persona lo que sentimos, la reacción del otro tiende a ser de respeto, e incluso de entendimiento. Cuando explotamos, por el contrario, agredimos al otro, lo acorralamos y no le permitimos escucharnos o entendernos. Se convierte en un círculo vicioso en donde no se comunica mucho: uno ataca y el otro responde, y por consecuencia se rompe la comunicación.

El enojo puede servir como una suerte de medidor que nos indica que algo no anda bien en una relación o una situación; es una alerta para poner atención a lo que está ocurriendo.

Autoafirmación

El pasado determina nuestro presente hasta que empezamos a examinar y cambiar las actitudes y creencias nocivas que venimos acarreando desde la niñez, y que todavía nos afectan negativamente en nuestra vida actual. Lo que creemos de nosotras mismas afecta las decisiones que tomamos, nuestro comportamiento y la forma en cómo nos relacionamos con otros y con nosotros mismos (Sánchez, 2001). Para saber cuáles son tus creencias negativas puedes hacer una lista, sin reflexionar (escribe lo primero que viene a tu mente), de todas las cosas negativas que pensamos de nosotras mismas y nos hieren. En la lista deben incluirse aquellos pensamientos que nos hacen sentir mal; si piensas que no eres buena en alguna cosa que no te importa o no te afecta, eso no debe estar en tu lista. La lista de cosas negativas está llena de mitos como: "no sirvo para nada", "soy tonta", "soy torpe", "soy fea", "soy gorda", "soy floja", "soy enojona", etcétera. La lista que resulta de este ejercicio son aquellas creencias negativas tuyas que te afectan aún y que puedes examinar.

Puedes trabajar inicialmente con las que más te afectan y empezar por afirmar y declarar abiertamente lo contrario; decirte a ti misma: "soy inteligente", "soy hábil", "soy bonita", etcétera. Poco a poco la creencia negativa se irá convirtiendo en una positiva, lo cual a su vez permitirá que tus actos reflejen esta nueva creencia para realmente concretar el cambio. Cambiar nuestras creencias negativas sobre nosotras mismas es fundamental para cambiar nuestras acciones y el rumbo de nuestras vidas; si siempre pensamos que no tenemos lo que se requiere para lograrlo, ni siquiera

< 105 >

lo vamos a intentar. Si por el contrario, nos creemos capaces del cambio, vamos a hacer lo necesario para llevarlo a cabo.

Lo que pensamos de nosotras se refleja en nuestra actitud hacia la vida; la gente que nos rodea lo percibe y esto influye en cómo nos tratan. Todos nacimos amándonos y creyendo en nosotros mismos hasta que los adultos en nuestro entorno nos dijeron lo contrario. Los niños absorben la información de los adultos sin cuestionar su validez; lo creen y lo asumen como tal. Como adultos, tenemos la labor de eliminar estas creencias negativas que se acumularon sobre nuestra persona, para poder tomar decisiones libremente en el presente.

Esto requiere de trabajo constante; si uno dedica diez minutos diarios a repetir afirmaciones positivas sobre sí mismo, obtendrá logros impresionantes. Es como ir al gimnasio, como ejercitar un músculo que era débil y, con la práctica diaria, con el autoconvencimiento de esta nueva confianza (realidad), va adquiriendo cada vez más fuerza.

Sanar la niñez

En su proceso de sanación, Yolanda llevó a cabo varios ejercicios y dinámicas para recuperarse de eventos traumáticos de su niñez que influyen en la forma en que vive el presente. En especial, se enfocó en sanar la relación con su madre, buscando comunicarse con ella, entenderla y perdonarla. Pronto, en el proceso, Yolanda se dio cuenta de que las emociones negativas que sentía hacia su esposo eran parecidas a las que sentía por su madre en la niñez. Incluso, el trato de su esposo hacia ella era similar al trato de su madre. Cuando

Yolanda logró comunicarse con su madre, liberar ese dolor y aceptar lo que pasó, sintió por primera vez en su vida el gran amor que su madre le tiene. Desde entonces Yolanda dejó de debatirse por su aprobación, poco a poco ha ido eliminando las creencias negativas sobre sí misma que viene cargando desde su niñez y afectan también su relación de pareja. Del mismo modo que sucedió con su madre, Yolanda se irá desligando, paulatinamente, de la conducta que la hace mantener una relación de insatisfacción y dolor con su pareja; ya no permitirá que las actitudes de su marido la afecten tanto, y no dejará que revivan con la misma intensidad las emociones negativas de su niñez, que el trato de su esposo y las actitudes que él tiene hacia ella hacen que revivan.

Dejar de creer lo que los demás piensan de ti

La opinión que la madre de Yolanda tenía sobre ella era sólo eso: una opinión. Como práctica de recuperación, Yolanda se puede cuestionar por qué o para qué permitió que el criterio de su madre se volviera el suyo. Esa apreciación se convirtió en una creencia (en un mito) que determinó las acciones de su vida. Sin quererlo, ella misma fue profundizando esta creencia en su interior, al vivir de acuerdo con ésta y nunca cuestionarla. Para revertir el mito, Yolanda se podría preguntar cómo era para ella vivir de acuerdo con esa creencia, privándose de la posibilidad de vivir una existencia plena, amándose a sí misma y con miles de posibilidades de realizarse como mujer.

< 107 >

Cuidar tus necesidades enfocando tus energías en ti

Cuando Yolanda empezó a poner atención a su vida, a cuidarse y dedicarse tiempo y energía, se dio cuenta de que su felicidad no dependía de su pareja, sino de ella misma. Así, Yolanda empezó a hacerse de una vida propia: fue a un concierto con sus amigas, lo cual marcó su primera salida sin su esposo desde que se casaron; empezó a buscar un empleo y a sentirse muy bien. Aunque todavía le queda mucho por trabajar, logró salir del círculo vicioso en el cual dedicaba la mayor parte de su energía a pedir en vano amor, cariño, respeto, y atención de su esposo, esperando que él fuera diferente y reaccionara como ella quería. Ahora Yolanda está contenta viviendo su vida propia, ya sin culpar a su esposo por su infelicidad; ahora sabe que es dueña de su vida y ella misma es capaz de transformarla.

< 108 >

Blanca

30 AÑOS, QUÍMICA

Hace dos años y medio todavía añoraba o guardaba luto por una relación de pareja que tuve. Si se le puede llamar noviazgo, porque nunca fue eso formalmente. Un noviazgo implica el consenso de dos personas para querer estar juntas; la posibilidad de conocerse mutuamente, y eso nunca pasó. Esa relación de pareja había terminado hacía mucho, como dos años atrás, pero a pesar de tanto tiempo pasado, yo aún seguía triste, añoraba a esa persona. Pensaba que no habría nadie más después de él. Me sentía mal conmigo misma, tan fea que nadie podía aceptarme. Yo no merecía el cariño de nadie. Me acercaba al sexo masculino con mucha ansiedad para terminar siempre con personas inadecuadas, quienes por alguna razón nunca podían darme el cariño que estaba buscando; el cariño o la comprensión de pareja que yo necesitaba.

Decidí estar con Jaime porque me sentía fuertemente atraída por él y me parecía un hombre interesante; ade más, creí advertir en él varias cualidades que yo buscaba en el hombre con el cual compartiría mi vida. Pero durante mi relación con él lo idealicé y dejé de ver las cosas como en realidad eran; cambié mucho mientras estuve con él. Primero, empecé a hacer todo para que se fijara en mí y me necesitara; como era mi compañero de clases yo le ayudaba en sus tareas, le hacía sus trabajos y demás. Yo siempre fui una niña muy aplicada, así que con gusto lo dejaba copiar mis exámenes o trabajos. Eso alejó a mis amigos, que se enojaban porque yo hacía todo por Jaime; cuando trabajábamos en equipo, yo hacía todo mientras él estaba de acompañante. Él, a pesar de mis esfuerzos, siempre mostró desinterés. Con bastante frecuencia me dejaba esperándolo; a veces no llegaba. Yo lo justificaba porque imaginaba que él hacia todo lo posible para llamarme pero que algo fuera de su control se lo impedía. Y cuando le preguntaba por qué me había plantado, siempre tenía una excusa: se le olvidó o no tuvo tiempo; sus respuestas reflejaban un completo desinterés.

Cambié hasta mi forma de vestir. Cuando estaba con Jaime empecé a usar ropa mas femenina y accesorios, me corté el cabello y hacía ejercicio para verme bien. También hice cosas no tan buenas: reprobé materias porque pasaba mucho tiempo con él y descuidé la escuela; me iba de pinta, a discos, tomaba alcohol; hacía cualquier cosa con tal de demostrarle a Jaime que era linda y divertida. Dejé de ser yo para tratar de ser alguien que le agradara a él, trataba de agradarle en todos los sentidos y me perdí en el camino.

Terminamos cuando yo me fui a estudiar la maestría a otra ciudad y nos empezamos a ver con menos frecuencia. Cuando rompimos, era el día de mi cumpleaños, y yo venía de viajar seis horas con tal de pasar el día con él. Yo siempre quise una vida a su lado, y a pesar de percibir que él no tenía ningún interés y que lo nuestro no progresaba, yo insistía mucho. Cuando nos vimos peleamos mucho, y él me confesó que había conocido a alguien más.

De pronto, ante su rechazo, reviví la desagradable y dolorosa forma en que mi padre me rebajó durante mi infancia y juventud. Debido a su alcoholismo, mi papá no pudo hacer más que expresar disgusto a causa de sus hijos. Sin embargo, durante mucho tiempo yo busqué su aceptación (él también estaba lastimado por dentro). Inclusive ahora me pregunto si no sigo pretendiendo su aprobación, aunque hace tiempo que comprendí el daño que esto me hizo y logré dejar de preocuparme por sus comentarios y reacciones, los cuales comentaré más adelante.

Fue cuando Jaime rompió conmigo que empecé la terapia. Mi primera lección fue darme cuenta de la importancia de cambiar los hábitos para mejorar, y lo difícil que esto resulta. No sé en qué momento tomé la decisión y empecé a actuar diferente, pero lo cierto es que lo hice. Yo era una persona que me guardaba todo, expresaba poco, no opinaba, pero poco a poco empecé a manifestarme en todas mis relaciones: familiares, laborales, de amistad e incluso en los fugaces intentos de relaciones que he tenido con otras personas. Con esto, empecé también a poner límites. Decidí hacer las cosas que me agradan y me parecen, y dejar de hacer las que no. Ya no dejo con facilidad que alguien me imponga lo que debo o no debo hacer.

Empecé a trabajar en el hábito de poner límites con todos. Primero en mi casa, con mi madre. Ella siempre me buscaba y acudía a mí para todo, descargaba en mí mucha de su responsabilidad de madre; de hecho, mucho tiempo asumí un rol de mamá que no me correspondía, lo cual me ha pesado mucho. Un día me pidió le aconsejara qué hacer con relación a mi padre, que bebe mucho. Entonces hablé con ella y le dije que yo no la podía ayudar con ese asunto, que yo no tenía ni la experiencia ni el conocimiento para darle una opinión que la llevara a resolver su problema. Hablé con ella buscando que asumiera su papel de mamá, y que entendiera que estamos para ayudarnos mutuamente desde nuestros respectivos roles: ella como madre y yo como su hija, no al revés. De esa forma le he devuelto poco a poco el papel de mamá que alguna vez intercambiamos, y que ella me asignaba para que le resolviera sus problemas. Ahora siento que la he ayudado a hacerse responsable de sus propios asuntos y hacerse también dueña de su vida.

Mi mamá tiene la costumbre de chantajearme. Por ejemplo, me comenta que si ella tuviera la posibilidad compraría tal cosa que le gusta, y en el fondo lo dice con la intención de que yo se lo regale. Eso a mí me molesta mucho porque me siento utilizada. Creo que le agradecería más si ella me dijera directamente que algo le gusta y me pidiera que se lo comprara. Si tengo la posibilidad, le compraría lo que me pida, y aun si no, lo haría en otro momento. Pero así como me habla yo me siento manipulada y lo que he hecho es optar por no caer en ese juego. Ahora establezco mis límites y no pago lo que considero que no me corresponde. Por ejemplo, pago el teléfono cada mes, que son como 300 pesos, pero en los últimos meses la cuenta ha subido a 700. Yo avisé a mi familia que pagaría los 300 de siempre, y si ellos quieren seguir hablando mucho, tendrán que costear el resto. O si vamos todos al cine invito las entradas, pero no palomitas, aunque a veces se enojen conmigo. Al inicio me costaba trabajo poner esos límites, me sentía culpable, pero ahora es a la inversa: me siento muy bien de poner mis límites.

Otra situación en la cual puse límites fue cuando conocí a un chico que era mucho más joven que yo y con quien empecé a salir: íbamos a tomar un café, a dar la vuelta, empezamos a vernos los fines de semana. En una ocasión me acompañó al súper y de pronto empezó a tomar cosas que me pidió le comprara, con la excusa de que no traía dinero, pues lo acababa de gastar en otra cosa. Reaccioné enseguida para decirle que no pagaría sus cosas por dos motivos: primero, porque él debía administrarse mejor, y segundo, porque no tenía real necesidad del dinero; él vivía solo y podía estar sin esas cosas hasta que le mandaran dinero sus padres. Mi reacción no le gustó, obviamente; ante la respuesta que le di a dos o tres intentos que más tarde hizo para que yo le facilitara dinero, se distanció de mí. Incluso alguna vez me llegó a pedir dinero prestado y me inventó una historia de que necesitaba urgentemente cierta cantidad. Eso para mí fue demasiado y le dije: "Hasta aquí, no más", porque supuse que él no quería una relación conmigo, ni sentía algo hacía mí como persona, sino que veía en mí una forma de obtener ciertos beneficios. Yo había salido con mucho trabajo de una relación en la cual sentía que yo había dado demasiado y se habían aprovechado. Entonces, habría sido un error tremendo volver a caer en eso. Ya no estaba dispuesta a dar lo que no quería para que alguien estuviera conmigo.

Me di cuenta de que este chico no tenía interés en mí, pues de haber sido así, me habría buscado y nos hubiéramos seguido llevando bien; pero eso no pasó. Me demostró que no tenía interés en mí; cuando yo me alejé, no hizo nada por buscarme. Cuando no hay ese interés entre personas que se están conociendo, quiere decir que no hay futuro para una relación. Me sentí bien al poner mis límites con él, pues algo en el fondo me decía que había hecho lo correcto, aunque también me sentí un poco triste.

Para estar bien, trabajé mucho la relación con mi padre. Mi papá acostumbra tomar mucho, es alcohólico, y desde que yo era niña, nuestra vida en la casa estuvo llena de gritos e insultos. Mi coraje hacia él era tanto que sentía que lo odiaba. Yo no entendía por qué él era así, por qué me trató de esa manera. Yo era una niña muy aplicada, me portaba bien, hacía lo que mis padres ordenaran, me vestía como ellos querían, no exigía ropa cara ni ir a la disco; no exigía cosas porque para mí ésa era una forma de aportar a mi casa, para causar menos problemas. A pesar de ello, mi papá no se sentía contento con los hijos que tenía, y yo, inútilmente, buscaba su aceptación; creo que aún la sigo buscando, pero llegó un momento en el que me di cuenta de eso y me detuve. Antes era increíble todo lo que yo hacía por agradar a mi padre, por ser como él quería que yo fuese.

Padezco de astigmatismo, el cual, según los médicos, es hereditario. Sin embargo, cuando me lo diagnosticaron en la primaria y me pusieron lentes, mi padre se enojó y me regañó; me estuvo insultando durante mucho tiempo, me agredía diciéndome que era una ciega, que nadie de su familia era ciego, me decía "cuatro ojos" y se burlaba de mí cuando estaba tomado; eso es algo que me ha causado mucho dolor a lo largo de mi vida, pues entonces yo era sólo una niña.

Al terminar la prepa decidí estudiar química, aunque mi padre se burló mucho de mí. Fue muy doloroso porque yo hacía todo por agradarle, y en cambio él me rebajaba, me decía que no iba a poder conseguir un trabajo con esa profesión. Incluso hacía cosas como apagarme la luz en las noches para no dejarme estudiar, se burlaba de mí cuando estaba borracho, me decía: "Quimiquilla, ¿de qué te va a servir eso?, te vas a morir de hambre, no vas a ganar dinero, nadie te va a dar trabajo". Alguna vez una psicóloga me preguntó qué me hacía falta en la vida. Yo le respondí: "Yo sólo deseo que mi papá me quiera". Entonces tenía como diecinueve años, y fue muy difícil para mí expresarlo a esa edad.

La primera cosa que me ayudó a mejorar la relación con mi padre fue un ejercicio que hicimos en la terapia de grupo, en el cual nos colocamos frente a una compañera y hablamos con ella como si fuera nuestro padre. Recuerdo que me puse a hablar con la persona que tenía al frente pensando que era mi padre, y le dije todo lo que acabo de contar de mi niñez, sobre todo le dije que eso me ha llenado de profundo dolor. La segunda parte del ejercicio consistió en cambiar los papeles, ponerme en el lugar de mi padre. Con eso entendí que nadie le había enseñado a ser papá, y me di cuenta de que la única forma que él conocía de expresarnos su cariño era dándonos dinero para ir a la escuela, bromear y estar con nosotros los pocos ratos que estaba en sus cinco sentidos. Aprendí a apreciar todo lo que mi padre me dio: nunca nos negó el derecho de ir a la escuela y, a pesar de burlarse de mi carrera, me apoyó con todo: dinero, alimentación, hospedaje. Nunca me obligó a trabajar, y durante toda mi niñez nunca faltó un pan en la mesa de mi casa. A lo mejor mi papá nunca fue cariñoso ni acostumbraba llevarnos al parque o jugar con nosotros, pero me di cuenta de que su forma de demostrar cariño era distinta, porque no conocía otra forma de hacerlo. Entendí que tenía que aceptar que mi papá era así, que yo no lo iba a hacer cambiar ni a solucionar su problema de alcoholismo, que él estaba bien de sus facultades mentales y que él tenía que hacerse responsable de su problema. Reconocer que no puedo hacer nada para ayudarlo con su problema de alcoholismo fue muy difícil, porque ya está muy enfermo a causa de ello.

En terapia entendí lo importante de expresar mis emociones y acercarme a mi padre, así que un día que estaba yo muy triste y angustiada por verlo tan mal, pues seguía tomando demasiado, hablé con él y le dije que lo amaba mucho, lo abracé y le dije: "Papá, tú ya estás grande, tú sabes lo que haces y si decides seguir tomando yo no puedo hacer nada por ti. Puedo decirte que te cuides, puedo cuidarte cuando estés enfermo o convaleciente, pero no puedo quitarte una botella o una copa de la mano porque tú eres el que está decidiendo beber. Tú eres un adulto, eres mi papá y no puedo evitar que bebas, tengo que dejar que tú tomes tus propias decisiones". Decirle eso de alguna forma me liberó de la impotencia que sentía; he dejado de perseguir a mi papá, de pelearme con él porque volvía a la casa tomado. Hoy en día solamente le pido que se cuide, he entendido que él tiene una enfermedad y a pesar de esto está asumiendo la decisión de seguir bebiendo, y no puedo hacer nada más. Me sigue doliendo mucho, pero me quedo con la satisfacción de que intenté todo para que él dejara el alcohol.

Alguna vez hablé con mi papá para expresarle todas las cosas que me dolían de mi niñez. Le expliqué lo que sentía a causa de sus comentarios sobre mis lentes, sobre mi elección de carrera, etcétera. Le dije que me lastimaron mucho sus burlas. No quiso escucharme entonces, aparentemente no me dio importancia. Pero, no obstante que la respuesta de mi padre no fue la que yo esperaba, finalmente logré expresar lo que yo tenía adentro, y eso me ayudó mucho a liberarme del peso que sentía, logré estar en paz conmigo misma.

Siempre es doloroso recordar las cosas tristes que me han sucedido, pero ahora ya no me duele tanto recordar aquellas cosas de mi niñez que antes y durante mucho tiempo me hicieron muy infeliz. Ahora las asumo tranquilamente, he perdido el miedo a expresar mis emociones ante otras personas. Cuando inicié la terapia quería dar la imagen de que todo estaba bien, hablaba de cosas superficiales y por vergüenza no podía abrirme; no permitía que nadie, ni mis amigos, supieran de mi vida personal.

A veces reincido en tratar de agradarle a mi padre, pero pronto me doy cuenta y logro poner mis límites. Cuando algo no le parece y le digo que lo voy a hacer de todos modos porque ésa es mi decisión, siento que él me respeta más, aunque no esté de acuerdo conmigo, que cuando hacía sólo lo que a él le parecía. Antes, si yo intentaba hacer algo a lo que él se oponía, su respuesta era el constante reproche, reclamación o burla de lo que yo hacía. Mi actitud de ponerle límites a mi padre ha hecho que él considere con más tolerancia mis decisiones.

De hecho, creo que incluso él cambió bastante a raíz de mis cambios, pues ahora acepta que no tiene razón en todo, además que como ya somos todos adultos, pues ya no puede tener la misma actitud que tenía con nosotros cuando éramos niños. Antes había mucha violencia en mi casa, mi papá nos gritaba, nos pegaba con el cinturón y llegué a verlo golpear a mi mamá. Fue muy difícil eso en nuestra infancia. Esas cosas ya no pasan, pero pasaron y marcaron nuestras vidas.

Ahora, luego de un largo proceso de aprendizaje, comprendo cuánto la relación con mi padre, y mi niñez en general, impactó en mis relaciones de pareja, en cómo me he relacionado con el sexo opuesto en general. Ahora veo cómo desde niños vamos quedándonos con las cosas que vemos o sentimos, o con las que los adultos nos dicen. Mi madre siempre me decía: "Atiende a tu papá, ve a tu papá, si tu papá dice que sí, está bien, si no, no vamos". Por eso siempre buscaba que mi papá me diera su aprobación en todo, quería que me dijera que yo hacía las cosas bien, que me veía bonita, que era una estudiante ejemplar. Pero eso nunca sucedió, mi papá nunca me dijo nada semejante, pese a mis enormes esfuerzos. Lo mismo me ocurrió con Jaime y, en general, con las relaciones de pareja que he tenido: siempre trataba de complacer al otro, sin importar que ello fuera en contra de mis deseos o intenciones. Estaba dispuesta a hacer todo lo que Jaime prefiriera, aunque ello implicara dejar de ir a una fiesta o dejar de hacer algo que para mí resultaba interesante o atractivo. Sentía que para que me quisiera, tenía que darle todo y agradarle en todo, que tenía que hacer cualquier cosa para que estuviera contento; o bien, me decía a mí misma: "Soy fea, aunque me ponga ese vestido, Jaime no me mira". Eso me hacía sentir muy triste.

Ése fue el resultado de todos los años que yo buscaba y anhelaba la aceptación de mi papá sin conseguirla, y después, la de Jaime. Buscaba que me aceptara y me reconociera ante los demás como su pareja. Yo quería que él dijera a todo el mundo y con orgullo: "Ella es mi novia". Todo ese tiempo esperé que me presentara así con sus amigos y soñaba con que me dijera: "Mi amor, te ves preciosa con ese vestido". Pero no, eso no pasó.

Desde niña hacía muchos esfuerzos para ser aceptada por los demás, porque pensaba que lo que yo hacía, lo que yo era, era insuficiente, además de no ser bonita. Como siempre sentí que no me querían, aprendí a no quererme. Entonces, cuando llegaba alguien a mi vida que me parecía atractivo, resultaba aceptable que me maltratara y no me demostrara cariño, pues yo estaba habituada a eso, y también a creer que en las relaciones de pareja se trata mal a la mujer, sin hacerle caso a sus deseos, pues ella siempre ha de hacer lo que el otro diga. Observé y aprendí eso, hasta convencerme de que no podía ser de otro modo. Por eso me fue mal con Jaime: si no me llamaba, era porque estaba ocupado (los hombres siempre están ocupados), y si salía con otra, no importaba porque él me quería a mí. Aprendí que eso estaba bien, y aunque en el fondo no esperaba otra cosa de Jaime, esa situación siempre me hacía sentir muy triste. También estaba acostumbrada a la tristeza.

Lo primero que hice en terapia para cambiar, fue aprender que en una relación de pareja debe de haber amor, cariño y respeto mutuo, que estos sentimientos deben ser por parte de los dos. Entendí que una pareja debe pensar y hacerte sentir que eres valiosa, generadora de ideas, que tiene importancia lo que expresas y lo que sientes. Una pareja debe potencializar al otro, ayudarlo a crecer, hacer equipo con base en el amor, la comunicación y el entendimiento. Me di cuenta de que el desear constantemente complacer a los demás, no me ayudaba en realidad a ganar su cariño o atención.

Sobre todo aprendí que tenía que quererme más, no sólo aceptarme físicamente como era, sino incluso sentirme atractiva. También tenía que reconocer los errores que estaba cometiendo y tratar de cambiar mis hábitos negativos para poder, en el futuro, estar lista para una nueva relación de pareja, más sana. Trabajé mucho para mejorar mi autoestima, y entre las cosas que hice, recuerdo un ejercicio que aprendí en terapia, en el que me miraba al espejo y me decía: "Yo soy valiosa". Eso mismo me repetía cuando iba caminando por la calle, mientras estaba en mi casa, en todas partes. Hubo una muy buena temporada que lo decía a diario, cada vez que podía, en todo momento y lugar que me acordara. Ese ejercicio, aunque parezca o suene increíble, me ayudó a empezar a cambiar mis actitudes, hasta que logré valorarme.

Otro ejercicio que me ayudó a dejar en el pasado todo lo que sufrí con Jaime, y a no sentir tanto resentimiento hacia él, fue poner por escrito todo aquello en que él y yo habíamos contribuido para que la relación de pareja no funcionara. Yo pensaba que el culpable de lo que pasó en nuestra relación era él, que había sido "el malo de la película" al haberme tratado como lo hizo. Sin embargo, en terapia me di cuenta de que yo misma había permitido muchas cosas, así que acepté mi parte de culpa. Fue muy difícil darme cuenta de eso, incluso evité cumplir esa tarea por un tiempo.

Mi parte de la culpa fue haber permitido que no hubiera respeto en esa relación, que él estuviera por encima de todo, incluso de mí misma. Mi error fue haber permitido el engaño, la infidelidad y la humillación, además de haberme vuelto demasiado dependiente de él. Era una obsesión, en el sentido de que yo todo lo hacía en torno a él, todo lo hacía por y para él. Increíblemente, pensando que algún día formaría una familia con Jaime, sin darme cuenta de que eso nunca sucedería como yo lo imaginaba. A Jaime le cedí el poder de decidir sobre mi vida, sobre lo que tenía que hacer, hacia dónde tenía que ir. La identidad es algo que siempre hay que conservar, pues tu esencia te hace único y valioso, y ésa también la perdí con Jaime.

El ejercicio me ayudó a asumir mi responsabilidad en los hechos, y a equilibrar mejor lo que sucedió entre Jaime y yo. También me di cuenta de que mi relación no era funcional ni satisfactoria, y aunque hubiese llegado al matrimonio, seguro habría culminado en divorcio o en una relación problemática llena de resentimiento; una situación que no hubiera sido sana para ninguno de los dos. Entender todo eso me permitió aceptar lo que pasó.

Ahora busco una relación de iguales. Sé que es algo muy difícil de conseguir pero eso no me desanima. Hoy ya sé lo que quiero, lo que estoy buscando, y eso es algo muy positivo. Quiero estar con alguien con quien yo pueda crecer como persona y con quien pueda compartir mi vida, así como proyectos y motivaciones; que tengamos respeto el uno por el otro, y plena confianza del amor que sentimos. Quizá pido mucho, para algunos incluso suena utópico, pero para mí ahora es esencial; algo a lo que vale la pena apostar. No sé si lo voy a lograr, pero eso no me limita para tener grandes expectativas. Al contrario, estoy contenta por eso, siento que mentalmente y emocionalmente he crecido mucho.

Ya no pienso que nadie me va a querer y que nunca voy a tener una relación con alguien más; esos eran los pensamientos de la Blanca de antes. Hoy día pienso distinto, mucho más positivamente: estoy segura de que algún día encontraré a alguien con quien compartir mi vida y me siento satisfecha con lo que soy y he logrado: tengo una carrera y un trabajo que me gustan, soy profesora de tiempo completo en la universidad, y en general hago lo que quiero. Tengo una vida familiar que siempre ha sido extraña; hoy acepto que así es mi familia y eso me permite reconocer que soy parte de ella y comprender cómo ellos expresan amor.

A mi edad, alguien me podría preguntar por qué no me independizo de mi familia, pero no me he sentido con la solidez económica para hacerlo aún; siento que estoy bien en mi situación actual. Estoy haciendo cosas que me gustan, tengo proyectos y dentro de ellos está seguir creciendo como persona; he empezado a socializar un poco más, aunque siento que no lo hago muy bien y me cuesta trabajo. Empecé a ir a unas clases de baile que disfruto mucho, inicié un curso de doctorado, y en la universidad aceptaron mi propuesta de investigación. En mi trabajo opino con más confianza, y si alguien me lastima, se lo expreso.

Son planes y proyectos que me atraen y me llenan de alegría. A veces me pregunto: "¿Cómo voy a hacer todo eso?" No lo sé, pero estoy contenta con lo que estoy haciendo y con ese mundo de actividades en las que me he involucrado, todas ellas encaminadas a ser una mejor persona, a aceptar la vida que tengo. Ahora, después de un duro proceso, he logrado aceptarme; sonrío, socializo y sé que puedo tratar a un hombre sin esperar que se fije en mí, sin crearme ilusiones vanas. Eso me permite conocer a otras personas y mostrarme como soy. Estoy segura de que encontraré en mi camino personas valiosas con quienes disfrutar de la vida, con quienes compartir. Personas que, como yo, andan buscando relaciones de confianza, respeto y amor.

Añorar y estar triste por una relación del pasado

Quiero ser feliz. No quiero migajas de tu amor.

SIMONE

Blanca cuenta que añoraba su relación de pareja y que varios años después de haber terminado con Jaime, aún seguía triste por eso. Probablemente, estos sentimientos estaban provocados por el hecho de que Blanca culpaba a su pareja por lo que sucedió en la relación y se sentía aún víctima de ella. Cuanto más aumentaba el sufrimiento de Blanca por la separación, mas parecía ser Jaime el responsable de su dolor. Frecuentemente, estos pensamientos de que todo es culpa del otro están acompañados de sentimientos de enojo y autocompasión, y en el caso de Blanca, provocaron un daño tal que tuvieron como resultado que su herida psicológica no cerrara.

Cuando nos lamentamos por lo que ya pasó, resulta muy difícil seguir adelante, pues al mantener nuestra mirada hacia el pasado, bloqueamos posibilidades de felicidad y bellos momentos en el presente, y por consecuencia, en el futuro (Sánchez, 2004). Para conocer a alguien más, es importante limpiar los canales de energía, soltando lo que ya se fue.

Para salir de una situación como ésta, tal como lo hizo Blanca, es recomendable recapitular, analizar y entender la relación que nos cuesta soltar. Por ejemplo, empleando una veladora, podemos hablar con nuestra ex pareja sin su presencia física, contarle todo lo que hemos sentido desde el inicio de la relación hasta el presente, y durante el relato expresar todos nuestros sentimientos: gritar, llorar o enojarse:

sacarlo todo. Al final, podemos ver y reconocer la parte que nos corresponde de la relación. Cuando estamos acostumbradas a culpar a otros por lo que nos sucede, puede resultar difícil al inicio reconocer que tenemos parte de la responsabilidad de lo que sucede en la relación.

Frecuentemente, esa parte de la responsabilidad que debemos asumir tiene que ver con haber permitido cosas que no queríamos en la relación, por nunca expresar nuestra inconformidad o poner un límite a lo que no nos parecía, a lo que no nos gusta, a lo que nos parece injusto o abusivo. Las razones de no hacerlo son infinitas: inseguridad, miedo, costumbre.

Muchas veces, nuestra responsabilidad también tiene que ver con la agresión en forma de silencio hacia nuestra pareja —para muchas, el silencio es una reacción ante la incapacidad de enfrentar al otro—, que obstaculiza la comunicación y, por tanto, las posibilidades de cambiar lo que nos hiere o hace mal. Del mismo modo, el enojo acumulado nos impide la intimidad. Reconocer la parte de la relación que nos corresponde nos permite liberarnos de esa carga que representa nuestra añoranza del pasado, a fin de poder crecer como personas.

Otra opción para liberarse de una relación pasada puede ser contarle la historia a una fuente de poder de la naturaleza, como el mar, el fuego o la madre tierra. Hablar en voz alta con ese poder (centro de energía) y contarle la relación de principio a fin, todo lo que en pareja pasaron juntos y todo lo que sentías a lo largo del tiempo que duró. Hablar y sacar todo, para terminar reconociendo cómo ambos contribuyeron a que sucediera lo que ocurrió entre los dos (Sánchez, 2004).

Como alternativa para liberarnos del peso de nuestra relación pasada y reconocer la responsabilidad que nos corresponde, podemos escribir una carta en la cual, al igual que con la veladora o frente al mar, contemos la historia de la relación de principio a fin. Lo que se haga con la carta después, puede también ser un símbolo de desprendimiento –un gesto que simbolice nuestros deseos de soltar–, como quemarla o enviarla sin esperar ninguna respuesta.

Encontrar nuestra parte de responsabilidad en lo que pasó nos libera, porque al culpar al otro mantenemos un lazo negativo con una relación del pasado. Además, responsabilizarnos de lo que nos corresponde resulta esencial para aprender de nuestros errores y poder crecer, así que si no pasamos por este proceso, lo más probable es que nos quedemos estancadas e iniciemos relaciones similares a la anterior, cometiendo los mismos errores y repitiendo los patrones que nos hacen daño.

Una vez que hemos reconocido nuestra parte de la responsabilidad en lo que ocurrió en nuestra relación de pareja, estamos en condiciones de agradecer los momentos felices que esa relación nos dio y todo lo que gracias a ella aprendimos en la convivencia con el otro.

También, con bastante frecuencia, el motivo que nos impide soltar una relación del pasado es la añoranza de algo que la pareja nos daba, y que nadie en nuestro mundo presente nos da: cierto tipo de cariño, apoyo, compañía o cualquier otra cosa. Es importante revisar qué es lo que añoramos o extrañamos, pues así podremos darnos cuenta de qué es lo que nos falta, a fin de buscar la forma de recobrar ese ingrediente que añoramos. Es posible que en este proceso de reflexión nos demos cuenta de que no es la otra persona a quien extrañamos, sino la falta de lo que esa persona nos dio.

Dar todo

A lo mejor, al igual que Blanca, has dado todo a tu pareja, poniendo sus necesidades por encima de las tuyas, y ahora te sientes decepcionada por su conducta, además de que has acumulado demasiado coraje por haber dado tanto. Para sanar esta situación es importante reconocer que tú decidiste darlo, que fue tu elección y, muy probablemente, que lo hiciste sin siquiera haberle preguntado a tu pareja si él quería todo lo que diste (Gasparetto, 2004). A veces no nos damos cuenta de que cuando damos todo es porque decidimos hacerlo sin que nadie nos obligara, aunque en el fondo esperábamos algo a cambio.

Puede ser que en tu relación hayas dado mucho y, al no recibir lo que esperabas, te cobraste después (con enojo, con rencor, con descuido); como consecuencia, posiblemente caíste en el rol de víctima, pues la victimización puede provocar culpa en el otro. Blanca fue pasiva y obediente y dejó sus necesidades a un lado para poder exigir más (Gasparetto, 2004). Se anulaba y dejaba de brillar, por lo que su pareja dejó de verla y buscó a alguien más o alguna actividad para llenar el vacío que Blanca, al apagarse a sí misma, creó en él. Y así, el daño que ella se hizo a sí misma al dejar de cuidarse y velar por su felicidad, fue mayor al daño que Jaime le hizo a lo largo de la relación.

Idealizar

Cuando tenemos un sueño de amor y lo proyectamos a un hombre que nos interesa, e ignoramos cualquier aspecto de esta persona que no encaja con ese sueño o imagen ideal, estamos idealizando (Gasparetto, 2003).

> *Idealizar a una persona nos impide conocerla en toda su extensión y permitirle ser quien es; cuando lo hacemos, tarde o temprano la ilusión se rompe y esto genera una profunda decepción.*

Romper hábitos

Romper hábitos requiere hacer algo totalmente contrario de lo que estamos acostumbrados a hacer. Para cambiar hábitos que llevamos toda una vida reforzando, es fundamental estar consciente en todo momento de los cambios que queremos lograr, con el fin de no caer de nuevo en las rutinas nocivas. Podemos empezar el proceso de romper hábitos mediante pequeñas acciones, como por ejemplo hablar bajito si estás acostumbrada a hablar fuerte, o dar muchos abrazos si eres alguien a quien le cuesta trabajo demostrar cariño, o pensar positivamente, si es que eres una mujer pesimista y muy autocrítica. Podemos aprender a actuar distinto haciendo lo contrario de lo que siempre hemos hecho.

Romper hábitos implica salir de la zona de comodidad y requiere enfrentarse a miedos, a veces muy profundos. Lo extraordinario es darse cuenta de que podemos ir mucho más allá de los que pensábamos eran nuestros límites. Cultivamos la libertad y responsabilidad cuando decidimos cómo queremos actuar (Sánchez, 1995).

El lugar de cada quien

Cada persona tiene su lugar y su rol en la familia. Lo que genera problemas en el sistema familiar es cuando alguien sale de su lugar, o juega un rol distinto al que le corresponde. Esto puede manifestarse, por ejemplo, si una madre soltera pone a su hijo en el lugar de su esposo ausente y procura que él haga cosas que no le corresponden, como resolver problemas de la familia de los que debería encargarse ella.

En el caso de Blanca, su madre le atribuía el rol de la abuela y buscaba en ella (a su madre) una fuerza, un refugio que no correspondía a Blanca proporcionar como hija. Mientras más asumía Blanca el rol de la madre de su madre, más reforzaba la imagen que su mamá tenía de sí misma como alguien débil e incapaz de resolver problemas. Cuando nos encontramos en una situación como ésta, no debemos esperar a que nos regresen el rol que nos corresponde, sino que podemos actuar, poner límites y dejar de hacer aquello que no nos toca aunque esto implique reclamos por parte de quien había dejado de asumir su responsabilidad. Dejar de hacer lo que no nos corresponde en nuestra vida familiar no tiene porqué causarnos culpa; muy por el contrario, implica liberarnos y contribuir al bienestar familiar, a ese equilibrio en donde cada quien es dueño de su vida y responsable por ella.

Lo que sí te dieron tus padres

Es común que las personas que deciden guardar mucho dolor o rencor tiendan a no aceptar a sus padres, pues les resulta profundamente doloroso que no quieran o no sean capaces de darles lo que necesitan, y sienten gran frustración al no recibir lo que esperan, o porque sus padres no son como les gustaría que fueran. Hay mil razones por las cuales nuestros padres no nos dieron lo que sentimos que necesitábamos: casi siempre es el desconocimiento de cómo hacer diferente la relación (a ellos los trataron así y a sus padres también), y casi nunca se trata de un problema de falta de amor. En cualquier caso, lo cierto es que no podemos controlar lo que nos dan, pero sí podemos cambiar nuestras expectativas; o en otras palabras, dejar de exigir aquello que no nos pueden dar. Si mi bienestar dependiera de que alguien sin dinero me diera un millón de pesos, puedo pedírselo de mil formas infinidad de veces, pero nunca voy a obtener lo que pido, aunque lo solicite de la mejor manera, simplemente porque esa persona no lo tiene. Ocurre lo mismo cuando hacemos una demanda emocional a nuestros padres, muchas veces incapaces y sin herramientas para responder a nuestras expectativas.

Cada padre que ha criado a sus hijos tiene una lista de cosas buenas que les ha dado o ha hecho para ellos, pero también tiene su lista de errores y daños causados: nadie se escapa de esto. Por la cercanía y la necesidad de amor que existe de los padres hacia los hijos, cuando estos crecen, suelen mirar más la lista de errores y daños que la de aciertos y cosas buenas. Como consecuencia, la mente los engaña y los convence de que la otra lista, la que registra lo bueno, es inexistente, logrando que se vaya borrando poco a poco todo lo positivo que sus padres les brindaron. Alguien me comentó que un día se estaba quejando amargamente con una amiga porque su madre siempre había sido muy negativa y agresiva en sus

< 130 >

comentarios hacia ella. Al terminar, su amiga le respondió: "Es cierto, tu madre es negativa y agresiva, pero con todo y eso, siempre ha estado allí contigo, apoyándote a su manera. Mi madre me dejó cuando yo tenía cinco años; un día se fue y hasta la fecha no ha regresado".

El acto de agradecer lo positivo pone la balanza en equilibrio y disminuye el dolor de lo vivido.

Emociones de los padres

En su relato, Blanca cuenta un ejercicio que hizo en el cual se puso en el lugar de su padre, para así poder entenderlo un poco más. A veces nos sentimos tan seguros de los sentimientos de los demás –"mi padre no me quiere", "mi madre quiere más a mi hermana"–, que no nos damos cuenta de lo que realmente siente la gente por nosotros. Para lograr disminuir el poder de estas nocivas creencias o historias fabricadas por el ego –el ego interpreta los eventos, y la gente los recuerda según su interpretación subjetiva, no siempre fidedigna (Sánchez, 2001)–, es muy útil ponerse en el lugar del otro, y mirarse a uno mismo y al mundo desde su perspectiva.

El ejercicio que relata Blanca recuerda la teoría de la física cuántica de que alguien puede estar en dos lugares al mismo tiempo. Cuando uno se coloca en el lugar de otra persona, simbólicamente la representa y puede reconocer y sentir las emociones que ella siente. Como cuenta Blanca en su historia, este ejercicio se realiza con dos personas que no sostienen relaciones profundas, y cada una toma un rol opuesto al de la otra en cada turno (por ejemplo, primero me toca ser yo misma y después ser mi papá). Cuando, durante la dinámica, estamos en el lugar del otro, y miramos a los ojos a la persona que nos está representando, empezamos a sentir emociones que pertenecen a la persona que uno está representando y así, podemos vernos a nosotros mismos a través de la mirada del otro. En este proceso, es probable que nos demos cuenta de que lo que pensábamos que el otro sentía por nosotros no es en realidad así. Muchas veces, actitudes de indiferencia y frialdad encubren sentimientos de dolor y miedo.

Fabiola

25 AÑOS, MAESTRA

Cuando inicié este proceso, luego de que me invitaran a asistir a la terapia de grupo, no quería aceptar la idea de que tenía un problema con mi pareja; no quería ir a las sesiones porque tenía miedo a la crítica, al qué diría la gente, y a darme cuenta de lo que sucedía con mi novio o, mejor dicho, mi ex novio.

La relación con Héctor no era buena, pero yo creía que lo era porque siempre sentía una profunda necesidad de estar con él, me hacía mucha falta su presencia, hablarle. Por eso, no importaba cuál era la actitud de Héctor hacia mí, no importaba siquiera si me humillaba o me ofendía, pues yo siempre corría a sus brazos cuando él me buscaba, cuando me necesitaba. Frecuentemente me agredía y menospreciaba. Debido a eso me sentía muy mal, y aun así, mi deseo por estar con él era tal que yo aceptaba cualquier cosa; quería estar con él, necesitaba que me hablara, que me buscara; incluso que me ofendiera.

Mis papás no se enteraron de que yo andaba con Héctor hasta después de cuatro años. Entonces, creo que lo que nos gustaba era sentir esa euforia de correr el riesgo de ser "cachados" por alguien, de sentir que alguien nos podía descubrir; eso le daba estímulo a la relación. Empecé con Héctor cuando tenía quince años y la relación terminó formalmente cuando yo tenía veinte, sin embargo la cosa todavía siguió por al menos dos años más, pues nos seguíamos viendo, nos seguíamos buscando, estábamos muy unidos; decíamos de palabra que ya habíamos terminado, pero en el fondo tanto él como yo seguíamos queriendo estar juntos.

Estar con Héctor empezó a afectar mis estudios y no sólo me fue mal en la escuela, sino en mi casa, en todas partes. Descuidé la carrera, no me daban ganas de estudiar, sólo de estar con mi novio. Todo el tiempo andaba buscando salirme de mi casa para estar con él; a veces me iba sin avisarles a mis papás. Yo quería estar con él en todo momento, así que el objetivo era ir a donde él fuera, a la hora que fuese, sin importar nada más.

La relación con mis padres no era muy buena, porque no confiaba en ellos; yo le tenía más confianza a Héctor que a cualquier otra persona. Él me daba seguridad y para mí no existía otra persona mejor. Héctor era mi mundo, la vida completa, y aunque yo sabía que todo eso estaba mal, algo me hacía querer estar con él. Estaba dispuesta a hacer lo que fuera por Héctor; así que hacía cuanto él me dijese, iba a donde él quería; si él tenía un problema, yo se lo resolvía, en fin, mi vida era para él. Entonces todo era muy complicado, muy conflictivo; bajé mucho de peso, no comía bien, trabajaba pero a veces sin ganas, y así estuve hasta el día en que llegué al grupo y me decidí a sacar lo que traía dentro. Pensé: "Si vine a la terapia fue por algo", así que me animé a hablar y desde el primer día compartí y dije todo lo que sentía con respecto a mi relación de pareja, muy a pesar del miedo que siempre había tenido a las críticas. En ese momento reaccioné y lo primero que se me ocurrió como solución fue eliminar su número telefónico. Para entonces ya no tenía contacto físico con él, pero había otra forma en que no me separaba de Héctor, porque en el fondo no lo quería dejar ir, seguía pensando en él todo el tiempo. La solución no era eliminar sus números, quemar sus fotos o cartas, sino cambiar yo, cambiar mi vida, pensar en mí, quererme y proponerme nuevas cosas.

A pesar de eso, al inicio, cuando llegué al grupo, de vez en cuando seguía encontrándome con Héctor porque todavía no sabía qué era lo que realmente quería, y la necesidad de estar con él aún era fuerte, hasta que me di cuenta de que era yo la que no lo dejaba ir; no se trataba de que él me dijera que ya lo dejara en paz, sino de que realmente yo quisiera separarme. Tenía que ser yo quien tomara la decisión de alejarme, despedirme, soltarlo y no detenerlo más a mi lado. Me costó mucho trabajo. Me dolió mucho porque incontables veces pensé y sentí que mi vida era suya. No le dije que terminaba con él; fue más en mi interior, porque sabía que Héctor ya había terminado conmigo.

Poco a poco el grupo me fue dando cada vez más confianza; allí buscaba resolver mis dudas, conocí a otras mujeres que se convirtieron en mis amigas y ahora disfruto mucho de ellas, pues cuando estaba con Héctor no tenía amistades. Tener amigas fue importante porque pude compartir con

ellas mis sentimientos y pensamientos, y a partir de entonces supe que no estaba sola, que no era la única que tenía este
tipo de problemas, y que incluso existían casos más graves.
Las amigas también me dieron fuerza, pues siempre pensaba: "Si todas pueden, entonces yo también puedo". A partir
de eso fui cambiando; me gustaba acudir al grupo, porque
todo lo que iba a decir y a escuchar en él, lo ponía en práctica.

A pesar de mis cambios internos, a veces tenía recaídas
y volvía a pensar que Héctor era lo que quería para mi vida.
En esos momentos, desesperadamente buscaba la forma de
encontrarme con él, o tan siquiera verlo pasar, pero poco
después me sentía muy mal porque me daba cuenta de que
todavía no lo superaba, ni estaba totalmente recuperada. Yo
sabía que no era bueno para mí y aún seguía unida a él sentimentalmente. Al principio me daba pena que las demás compañeras lo supieran. Yo me preguntaba: "¿Qué es lo que en
realidad quieres: sufrir o vivir?" Con el tiempo me di cuenta de que no era malo que lo siguiera recordando, o que quisiera verlo y saber de él. Fue como una despedida lenta y un
poco dolorosa que hube de pasar.

Después tuve otra relación que tampoco funcionó, pues
duró apenas una semana. Terminé con la relación porque
en el fondo sabía que andaba con Jairo solamente porque no
quería sentirme sola, y no porque realmente deseara estar
con él. Más adelante le confesé que yo amaba a otra persona que no estaba junto a mí, y él me confesó que tenía familia, por lo cual tampoco podía estar conmigo. Al paso
del tiempo esa relación amorosa se convirtió en una amistad por la cual compartimos cosas que nos llevaban a lar-
gas conversaciones, sin necesidad de tener contacto físico.

Comentábamos nuestra vida académica y profesional, que era lo que teníamos en común y nos gustaba compartir. En algún momento él insistió en que tuviéramos otro tipo de relación más personal, pero yo no acepté; puse mi límite claramente diciéndole que sólo quería ser su amiga.

A partir de entonces fui definiendo mis metas, pensé en lo que quería de mi vida académica, personal, profesional; empecé a preguntarme si quería irme o quedarme en la cuidad donde vivía, en el estado, en mi casa, o si quería salir, visitar, viajar, y decidí esto último: quería cambiar de lugar, respirar aire nuevo, conocer nuevas personas, hacer lo que yo realmente deseaba. Decidí buscar trabajo como profesora, que era lo que estaba estudiando.

Al principio fue complicado y me costó mucho trabajo porque yo misma me ponía las trabas; me decía: "Que no me acepten, que no me acepten", y no me aceptaban. Tenía miedo, quería trabajar pero a la vez tenía miedo de no saber hacerlo. Pensaba: "No voy a poder". Un día me senté, me puse a pensar en que me tenía que decidir por algo, porque ya era mucho, había terminado la licenciatura y quería tener mis propios ingresos, trabajar en lo que había aprendido. Decidí que tenía que luchar por un lugar donde emplearme. Así lo hice. Fui a pedir trabajo en el Sindicato Nacional del Magisterio, y tuve que estar allí día y noche para que me tomaran en cuenta, pero estaba segura que era el trabajo que yo quería.

Cuando se acercaba una entrevista dudaba, me preguntaba si estaba realmente dispuesta a irme si me lo ofrecían; me costaba trabajo la idea de dejar a mi familia. Pronto me resolví: "Si me tengo que ir, me voy y estaré bien aquí, allá o en donde tenga que llegar, voy a estar bien aunque esté sola, porque me quiero, me respeto y hago lo que quiero hacer". Así, un día fui a una entrevista y me dijeron que había un lugar para mí en una primaria de la sierra; me citaron para la siguiente semana en la escuela, y así fue como llegué al lugar donde estoy enseñando ahora.

En mi trabajo, lejos de mi familia (la escuela está en un pueblo a siete horas de mi casa), me volví a enfrentar a los miedos que tenía desde mi relación con Héctor. Me acordaba mucho del círculo donde vuelves a encontrarte con la misma persona o alguien parecido, y te enfrentas al mismo miedo, al mismo sentimiento de angustia, de estrés. Al principio tal vez me sentía así porque estaba aislada y tenía la necesidad de buscar a alguien. A solas, lo único que hacía era ponerme a rezar, y me acordaba de que yo me quería, de que no estaba sola en el mundo, que la mejor amiga que tenía era yo misma y siempre iba a estar conmigo.

Empezaron a pasar los días y cada vez me sentía mejor, hasta que de repente otra vez me sentía sola e ignoraba qué hacer. Entonces me acordaba de una amiga del grupo y pensaba que si ella estuviera aquí, no dejaría que yo estuviera pensando esto y me diría: "Adelante, tú puedes", y fue lo que hice, seguir adelante. Llegó el día en que pude afrontar sola la situación, sin pensar que necesitaba la ayuda de alguien más, sin querer correr al teléfono y llamar a alguien. Ahí en el pueblo los teléfonos no sirven, no había forma de comunicarnos con el exterior, así que ese aislamiento me gustó porque pude enfrentarme a mí misma, para vencer los miedos que tenía, las angustias, los temores. En ese momento me conocí tal como era, como soy.

En el trabajo tardé para empezar a socializar con los otros maestros. Yo solía ser muy reservada y todavía ahora no confío fácilmente en otras personas. En la escuela nada más somos dos mujeres y los demás son hombres; a la otra chica, la maestra, la conocí en algún momento en el sindicato y pude hacer relación con ella, pero con los hombres marqué mi distancia desde un inicio y les dije: "Yo sé que vivimos juntos pero no es para que nos sobrepasemos, podemos hablar pero hasta cierto límite nada más". Esto marcó una distancia con los maestros e hizo que también me sintiera más sola.

Tiempo después encontré a mi amiga del grupo, cuando regresé a la ciudad de visita, y le conté que me sentía sola. Ella me dijo que cuando se sentía así, sola y angustiada, lo primero que hacía era hacer cita con su psicoterapeuta y yo le pregunté: "¿Qué pasaría si vivieras en un lugar alejado, donde la psicoterapeuta queda a horas de ahí?" Por esa conversación me di cuenta de que había llegado el momento de poner en práctica lo aprendido en la terapia de grupo: todos los consejos, las experiencias, las lecciones. Recordé que vine al grupo para aprender y crecer, no vine nada más para que se saliera de mi cabeza un hombre que me había hecho daño. Así logré que esa confianza que aprendí a tener gracias a la terapia de grupo, se viera reflejada en algo, en mi vida. Ya no tuve que esperar a que alguien me abrazara o me dijera: "Te quiero", sino que yo misma en las noches me decía: "Te quiero mucho, no estás sola, tú puedes". En ese momento realmente estaba viviendo la vida, era estar sola y enfrentarse.

La relación con mi padre

En el pasado tuve muchos problemas con mi papá. Un día (antes de que me fuera de mi casa), cuando yo ya me sentía muy bien, me propuse platicar con mi padre, y le dije que lo quería , que era mi papá y siempre iba a estar con él. No tuve respuesta, se dio la vuelta y no hizo caso a mis comentarios. Al principio me dolió su reacción tan fría; no obtener una respuesta a una muestra de cariño de mi parte era como haber fallado en algo. Sin embargo, luego reflexioné y pensé que había sido bueno decirle a mi papá que lo quiero, no obstante su reacción, pues mi intención en el fondo era que él supiera lo que siento y si él reaccionó de una forma distinta a la que yo me esperaba, sus razones tendría, pero ahora yo estoy tranquila. Unos meses después, sin embargo, me pasó algo muy curioso: estábamos en familia celebrando la Navidad y resulta que fue mi papá quien se acercó a mí y me empezó a decir que me quería mucho y que yo iba a lograr todo lo que me propusiera. Me sentí muy bien, hasta lloré de felicidad.

Creo que los cambios en la relación con mi papá se deben a que ahora nos conocemos más, y mejor. Ahora que ya estaba haciendo mi vida, era como si él también la estuviera viviendo; yo sabía que él me observaba, que me estaba conociendo en todos los aspectos porque yo le hablaba por teléfono, lo iba a visitar y conversaba con él, nos unimos bastante. Incluso me di cuenta de que al principio se puso triste cuando me fui. Un día me invitó a cenar y no dijimos una palabra en toda la noche; creo que fue el primer acercamiento que mi papá quiso tener conmigo. Ahora entiendo que es una persona de pocas palabras y no sabe querer como yo he aprendido a hacerlo, pero eso no significa que no me quiera y, a su manera, siempre está a mi lado.

Cuando me acerqué a mi papá para mejorar nuestra relación fue porque en el grupo dijeron que la relación con tu padre puede determinar de manera importante la forma en que te relacionas con tu pareja. Pensé que después de hablar con mi papá todo iba a cambiar en mi vida de una vez, pero la verdad es que al principio no cambió mucho porque no obtuve respuesta inmediata; fue cuando me di cuenta de que ese proceso no terminaba por haber hablado con mi papá, sino que eso era sólo un paso para llegar a otro punto mejor, de mayores y más fuertes retos.

Ahora, aun con su forma de ser muy reservada, mi papá conversa conmigo siempre que llego a casa, me pregunta si estoy bien, si he comido, cómo me fue. Veo cómo me mira con ojos de cariño, y aunque en el pasado hubo momentos en que sentí que no podía hablar con él, ahora opino lo contrario, poco a poco hemos ido desarrollando una relación de confianza y respeto. De hecho, cuando me contó sus intenciones de construir una casa, yo lo apoyé moral y económicamente, por lo cual quedó muy agradecido. La relación ha mejorado mucho, yo lo sigo apoyando en todos los sentidos y él también a mí. Fue muy importante escuchar de su voz que confiaba en mí y me creía capaz de hacer todo lo que yo quisiera; sus palabras me llenaron en todos los sentidos, y sobre todo me dieron gran seguridad para lograr todo lo que me propongo.

Sin embargo, durante un tiempo me sentía muy mal por lo que mi padre me decía y por cómo me trataba. Creo que llegó un momento en que los dos nos ofendimos y nos dijimos cosas muy hirientes, muy feas; a mí me lastimó mucho cuando un día que estaba muy enojado me dijo: "No te quiero, no eres mi hija y te voy a tratar como se me ocurra". Esas palabras son algo que me costó trabajo perdonar. Creo que eso también explica el que yo emprendiera esa relación destructiva con Héctor, pues poco después empecé mi relación con él. Ahora que lo pienso me doy cuenta de que entonces andaba buscando no tanto una pareja, sino un papá. Como Héctor me hacía sentir parte de él, e incluso me daba dinero, yo pensaba: "Aquí ya tengo todo seguro y lo que pase en mi casa no me interesa, si mi papá no me ama, tampoco me interesa, yo tampoco lo quiero". Un poco por eso siento que la relación con Héctor se volvió tan obsesiva, intensa y destructiva, pues yo sentía que él era lo único en el mundo, que él me trataba bien y mi papá mal, así que con él me quería quedar. Con el tiempo y con trabajo, me di cuenta de que mi papá no quiso decir lo que dijo y me quiere profundamente, pero entonces me sentí abandonada, al creer que mi padre no me quería.

Ahora no doy ninguna importancia a esas palabras porque tengo la seguridad de que no era lo que él realmente sentía. Estaba muy enojado, y ni siquiera conmigo sino con mi madre, y yo por meterme y ponerme del lado de ella, me gané el reclamo de mi papá, su reproche; gané dolor, angustia, muchas cosas que me gustaba obtener, pues por contradictorio que suene, eso era lo que me hacía sentir bien, asumirme como víctima. Ahora que lo recuerdo, me es casi indiferente el comentario, pues me siento bien; a mi papá lo quiero mucho y sé que él me quiere igual.

Cuando comencé en el grupo y todavía estaba con Héctor, mis papás vivían en un conflicto fuerte y permanente, al punto de pensar en la posibilidad de separarse, aunque nunca lo hicieron a causa de nosotros. Eso también cambió; hoy ya no hay tal conflicto entre mis padres. Lo increíble es que entonces me di cuenta de que eso que les pasaba a mis padres era lo que yo sentía que me pasaba con Héctor: no podía –o no quería– separarme de él pese a las humillaciones y los malos tratos. Fue algo muy fuerte ver repetida esa situación de mis papás en mi relación con Héctor. Entonces algo hizo sonar en mí una alarma y empecé a preguntarme: ¿Por qué estoy repitiendo ese mismo esquema de vida, de insultos, maltratos, y aun así seguir atada a la misma persona?

Antes vivía sintiéndome víctima, ya fuera en mi casa o con mi pareja. Con mis papás, por el hecho de que se peleaban todo el tiempo y me hablaban cada uno mal del otro, de cómo se sentían víctimas ellos mismos desde sus correspondientes perspectivas. Pero cuando yo estaba metida en sus problemas, me sentía víctima, y así fue también con la relación de pareja que tuve, incluso la forma en que terminó todo, pues yo siempre pensé que terminábamos por su culpa, y cuando me preguntaban quién había terminado la relación, yo respondía que él. Todo se lo dejaba a él: él tenía la responsabilidad de cuidarme, de quererme, y entonces también tenía la culpa de que hubiésemos terminado. Como es obvio, no era así, fue, como es siempre en pareja, una cosa de dos.

Poco a poco reconocí no la culpa, sino el hecho de que hay acciones que cada uno cometió (él por su lado, yo por el mío) e influyeron para que la relación acabara; ahora me doy cuenta de que en el fondo no compartíamos muchas cosas.

Al mismo tiempo que me fui sanando de la relación con mi ex, también cambió la relación entre mis padres. De pronto la dinámica de la relación entre mis padres empezó a transformarse. Un día mi mamá, que diariamente le lleva de comer a mi papá, me dijo: "Hoy no quiero ir porque discutimos", pero me lo dijo de una forma tan curiosa que me empecé a reír, porque nunca había escuchado de ella una palabra como esa: "discutimos"; siempre decía: "Me regañó, me gritó", pero nunca hablaba en términos de iguales; así que ahora escuchar la palabra "discutimos", que engloba a dos personas en condiciones semejantes, me dio gusto; no pude más que decirle que si no tenía ganas de ir, pues que no fuera. No fue y se quedó conmigo, y al otro día, al preguntarle cómo le había ido después con mi papá, me dijo que todo estaba bien, que la que se había enojado era ella pero él estaba contento, y a ella se le había pasado el disgusto.

En el grupo me di cuenta de que ni siquiera teníamos una foto familiar. Y cuando se casó mi hermano, en diciembre, por lo mucho que han cambiado las cosas, ya encuentro esas fotos familiares donde nos abrazamos, estamos riendo y bailando. Eso me gusta porque ahora siento que realmente tengo una familia.

La última vez que pelearon fuerte fue cuando inicié mi trabajo en el pueblo. Yo no estuve en la pelea pero me enteré cuando llegué de visita y me encontré con la mala sorpresa. Me enojé mucho, pero me sentí todavía peor cuando me dijeron que mi hermana se había ido de la casa, pues ya no soportaba la situación. Con mis papás las cosas eran difíciles porque siempre nos metían en sus problemas, mi hermana se fue porque se cansó de escuchar quejas de uno y otro y, según me contó, porque le molestaba que mi mamá se dejara tanto. Cuando llegué a casa en aquella ocasión mi madre también me quería poner entre mi padre y ella. Me decía que no fuera a ver ni le hablara a mi papá, y no me quedó más opción que decirle que de ninguna manera iba a dejar de verlo ni de hablar con él, y que si ella estaba enojada, eso no tiene nada que ver conmigo. Fue la primera vez que le dije algo así a mi mamá, pues antes yo le hacía caso en todo, así que en cada pelea yo dejaba de ver y hablar con mi papá, y a veces incluso me enojaba con él, por un problema o una situación que no tenía nada que ver conmigo ni me correspondía resolver.

Alejandro

Haber mejorado el trato con mi papá me ayudó a tener una mejor relación con Alejandro, mi novio actual. No hay punto de comparación entre ella y la que tuve con Héctor. Con Alejandro tengo más comunicación, confianza, seguridad en mí misma, en todo. Mi forma de amar cambió, dejó de ser aprensiva y angustiosa, ya no tengo la necesidad de saber dónde y con quién está él en todo momento, tener lo ubicado y viceversa, que me hable varias veces al día para sentirme tranquila: todo eso cambió, quedó atrás y ahora me siento muy bien con mi pareja. Antes de llegar a la relación amorosa, tuvimos una bonita amistad que creo nos dio tiempo para conocernos bien; hay amor y la amistad persiste, así que estamos contentos juntos.

Conocí a Alejandro justamente el día que llegué al pueblo donde trabajo. Fue él quien me abrió la puerta de la casa donde llegué a vivir con los demás maestros. Cuando lo recuerdo me parece cómico: era ya tarde, estaba todo oscuro porque no hay luz en ese pueblo, así que no lo vi bien, sólo logré distinguir su silueta y su voz que me decía: "Ahora, un nuevo personal" y también me dirigió la pregunta obligatoria: "¿Sabes cocinar?" Me dio risa y le contesté que sí. Se movió a un lado y dijo: "Ya la hicimos", y reímos todos. Me invitaron a pasar, me atendieron bien, y esa fue mi primera noche ahí. Poco a poco los días pasaron y me acoplé al ritmo de ellos; Alejandro era muy platicador e incluso nos contaba de una chica que le gustaba, de hecho un día nos enseñó un dibujo que hizo para ella.

Pero con el transcurso del tiempo algo sucedió. Cuando salíamos del pueblo para visitar a nuestras familias, al regresar me daba gusto verlo y él se dio cuenta de que me extrañaba también. En ese momento me dio miedo porque no quería que me lastimara, sabiendo que en su vida había alguien más. Un 14 de febrero salimos todos a festejar, los chicos tomaron y Alejandro me invitó a bailar. Estaba ya muy bebido y, como nos quedamos en la casa de una maestra, me abrazó y no me quería soltar; para contenerlo, yo agarré una cobija y me envolví, y aún así Alejandro me seguía abrazando.

Luego de ahí fuimos a otra ciudad para participar en una marcha; a mí me dio por recargarme en él y de repente, no sé cómo, me preguntó en broma si me casaría con él. En ese momento me alejé, me dio pena y miedo porque me di cuenta de que empezaba a sentir algo por él, lo cual me asustó. Alejandro me preguntaba qué me pasaba y yo le contestaba que nada, pero en mi interior bullía un remolino de sentimientos y no sabía qué hacer.

Después de esta marcha nos fuimos a otro pueblo porque teníamos una actividad, y ahí continuaron los acercamientos entre él y yo. En esta ocasión yo no llevaba cobija y él sí; mis compañeras, que ya se habían dado cuenta, agarraron cada quien a su pareja y me dijeron que me tocaba con él. Como sabía que era respetuoso, no tuve problema, me acomodé a su lado y jalé su cobija; por la noche de repente se acercaba y me abrazaba. Un buen día me besó, y le puse un alto inmediato, le dije que no se pasara porque no me gustaba jugar, a lo cual él se disculpó mucho. Así pasaron días y meses en que nos acercábamos y nos alejábamos, y ninguno de los dos sabíamos realmente qué queríamos, teníamos miedo.

Tal vez por su última experiencia de pareja, y por la mía también, habíamos estado indecisos sobre nuestra relación. Pero llegamos a un punto en que me cansé y le pedí que se decidiera sobre sus intenciones conmigo. Lo interesante fue que cuando se lo dije, me di cuenta de que la que tenía realmente que decidirse era yo, así que le dije que no quería saber nada de una relación personal con él por el momento. Pasó un mes de eso hasta que decidimos hacernos novios. En ese tiempo y sin ningún impedimento hablamos de la otra chica, y me explicó que su relación con ella ya había terminado. No me importó lo que había pasado antes, sino cómo y quién era él ahora. Así fue como lo acepté en mi vida, con miedo, pero con un sentimiento muy profundo que al mismo tiempo me decía que por algo había llegado yo a aquel lugar a conocer a esa persona y había dejado mis miedos ahí.

Así que otra vez me dije que era una prueba más en la que tenía que decidir y afrontar las consecuencias de mis actos, porque yo quería aceptar la relación con todas sus implicaciones. Y aquí estoy ahora con mucha alegría por haber dejado atrás un pasado que no quiero más, haciéndome responsable de mis actos. Quererme me ha dado la oportunidad de crecer al lado de Alejandro, de disfrutar del amor en vez de sufrir por él.

Ahora disfruto de la relación con mi pareja, porque tenemos confianza y comunicación. Cuando Alejandro me dice algo que me lastima se lo digo directa y claramente. Al principio él no sabía cómo reaccionar ante esta actitud tan franca mía, al punto de confesarme que él nunca había vivido una relación donde hubiera comunicación. Juntos conversamos mucho, nos decimos lo que sentimos, lo que nos gusta y lo que nos hiere. Yo soy muy detallista, de repente le doy un papelito que dice "te quiero". Hace unos días me dijo que nadie lo había querido como yo, y que él estaba aprendiendo a hacerlo, así que yo le respondí: "Vamos a aprender juntos". La nuestra es una relación muy bonita porque nos tenemos respeto. Yo tengo la seguridad de que vamos por un buen camino, y eso se refleja en mi comportamiento, mi forma de pensar y de sentir. Cuando le pido a Alejandro que hablemos seriamente, me hace caso; en cambio, Héctor me respondía en esas situaciones: "Yo digo lo que se va a hacer y se acabó".

Hace tiempo me encontré con Héctor y conversamos de manera normal, sin ese sentimiento de anticipar que algo más podía pasar. Lo saludé con respeto y distancia. Lo primero que hizo fue reclamarme porque me había ido de su lado y asegurarme que con él estaría muy bien. Yo le dije que por algo pasan las cosas y que en este momento yo tenía mi vida, de la que él ya no formaba parte. Ya no siento nada por él, le tengo cariño pero como amigo, como el primer novio que tuve.

Durante mi relación con Héctor permití muchos abusos, maltratos, humillaciones, violencia psicológica en general. Hace poco me preguntaban unas compañeras por qué no uso falda, pues dicen que me veo muy bonita, y lo primero que viene a mi cabeza es el recuerdo de Héctor diciéndome lo flacas y feas que le parecían mis piernas, razón por la que dejé de usar esa prenda mucho tiempo. Ahora que ya vuelvo a usar faldas y de pronto me siento insegura, pienso: "¿Por qué todavía le sigo haciendo caso a ese comentario?" En esos momentos me doy cuenta de que las opiniones de Héctor me hirieron mucho y aún me siguen afectando. Con Alejandro, en cambio, sucede algo diferente. Alejandro me habla de una manera muy distinta, me dice cosas positivas, a veces ni siquiera tiene que decirlas: las solas expresiones de su rostro me dicen muchas cosas.

Pienso que le permití cosas terribles a Héctor porque sentía que él era todo en el mundo, que en mi vida no podía haber otro hombre, pues nadie me iba a querer o aceptar como soy. Yo sentía que tenía mi vida definida con él, al punto que pensaba que al terminar la licenciatura nos casaríamos, pese a que él ya estaba terminando conmigo. Yo tenía un modelo a seguir y no podía desprenderme de él; incluso, cuando nos volvíamos a buscar, ya estando separados, yo le decía: "Acuérdate que nos tenemos que casar", porque quería hacérselo saber. En ese punto creo que él tenía claras las cosas y respondía: "¿Por qué nos tenemos que casar si ya no estamos juntos?"; pero para mí Héctor era el único hombre que existía, no había más, parecía que no podía haber más.

Así estuve un tiempo hasta que llegué al punto en que me di cuenta de que esa situación me estaba haciendo daño y no podía afrontarla sola. Decidí que no quería eso para mí, pues ya estaba cansada de romper y volver con Héctor y todos los conflictos y la violencia que esto conllevaba. Me cansé de estar así y supe que necesitaba ayuda, por lo que a pesar del miedo que me daba entrar y abrirme al grupo, finalmente tomé la decisión de empezar la terapia e iniciar mi proceso; cuando me lo propuse lo comencé, y creo que lo hice muy bien.

Sé que todavía tengo que aprender muchas cosas, pues a veces me doy cuenta de que estoy actuando mal, en el sentido de que hago cosas que no me corresponden o me ponen en una situación que no me gusta. Por ejemplo, hace poco una de mis alumnas se puso muy enferma, yo me lo tomé muy a pecho y enseguida traté de ayudarla, pero después recapacité: "La niña tiene a su mamá para cuidarla; yo soy sólo la maestra y puedo apoyarla, pero no soy la responsable de que se cure o esté sana". A veces me cuesta mucho trabajo poner mis límites, así que cuando la situación me rebasa, trato de pensar en el pasado para ayudar a convencerme de que no soy *Superman* y no soy quien va a salvar al mundo. Hay ciertas cosas que simplemente ya no debo hacer.

Incluso con Alejandro, al principio, me pasó que sentía demasiado la necesidad de saber en dónde estaba, a toda hora y con quién, pero pronto recapacité y pensé que si no tenía confianza en mí misma, entonces esta nueva relación tampoco iba a funcionar. Recordé a mis compañeras de la terapia de grupo, sus experiencias y las lecciones aprendidas a lo largo de nuestro proceso, y poco a poco fui saliendo de esa situación en la que me encontraba, hasta llegar al punto de tener la seguridad de no volver a sentirme así. Ahora me encuentro estable, y aun cuando a veces hago cosas que demuestran inseguridad, he aprendido a canalizarlas para tratar de corregirlas. Por eso primero pienso qué es lo que estoy haciendo, por qué lo estoy haciendo y para qué; luego analizo la situación para ver cómo puedo resolverla, y si es necesario volver a empezar empiezo de nuevo, si tengo que pedir disculpas las pido, si sé que me estoy desgastando en algo que no me corresponde, lo dejo; hablo, dialogo y hago saber mis sentimientos y pensamientos. De repente me enojo conmigo misma por volver a tener esas conductas que me disgustan, pero al menos ahora estoy consciente de lo que hago, sé el por qué y para qué de ello. Esa pregunta es ahora básica en mi vida para tomar una decisión: para qué lo haces o lo vas a hacer.

He aprendido a quererme, a respetarme, a hablar, a decir a todos lo que quiero y lo que no quiero. Antes yo era una persona que no hablaba, ahora opino sobre lo que quiero, lo que no quiero, lo que me gusta y lo que no me gusta. Lo más importante, creo, fue aprender a respetarme, a poner límites, a aceptarme como soy, aceptar los comentarios de los demás sabiendo que son de ellos y que yo soy la persona que decide qué entra y qué no entra en mis sentimientos, pues sólo yo sé hasta qué punto me pueden herir y soy quien puede permitir o no que eso suceda.

El amor propio tiene que ver con eso, con respetar mis costumbres, mis decisiones, mis tradiciones, saber que yo

< 151 >

soy mi mejor amiga y no estoy sola, que si un día me volviera a enfrentar con la llegada a un lugar donde no conozco a nadie, sé que podré estar bien, no tengo esa necesidad de que alguien me esté abrazando, besando, acariciando; por supuesto, llega el momento en el que necesito algo de eso, por qué no decirlo, pero satisfago esa necesidad cuando llego a mi casa y abrazo a mi mamá muy fuerte. Con mi papá todavía no puedo, con él todavía me da pena, aunque a veces llego con ganas de abrazarlo y contarle muchas cosas; sé que poco a poco voy a llegar al punto de poder estrecharlo y decirle que lo quiero; por ahora creo que él se da cuenta de que a veces las palabras salen sobrando.

Amarse a sí mismo es darse cariño uno mismo, saber lo que uno quiere. Eso es muy importante, porque si uno no sabe lo que quiere en la vida, se puede ir por muchos caminos y no llegar a ninguna parte, lo cual implica a veces incluso desperdiciar oportunidades. Siento que en el pasado tuve muchas oportunidades que dejé ir por no saber qué quería en mi vida personal, profesional y en todos los aspectos.

Ahora mi situación es distinta; mi relación cambió no sólo con y y con mi pareja, sino con todo el mundo, porque la que realmente ha cambiado soy yo. Ahora tengo aspiraciones, antes veía muy concluida mi vida en casa con Héctor, y ahora pienso que puedo hacer muchas cosas más, y con Alejandro tenemos la suerte de coincidir en muchas de ellas; en lo profesional, por ejemplo, los dos queríamos hacer una maestría y ya la empezamos, en lo laboral nos gusta nuestro trabajo, nos gusta enseñar y lo disfrutamos, y en lo sentimental nos queremos, respetamos, apoyamos y tenemos planes de casarnos en febrero. También nos gusta la naturaleza, hacer cosas de manera repentina como planear un cumpleaños, jugar un partido de básquet, contar historias, chistes, viajar. Nos damos nuestro tiempo para estar solos, para estar juntos, para pensar, para actuar.

Voy bien hasta este momento, yo sé que la vida da muchas vueltas y voy a pasar por muchísimas cosas más, buenas y difíciles, de aquí en adelante, pero ahora me siento capaz de afrontarlas y sobre todo me creo capaz de tomar decisiones, que es lo más importante. Sé que si estoy bien emocionalmente, todo lo demás funcionará.

Eliminar el número del celular de Héctor

¿Crees que el mundo que has conocido toda tu vida te
va a dejar pacíficamente? No, va a estar revolcándose
debajo de ti dando golpazos con la cola.

CARLOS CASTANEDA

Como lo dice Fabiola en su relato, ella hubiera podido eliminar el número de Héctor de su celular y evitar contacto con él, pero el trabajo verdadero que había pendiente eran los cambios internos por los que tenía que pasar; Fabiola tenía que examinar qué aspectos de su vida debía rectificar para estar bien, y así estar en condiciones de entender aquellas necesidades que la hacían buscar a Héctor una y otra vez.

Pensar en las ex parejas constantemente es una manera de mantener cierto apego hacia esa persona, incluso cuando los pensamientos no son amorosos y por el contrario cargan reclamos y rencor. Algo que definitivamente ayudó a Fabiola en su proceso de transformación interna fue obligarse a cambiar sus pensamientos y dejar de pensar en Héctor. Los seres humanos estamos capacitados para ejercitar y entrenar nuestra mente a voluntad, así que a Fabiola le resultó útil forzarse a pensar en otra cosa cada vez que el recuerdo de Héctor se asomaba por su mente; entendió que para eliminarlo de su corazón, primero debía sacarlo de su mente, ya no pensar tanto en él y pensar en otras cosas.

Atraemos lo que llevamos dentro

Como podemos ver a lo largo del relato, las relaciones de Fabiola reflejaban su estado anímico y circunstancias: con Héctor condujo una relación conflictiva, problemática y dolorosa en un momento en que tenía poca claridad sobre qué deseaba de su vida y, además, estaba sufriendo por conflictos familiares; en cambio, con Alejandro, luego de superados muchos de sus problemas internos, llevaba una relación de cariño y respeto.

Es una regla de la vida la atracción entre iguales, y por eso es común que atraigamos a personas que se encuentran en similares condiciones afectivas que nosotros. Resulta lógico pensar que alguien que no está bien en su interior, se empareje con personas que tampoco están bien, lo cual trae como consecuencia relaciones que terminan siendo destructivas. Cuando empezó la terapia, Fabiola mantenía una relación que la hacía sufrir, y pronto supo que ésta era un reflejo de su dolor interno. A medida que fue creciendo y recuperándose en su proceso de sanación, ese dolor interno cambió, se transformó en un sentimiento positivo de paz y claridad, que le permitió establecer otra relación, más sana y satisfactoria.

> Atraemos con lo que llevamos dentro: si estamos sanos y procurando nuestro bienestar, vamos a atraer personas sanas a nuestra vida, que también quieran nuestro bienestar.

Tomar la decisión

Inicialmente, Fabiola esperaba que Héctor pusiera fin a la relación , que él decidiera terminar con ella si es que ya no la quería. Sin embargo, en su proceso, Fabiola se dio cuenta de que era ella quien debía tomar la decisión de terminar con Héctor, pues quizá él estaba cómodo en la situación y no le afectaba todo lo que a ella, evidentemente, sí. Es frecuente –especialmente en los casos en que hay sospecha de infidelidad– que la persona afectada espere que la otra termine todo, pensando: "Si ya no me quiere, que termine él con la relación". Le damos la responsabilidad de nuestro bienestar al otro, pensando erróneamente que es su decisión el estar o no juntos. A veces, quien es infiel no termina con la relación, pues no tiene verdadera necesidad de hacerlo, mientras no quiera irse definitivamente con la otra persona. De otro modo, resulta en apariencia más fácil para la persona afectada dejarle la dolorosa decisión de la separación al otro, pero en el fondo y a la larga eso es algo mucho más costoso. Si tú eres quien está sufriendo en la relación, por cualquiera que sea la razón, el problema es tuyo y puedes decidir lo que necesitas hacer para estar bien.

Nuestros cambios afectan el exterior

Fabiola se propuso desde un momento determinado luchar por su recuperación. Poco a poco fue superando su dificultad para poner límites, y dejó de preocuparse por querer resolver la vida de los demás. Paradójicamente, cuando cambió para enfocarse en sí misma, en promover y procurar su propio bienestar, indirectamente también generó cambios positivos en su entorno. Todo aquello que con tantos esfuerzos había buscado antes –ser querida por quienes la rodeaban–, lo logró precisamente dejando que cada quien se hiciera responsable de su propia existencia y transformándose ella misma. Incluso su padre, un hombre reservado con quien Fabiola había tenido muchas dificultades para relacionarse, cambió positivamente con ella. Cuando expresamos lo que sentimos es como romper un cristal: aunque la otra persona no reaccione en el momento como uno quisiera, los pedazos de cristal no vuelven a juntarse de la misma forma; algún cambio tiende a ocurrir, aunque al inicio sea imperceptible.

Poner límites

Por lo general, la idea que tenemos de la protagonista de las telenovelas es la de una mujer sufrida que es víctima de los malvados, quienes intentan hacerle daño durante toda su vida. Ella sufre calladamente las repercusiones de su condición de mujer abusada y, porque aguanta, todos la consideran una "buena mujer". En el caso de Fabiola vemos reforzada esta idea de que una mujer buena es la que aguanta todo sin decir nada y sufre a causa de los demás sin hacer otra cosa. Fabiola, como una parte integral de su recuperación, se dio cuenta de que ella no quería jugar este papel de telenovela y empezó a poner límites. Una mujer que pone límites, que no permite ser dañada y toma las riendas y responsabilidad de su vida, corre el riesgo de perder el papel de heroína sufrida delante de la sociedad, pero siempre tendrá la fortaleza de impedir que otros le hagan daño.

El acto de poner límites en nuestras relaciones va de la mano con el desarrollo del amor propio. Cuando no ponemos límites, por miedo a lastimar al otro, hacerlo enojar o por temor a perderlo, estamos poniendo lo que sienten los demás por encima de nuestros propios sentimientos. Decir lo que tú quieres y no quieres es valorar tus sentimientos.

Yo puedo

Fabiola se daba muchos y constantes ánimos a sí misma, se repetía una y otra vez: "Yo puedo, yo puedo". Las palabras que nos repetimos terminan por afectar nuestra percepción de las cosas, lo que consideramos posible y lo que nos consideramos capaces de hacer. Las reiteradas palabras de ánimo le dieron a Fabiola fuerza y optimismo para enfrentarse a sus problemas y seguir adelante.

Jessica

26 AÑOS, COMERCIANTE

Hace tan sólo un año yo era una persona altamente controladora en mi relación de pareja, y a causa de mis celos, de la ausencia total de confianza, sufría pensando siempre lo peor y ansiaba controlar a mi marido; quería saber en todo momento dónde estaba, con quién, qué estaba haciendo, etcétera. Mis pensamientos eran muy negativos, por eso tenía muy mal genio. Me enojaba por todo, pero en el fondo, esto tenía que ver con que siempre estaba dudando e imaginando que David, mi marido, andaba con otra mujer. Sin embargo, yo nunca lo vi hacer nada, ni nunca supe nada, no había realmente señales, pero si salía con sus primos o de noche, yo pensaba que era porque se iba a ir con otra, que me iba a ser infiel.

Esos pensamientos me amargaron profundamente, además de que casi destruyeron mi matrimonio. David me lo echaba en cara, me decía que yo era muy celosa y nunca iba a cambiar; para probarlo –y también para provocarme– llegaba tarde a la casa, lo cual a mí me ponía furiosa y eso, a su vez, alejaba a David aún más de mí. Era un círculo vicioso : mientras más celosa me ponía, más alejaba a mi pareja y ello me hacía sentir aún más celos y rabia.

Teníamos muchos problemas, mis celos y la necesidad de controlar a David y saber todo de él nos fueron alejando poco a poco. Su distanciamiento para mí indicaba que había otra mujer, y eso me ponía muy mal, estaba intranquila, no pensaba en otra cosa, me provocaba muy mal humor. Me desquitaba con nuestra pequeña hija, la regañaba por cualquier cosa y cuando se ponía a llorar le gritaba que se callara. Tenía mucho coraje, muchos celos, incluso angustia.

Nos separamos como cinco veces, pero siempre volvíamos a juntarnos a los tres o cuatro días, con la convicción y promesa de que cambiaría mi actitud, lo cual nunca sucedía, por lo que volvíamos a lo mismo o a una situación peor.

Al reflexionar sobre mi situación, me di cuenta de que mis celos surgían de mi miedo a que me sucediera lo que le pasó a mi madre: mi papá le fue infiel y ella siempre nos dijo que los todos hombres eran así, que no se les podía tener confianza, pues sin excepción en la primera oportunidad te engañaban con otra. Recuerdo a mi mamá tal como me veía con David: reclamándole enojada a mi papá para saber dónde había estado, con quién, haciendo qué cosa, y al final, siempre acusándolo de haber estado con otra mujer. La infidelidad de mi padre y el constante reclamo de mi madre, así como el hecho de habernos metido en la cabeza la idea de que todos los hombres son infieles, nos marcó a mi hermana y a mí profundamente. Yo temía, más bien, estaba segura de que mi marido tarde o temprano terminaría engañándome con otra, así que pensaba: "Antes de que lo haga yo voy a estar detrás de él para darme cuenta y que nunca me pase lo que a mi mamá". Nunca pensé que esa actitud de mi madre fuera a determinar mi relación de pareja.

Nuestro matrimonio no era vida, no vivíamos felices. David me repetía que nos separáramos y yo le decía que no, le prometía que cambiaría, pues pensaba que todo era culpa mía; nunca pensé que David fuera responsable de nada de lo malo que nos ocurría. Sin embargo, él insistía en la separación porque, según él, ya ninguno de los dos íbamos a cambiar y él no era feliz a mi lado.

La dinámica de la relación era realmente insoportable, alguna vez David llegó incluso a correrme de la casa; me decía cosas muy feas, y cuando eso sucedía, o cuando no llegaba a la casa, yo me ponía como loca, me consumía la ansiedad, me agitaba, lloraba y me ponía mal, incluso un poco agresiva —destruía sus cosas— y ya después de un rato me tranquilizaba. Cuando finalmente David llegaba a la casa me daba mucho sueño y dormía profundamente. Al otro día era como si nada hubiera pasado; así estábamos todo el tiempo.

Cuando David se iba tomaba mucho, pues en ese tiempo tenía un problema de alcoholismo muy fuerte, por lo que también sufrí otras cosas con él. Borracho, me golpeó varias veces, incluso antes de casarnos, pero como sobrio nunca me agredió, siempre lo justifiqué culpando al alcohol. Nunca lo dejé porque me pegaba, pues siempre pensaba que ya no lo volvería a hacer, que después de pedirme perdón todo se arreglaría. Lo cierto es que no fue así, de novios me agredió por primera vez y a los quince días de casarnos, me pegó de nuevo, y luego estando embarazada; así estuvimos tres años.

Decidí buscar ayuda en el momento en que me puse a pensar en mí, luego de reflexionar que no me sentía feliz siendo tan celosa. Por entonces David tuvo que irse fuera unos días, y antes del viaje tuvimos una fuerte pelea; como de costumbre yo me puse muy mal y le dije que debíamos separarnos, que nos diéramos un tiempo. Así que esos ocho días que se fue me sirvieron para pensar, aunque más que reflexiva estaba desesperada, dispuesta a lo que fuera por resolver nuestra situación. Quería cambiar por él.

Yo quería ser diferente para que David me quisiera y estuviese bien conmigo, para que la relación marchara en paz; en el fondo yo sentía que todo era culpa mía, por mis celos, por mi afán controlador. Así que tomé la decisión de ir a terapia para cambiar mi forma de ser... todo lo hacía por él, no por mí, yo quería ser mejor mujer para David, alguien con quien él se sintiera feliz. Como es lógico, no tardé en darme cuenta de que para poder hacer un cambio real en mí y en mi relación, mi objetivo tenía que cambiar y dejar de pretender hacer feliz a mi esposo, y así convertirme en una persona con la cual yo me sintiera bien, tranquila, satisfecha, y me permitiera estar contenta. Al principio de mi matrimonio pensaba que podía dejar de ser celosa y controladora con tan sólo proponérmelo; tuvieron que pasar varios años para darme cuenta de que necesitaba ayuda profesional, pues sola evidentemente no podía.

La primera vez que vine a terapia sentía mucho odio y rencor hacia David, incluso alojaba pensamientos negativos sobre él; además, mi autoestima era muy baja. A pesar de que yo me echaba la culpa de lo que pasaba en mi matrimonio por ser muy celosa y desconfiada, en el fondo culpaba a David al pensar que él hacía cosas que provocaban que yo fuera así, poniéndome celosa u obligándome a desconfiar de él. Con la terapia aprendí a aceptar mi responsabilidad en la relación, lo cual me costó muchísimo trabajo, pero gracias a ello pude darme cuenta de mi parte de culpa en los problemas que tenía con mi marido; mi vida empezó a cambiar cuando advertí cómo mis actitudes también desgastaban la relación.

Empecé con terapias semanales que me sirvieron en el proceso de valorarme y aceptarme como soy. Cada ejercicio que revisamos en terapia lo ponía en práctica en mi vida diaria y eso me ayudó a sentirme más segura y tranquila. Al verme al espejo me repetía varias veces: "Soy una mujer que vale mucho y merezco ser respetada". Siempre lo tenía presente, y trataba de cambiar los pensamientos negativos por otros positivos sobre mi persona; eso me funcionó bastante, incluso cuando sentía la ansiedad de llamar a mi marido y saber dónde y con quién estaba: respiraba hondo, inhalando y exhalando rítmicamente, para controlarme.

Leí un libro con cuya protagonista me identifiqué mucho; conforme lo iba leyendo caía en cuenta de que yo me comportaba como ella y esto no me gustó, pues mi comportamiento me impedía ser feliz. Entonces pensé en tratar de ya no ser así, porque cuando eres celosa o controladora al final la que sufre eres tú. Cambié mis pensamientos, me volví más positiva, empecé a quererme más a mí misma. Al eliminar los celos y la pretensión de control, cambió bastante mi vida.

Cuando dio inicio este proceso de mejoría, todo lo que yo quería era que la relación de pareja que tenía cambiara, así que hice muchos esfuerzos por dejar de ser celosa y controladora, y cuando lo logré, me di cuenta de que la reacción de David fue exactamente la opuesta a la de costumbre. Ahora ya no era yo, sino él quien me llamaba para saber dónde estaba y qué andaba haciendo. Aprendí a tenerle confianza a mi marido porque entendí que la desconfianza que yo sentía no era hacia él, sino hacia mí misma. Aprendí a quererme y a valorarme; me dije: "Ya no tengo por qué desconfiar de él, estoy segura de mí misma".

También me sirvió mucho acercarme a mi familia y mejorar mi relación con mis padres, sobre todo con mi papá, con quien experimentaba una distancia muy profunda y dolida, pues en el fondo yo lo culpaba de lo que le había hecho a mi madre y de la desconfianza que ella nos había transmitido hacia los hombres.

Al principio me costó mucho trabajo acercarme a mi papá, pero empecé a hablar con él, aprendí a escucharlo y a decirle lo que sentía y pensaba; todas las cosas que siempre me callé. Con mi madre también hubo un acercamiento importante, le conté todo: cómo me sentía, lo que pensaba y el daño que me causó con sus palabras y desconfianza, con su inseguridad, ésa que sin querer me transmitió y fue la causa de muchos de mis problemas con David.

Mi padre siempre ha sido un hombre callado, así que cuando me empecé a acercar más a él y a decirle cómo me sentía, al principio no respondía nada, sólo me escuchaba. Poco a poco, sin embargo, él se ha ido abriendo también y ha podido decirme cómo se siente, cómo ve las cosas. En mi casa, la mayor autoridad es mi madre, ella dice la última palabra, y yo siempre quise ser así, tal como ella. Mi papá toda la vida cedió a esa situación por la culpa que carga a causa de la infidelidad; por su parte, mi mamá nunca nos permitió acercarnos mucho a él, imponiéndonos un enorme distanciamiento. Sé y entiendo ahora por mi padre lo disminuido que se ha sentido a lo largo de su relación con mi mamá, y la enorme influencia que tuvo esto en su relación con nosotras, sus hijas.

Gracias a que acudí a terapia, me acerqué y hablé con mi mamá también, le confié que estaba en desacuerdo con la forma en que trataba a mi papá, la forma en que lo disminuía. Expresarle eso me hizo sentir muy bien, sentí que me quité un peso enorme de encima y ello tuvo un impacto positivo en mi relación de pareja, pues aprendí a ser más honesta conmigo y con los demás, y a expresar lo que verdaderamente siento. Antes yo me callaba todo, si algo me molestaba o me incomodaba, prefería callármelo, y al guardármelo iba acumulando rencor que después liberaba explotando con mi esposo y nuestra hija. Ahora, si algo de David me molesta, se lo manifiesto, ya no me enojo sino que hablo tranquilamente con él y le comento: "Sabes qué, me molesta esto". Parece sencillo, pero aprender a decir lo que siento sin enojo ha ayudado mucho en este proceso de cambios positivos.

Con respecto a lo espiritual, a partir de que decidí cambiar me acerqué a Dios y aprendí a valorar y a agradecer más lo que tengo. La fe fue para mí muy importante en este proceso, que me cambió la vida totalmente. Todas las noches rezaba y daba gracias por lo que tenía: por la vida. De todo lo difícil que pasé, esa es una de las cosas más importantes que aprendí: a valorar lo que tengo.

Empecé a trabajar en mi proyecto de vida. Tenía muchos planes y gracias a Dios se concretaron todos muy rápido. A partir de que empecé mi proceso de transformación, a cambiar mi forma de pensar, todo lo que antes soñaba hoy se está haciendo realidad, como tener una mejor relación con mi esposo, con mucha mejor comunicación, más confianza. Además, todo lo que siento lo expreso más fácilmente, incluso soy más cariñosa con David.

Ahora le puedo decir "te quiero" a mi mamá o a mi papá; antes, eso me costaba mucho trabajo, me apenaba expresarlo. Con mi hija las cosas han cambiado para bien, igualmente: ahora le tengo más paciencia y disfruto mucho el tiempo que estoy con ella. Antes, por el contrario, mi hija me desesperaba mucho y no le tenía mucha paciencia, me desquitaba de mis problemas con ella, le gritaba a menudo y a veces incluso la descuidaba por andar lamentándome de mi situación y mi terrible relación de pareja. Con David no teníamos realmente momentos para nosotros, nuestro matrimonio era muy monótono, no salíamos juntos y eso me causaba coraje, pero a la vez me pesaba mucho dejar a la nena. Pensaba que si había decidido tener una hija no era para entregarla a una niñera. Ahora ya no es así, cuando estoy con mi hija estoy contenta, disfrutándolo, y también me doy un tiempo para salir con mi marido: vamos a bailar, al cine, a cenar; la pasamos bien y luego salimos con la niña. Ahora tengo una mejor relación con mi marido, con mi hija y con mis padres.

Yo tenía el sueño de seguir estudiando una profesión, pero David nunca antes me apoyó para hacerlo; sin embargo, a partir de que me vio más segura y decidida, se dio cuenta de que con su apoyo o sin él yo estudiaría de todas maneras, por lo cual me ayudó. Fui a sacar mi ficha en la universidad y entré a la escuela, pero al mes me di cuenta de que no me gustaba, así que decidí salirme. Entonces David, preocupado porque la decisión pudiera frustrarme, me trató de convencer para que continuase, pero no, la verdad es que, como se lo expliqué a él, me siento muy satisfecha y ya no me interesa ir a la escuela. Me frustraba no haber estudiado, pero cuando estuve en la escuela me di cuenta de que no me complacía, así que decidí enfocarme más en los negocios, que es lo que realmente me gusta.

Uno de mis sueños era poner un negocio, así que me decidí y puse una tienda de bolsas. David me ayudó bastante y ahora me va muy bien, y eso que el negocio tiene apenas como un mes, pero ya me siento realizada en ese aspecto. Cuando decidí regresar a la universidad, el apoyo de mi esposo también fue sorprendente: él iba por la niña a la escuela y se encargaba de ella, nunca se quejó de que no hiciera de comer porque no tenía tiempo, me iba a dejar a diario a la universidad, nos recogía, regresaba, compraba comida y comíamos. Era tan semejante a lo que antes sólo podía soñar, que a veces no lo creía, pero lo cierto es que es verdad, así ha sucedido: cuando uno quiere cambiar: se puede.

Cuando era más joven mi mamá solía decirme cosas que me hacían dudar de mi capacidad. Nunca olvidaré sus palabras cuando, al salir de la secundaria lista para empezar el bachillerato, me advirtió: "No, no estudies el bachillerato, evita la prepa porque en el bachillerato no vas a poder". Siempre me decía eso de "no vas a poder". A pesar de ello decidí estudiar el bachillerato, pero hubo un tiempo en que me iba a salir porque pensaba que, en efecto, no iba a poder; pero sí pude y terminé ese curso. Antes de que entrara a la universidad y me diera cuenta de que no me gustaba, mi mamá me repetía: "Pero para qué vas a estudiar, se te va a hacer muy difícil, no vas a poder". Siempre es lo mismo con ella, por lo que esa vez decidí mejor ni contarle para que no me desanimara. Esa actitud de mi madre hacia mí me ha afectado muchísimo, pues siempre he tenido una inseguridad terrible de que no voy a poder hacer las cosas, de que no soy capaz. Ahora, al estar casada y no vivir más con ella, he trabajado mucho en revertir esa negatividad, en decirme a mí misma que puedo hacer todo lo que me proponga. Poner mi negocio fue una excelente experiencia en ese sentido, porque me probé a mí misma que sí puedo lograrlo; antes tenía miedo de empezar a trabajar en mi tienda porque no fuera a funcionar, pero pensé que si desde un inicio ya lo estaba dudando, seguramente no funcionaría, por eso cambié mis pensamientos negativos para darme ánimos: "Me va a ir muy bien, me va a ir muy bien". Siempre estoy con eso, todos los días, si no se vende ninguna bolsa, me digo: "Mañana se va a vender", y no me desanimo, aunque la venta esté baja yo pienso: "Mañana va a ser diferente", y por eso me ha ido muy bien, a partir de este año cambió mi vida y todo lo que he deseado lo he podido conseguir gracias a Dios.

La recuperación es un proceso, nunca termina, es un aprendizaje continuo. Ahora me siento mucho mejor que antes, tanto en mi relación de pareja como en la que mantengo con mis padres y mi hija; sin embargo, sigo trabajando en lo que creo que puedo mejorar de mí y, en consecuencia, tener un efecto positivo en quienes me rodean. Lo más importante es haberme dado cuenta de que mi felicidad no depende de los demás, de mi pareja o de mis padres; ahora entiendo que mi felicidad depende de mí.

Recreando escenas de la niñez

Quien no percibió el dolor de mi silencio,
no conoce el corazón de una mujer.

SIMONE

Sin darse cuenta y sin querer, Jessica repitió con su esposo las mismas conductas que su madre mantuvo con su padre. Llegó un momento en el cual Jessica, en su proceso de recuperación, pudo reconocer que buena parte de las actitudes que habían afectado su matrimonio –el ser una mujer obsesivamente posesiva y con un miedo a que su marido le fuese infiel–, eran una repetición de lo que de niña y durante y muchos y largos años vivió. La importancia de reconocer esta situación radica en que, al distinguir que nuestras actitudes no forman parte de nuestra verdadera personalidad, estamos en condiciones de cambiarlas. Darnos cuenta de que tenemos actitudes o hábitos que son aprendidos, nos permite entender que éstos no forman parte de nuestra esencia y, por lo tanto, podemos aprender a actuar de manera distinta.

La idea es dejar de repetir: "Es que así soy yo", pues ese espíritu y manera de pensar matan cualquier posibilidad de cambio.

Pensamientos negativos que contaminan

Cuando uno se golpea fuertemente el dedo, la uña se pone negra, y es fácil ver el daño causado por el golpe. Sin embargo, los pensamientos negativos nos contaminan de una manera que no deja vestigios visibles, pero permanecen ahí. Nuestros pensamientos son tan fuertes e importantes que forman nuestra idea de la realidad. Como lo cuenta en su relato, Jessica solía imaginarse historias de infidelidad constantes, aunque no había verdaderos indicios de que su marido la estuviera engañando con otra mujer. Jessica cuenta que si David llegaba quince minutos más tarde de lo normal, era suficiente razón para que ella pensara que se había ido con otra, y esos breves pero eternos minutos, le servían para imaginarse una historia, con detalles tan convincentes como la propia realidad. Cuando el marido regresaba y le explicaba las razones de su retraso, ella no le creía, pues la historia inventada tenía para ella mucho más sentido que cualquier otra. Por eso, y sin más, lo reprochaba y culpaba, además de recargarse con la rabia y angustia que estas situaciones generan.

Cuando Jessica se dio cuenta de que todos estos pensamientos negativos eran su propia invención, empezó a cambiarlos, con voluntad, por otros más positivos. Pudo, en lugar de imaginarse trágicas historias de infidelidad, decirse a sí misma: "Es un poco tarde, pero seguramente tuvo un contratiempo y pronto llegará; mientras tanto pensaré en otra cosa y jugaré con mi hija." Cuando situaciones como ésta se presentan, lo mejor es ocupar nuestro tiempo y atención en una actividad que nos guste, para evitar la autogeneración de momentos desagradables.

Aprender a controlar la ansiedad

Jessica se hizo responsable de su vida y empezó a controlar su ansiedad cuando dejó de culpar a David por lo que sentía. Ella se dio cuenta de que había muchas cosas que podía hacer para controlar su ansiedad con relación a su pareja y comenzó a disfrutar genuinamente de estas actividades. Además, Jessica descubrió la raíz de su miedo y tomó medidas para sanar su pasado y así poder liberarse de la creencia de que todos los hombres son infieles. Así, con la firme intensión de controlar su miedo y su ansiedad, se empezó a poner pequeñas metas; la primera sería no llamar a su pareja durante un día entero y, cuando lo logró, se felicitó y se preparó para conseguirlo al día siguiente. Así, Jessica poco a poco fue rompiendo el hábito de controlar a su pareja.

Los problemas son de ambos

Al inicio de su proceso Jessica sólo veía que ella estaba fallando en la relación, a pesar de que en el fondo culpaba a David por sus celos y desconfianza. Le costó trabajo darse cuenta de que su esposo, en igual proporción que ella, también contribuía a los problemas. Un tercero, leyendo la historia de Jessica, podría distinguir con facilidad la parte de responsabilidad que les corresponde asumir a ambos, pero cuando es uno el que está envuelto o viviendo la situación, eso mismo puede costar un inmenso trabajo. No examinar de manera ecuánime la responsabilidad de cada quien en una relación, puede resultar en que te sientas por completo culpable de lo que ocurrió, o que guardes mucho rencor culpando exclusivamente al otro. En ambas situaciones, lo mejor que se puede hacer es elaborar por escrito una lista en la cual se anoten los asuntos que corresponde asumir y resolver a cada quien. Lo anterior nos puede dar claridad sobre cómo contribuye cada parte en los problemas que afligen a la pareja.

Sonia

28 AÑOS, ARQUITECTA

Cuando conocí a Rafael me parecía que era una persona muy linda, muy tierna, siempre serio y tranquilo. Desde el inicio creí que era la persona con quien quería compartir mi vida: no tomaba, no fumaba, no era vicioso, no era mujeriego, era muy ordenado; un hombre centrado y ambicioso, algo que siempre me ha gustado del sexo opuesto. Yo lo veía con ganas de comerse al mundo y eso me motivaba a mí a querer comerme al mundo también. Nos casamos y tuvimos una boda preciosa, magnífica, bellísima; fue el cuento de hadas que toda mujer quiere: la ceremonia fue en la playa, sobre la arena, iluminados con antorchas y velas. Hasta entonces Rafael se portaba como un príncipe, como el mejor de los hombres; mis amigas me envidiaban por tener a alguien que me quisiera tanto como él, e incluso muchos decían que se notaba que Rafael estaba más enamorado de mí que yo de él.

Sin embargo, al día siguiente de la boda todo cambió: Rafael empezó a darle prioridad a sus asuntos personales sobre los de la pareja y pronto estábamos muy distanciados, pues para ambos el compromiso de compartir la vida con otra persona claramente significaba algo distinto. Creo que él se casó porque era una etapa de la vida que creía que tenía que pasar, sin obviamente darse cuenta de lo que ello implicaba, y no porque en verdad lo deseara o porque yo fuese la mujer que él buscaba.

Me empezó a hacer menos, a ver menos, a querer menos, y yo, en un intento por darle gusto y obtener su atención y cariño, me esforzaba cocinando cosas ricas para él, o dedicándole mi tiempo a su familia, sacrificando el que antes le dedicaba a la mía; poco a poco dejé de ver a mis familiares, pues pasábamos fines de semanas y fechas importantes con los suyos. Pese a mis esfuerzos, Rafael no me daba importancia ni me prestaba ningún interés, y nuestro distanciamiento era tal que incluso a la hora de dormir cada quien se recluía lo más aisladamente a su orilla de la enorme cama *king size* que compramos cuando nos mudamos juntos. Entonces me di cuenta de que yo me pegaba a mi orilla y que ya no buscaba su cariño, porque ya no lo veía. Él empezó a trabajar los sábados y hasta los domingos; se iba a las ocho de la mañana, regresaba a las nueve o diez de la noche, y yo por tratar de no presionarlo u hostigarlo, no iba a su trabajo. Sí trataba de presionarlo un poco para que comiéramos juntos, dándole lata a las dos de la tarde para ver si podía estar conmigo, pero casi nunca estaba disponible. En consecuencia, la relación sexual se volvió también esporádica: hacíamos el amor una vez a la semana y en algunas ocasiones se sentía forzado, sin ganas. Para entonces yo me sentía muy mal, no sólo por la falta de atención y cariño de Rafael, sino porque tenía mayor necesidad sexual que él; yo no entendía cómo estaba en esa situación, casi rogándole, obligándolo a que hiciéramos el amor, si se supone que el hombre es el que pide más, no la mujer. Cuando yo le decía que quería hacer el amor él respondía que no le gustaba hacerlo por la mañana o encontraba mil pretextos. Hubo ocasiones en que verdaderamente sentía que Rafael estaba haciendo el amor conmigo por obligación, a la fuerza, y eso me hacía sentir terrible.

Me empecé a adaptar a su ritmo de vida, a lo que él quería, a sus necesidades más que a las mías. A él le gustaba el trabajo, el éxito profesional, así que yo le empecé a echar muchas ganas a mi trabajo para resaltar en eso y tener su aceptación. Ahí mi orgullo influyó mucho también, pues yo no soy de las que pido, sino de las que demuestran que pueden. La mayor parte de las cosas en la casa las compré yo. Rafael nunca me compraba cosas, así que cuando había una blusa o bolsa que le gustaba, yo la pagaba, y pese a ello él siempre me reclamaba que andaba desarreglada, por no usar zapatillas o no peinarme. La mayor parte del tiempo yo hacía el intento por ir arreglada, peinada, pero algunas veces, sólo por el coraje que me daba saber que Rafael no se daba cuenta, descuidaba mi arreglo, y todavía así yo me preguntaba, triste: "¿Por qué no me quiere así, fea? y ¿por qué los de afuera así, fea, me chiflan o me dicen algo y a él no le provoco nada?". Creo que me hubiera podido acostumbrar a esa vida y seguir siendo así por años, viviendo llena de frustración y sin el amor que necesitaba, y ser siempre lo último que Rafael le interesaba o buscaba en su existencia.

En su trabajo tenía que viajar frecuentemente, y a veces me invitaba a acompañarlo. Cuando salíamos de comisión era bonito, me gusta mucho viajar, conocer pueblos, el campo y todo eso. Sin embargo, yo sentía que iba no con mi pareja, sino con un desconocido, alguien ajeno. No había caricias, ni abrazos o palabras amorosas como "te quiero"; no había un solo detalle, una mínima señal para que yo pudiera saber que él me amaba; todo lo que había entonces en la relación lo ponía yo. Yo siempre lo traté con mucho cariño, le llamaba "chiquito", "flaquito", y durante mucho tiempo puse sin protestar sus prioridades por sobre las mías. Estaba muy atenta a él y me ocupaba de todo; los fines de semana le preparaba de desayunar, cuidaba mucho su alimentación, trataba de cuidarlo y de hacerle sentir lo importante que era para mí. Por las noches le cocinaba cositas ligeras, calabacitas rellenas y cosas elaboradas como eso; y él me pagaba llegando tarde, cuando ya las calabacitas estaban frías, sin importarle siquiera que me hubiese pasado horas cocinando, hacía que mis esfuerzos culinarios o domésticos se viesen absurdos al lado de sus asuntos.

Llegó un momento en la relación en que me di cuenta de que Rafael ya se estaba cansando de estar conmigo, que no me quería ni era importante para él. Empecé a tener dudas, revisé su celular y me encontré un mensaje que decía: "Hola, bióloga hermosa, buenos días, ¿podemos vernos?" o algo así. Fue como si me echaran un balde de agua fría; me quedé helada, fue terrible, doloroso. Por mi madre, creo ser una persona muy calculadora, pero esa vez tomé la decisión, quizá precipitada, de irme sin pensarlo, sin darme cuenta en verdad de todo lo que dejaba. Ese día me fui de la casa, regresé con mi mamá, y le reclamé a Rafael muchas cosas; él me pidió disculpas, me pidió perdón, pero también me dijo algo que me alarmó un poquito: cuando ya me estaba yendo, maleta en mano y demás, me recalcó que si yo necesitaba algo que me lo buscara sola, que eso era lo que seguramente estaba persiguiendo. Me empujó y me atrancó en la puerta preguntándome si yo buscaba alguien que me dominara, que me tratara así. Me dolió mucho el comentario porque ya había pasado por una experiencia de agresiones que me dejó muy lastimada, y no lo iba a permitir más, ya no iba a tolerar que me pasara lo que en la experiencia anterior, la cual había sido muy humillante... Ese comentario fue el que me dio más fuerzas y ganas para irme de mi casa.

A los tres días me buscó pidiendo disculpas, pidiéndome perdón, diciéndome que era un tonto, pues en realidad no había nada entre la tal bióloga y él, y yo resulté la tonta tragándome el cuento, cuando lo que pasaba era que cada vez que se iba más seguido de comisión y regresaba a las cinco de la mañana porque en realidad se iba con ella. Decidí hablar con la chica, pues creo que las mujeres somos seres superiores a los hombres para entender mejor las emociones, y creo que entre mujeres nos debemos cuidar, apapachar, querer y dar ánimos para salir adelante. Le pregunté si andaba con Rafael y me contestó que no, que entre ellos sólo había una química muy fuerte, pero nada había sucedido. Me dolió mucho porque no habló con honestidad, cuando yo le estaba dando la libertad para comunicarse; yo no le estaba pidiendo nada, ni reclamando nada, ni siquiera le estaba peleando a Rafael, sólo quería que me hablara con la verdad y no lo hizo. Eso me dolió mucho, me da mucha rabia cuando lo recuerdo ahora, y entonces me enfureció. Sin embargo, con la terapia entendí que ella no era quien tenía que darme explicaciones, pues ella no era mi pareja ni con quien yo tenía un compromiso de cariño. Ahora entiendo que no importa si esta chica o veinte más se le desnudaban enfrente; si Rafael no hubiera querido, nada hubiese pasado, pues el compromiso era de él, no de ella.

Luego de muchas excusas de Rafael en cuanto a que no había nada entre él y la bióloga, decidí apersonarme en su trabajo pues empecé a sentir que lo había descuidado mucho. Cuando fui, él no estaba, y mientras lo esperaba en su oficina vi en su *messenger* que hacía horas Rafael le rogaba a esa mujer que lo acompañara a una salida. Los vi regresar juntos. En esta ocasión lo corrí de la casa "definitivamente", saqué todas sus cosas, que no eran muchas en realidad, pues yo había puesto casi todo lo de la casa. Al mes de eso –por influencia de su madre, a quien quiero mucho, y quien me convenció que no tenía nada de malo perdonar a la persona que amas–, le llamé y le dije que lo perdonaba; sin que él me lo pidiera le dije que le perdonaba todo lo que me había hecho, que estaba enamorada de él y que nos debíamos una segunda oportunidad. Para mi sorpresa, me respondió que lo sentía, pero que no quería continuar. Sin embargo, al día siguiente, me llamó y me dijo que lo había reflexionado y él también estaba dispuesto a echarle ganas a la relación una vez más.

Rafael quería que hiciéramos borrón y cuenta nueva, que volviera a la relación entregada por completo, pero en vez de eso, volví con mucha más cautela y prevención. Un día fuimos a una obra que tenía, y aproveché el momento en que él bajó a checar un estanque para revisar su celular. Lo revisé porque pese a que decía que quería regresar conmigo, seguía igual de frío e indiferente. Como lo esperaba, en su celular me encontré con varios mensajes de amor entre Rafael y la otra chica, para enseguida y tristemente caer en la cuenta de que mientras me pedía perdón, Rafael seguía teniendo un romance con alguien más. Me dio mucho coraje, lo golpeé, le estrellé la cabeza contra el carro (no era la primera vez que lo golpeaba). Cuando supe que Rafael seguía teniendo una amante, la rabia me hizo desear lastimarlo, y supongo que él por sentirse culpable, dejó que lo maltratara: lo cargué, lo tiré a la cama y lo azoté muy fuerte; me sorprende la fuerza que tuve.

Al siguiente mes me pidió perdón y yo acepté, una vez más, volver; hicimos un nuevo intento, pero ya no se logró. Yo seguía con mi dolor y mi rabia, sintiendo que moría. Cuando finalmente decidí recurrir a la terapia. Fue entonces, con la ayuda de las sesiones y de los libros que ahí me fueron recomendados, que empezaron a suceder cosas sorprendentes. Descubrí que toda la fuerza que necesitamos está en nosotros mismos. La Biblia lo dice, somos una infinitesimal parte de la grandeza de Dios; así lo tomé y empecé a entregarle a Dios mi dolor con la ayuda de la psicóloga, con la ayuda de mi gente, de los que no me dejaron caer, los que estaban siempre ahí. Creo que me ayudó mucho haber estado haciendo cosas por mí misma cuando Rafael me dejó, y creo que Dios me dio fuerza para ello. Siento, por ejemplo, que si no hubiera estudiado mi maestría me hubiera sentido aún más miserable de lo que me sentía porque él me dejara. No hubiera tenido respuesta a las constantes preguntas que me aturdían: ¿qué soy, qué tengo, qué hago, qué he logrado?, pero al sentirme preparada profesionalmente me respondí: "Estoy cursando una maestría, estoy trabajando, a mis jefes les gusta mi trabajo y lo respaldan". Mis amigos de la maestría, gente que tenía un mes de conocerme, me dieron su apoyo incondicional; no puedes esperar mucho de una persona que apenas conoces y que sólo ves los viernes y sábados, pero me ayudaron mucho; mis amigos que estaban lejos se acercaron y estuvieron conmigo, y los que estaban cerca se acercaron todavía más.

Me abrí con ellos y, a diferencia de antes, que me tragaba mi dolor, ahora lo expresaba y me desahogaba con quien estaba a mi lado. Dejé de guardarme lo que me dolía y empecé a pedir ayuda, a exigir las cosas que necesitaba. Yo nunca antes había demandado lo que necesitaba, pues sentía que la gente debía darme lo mismo que yo doy en las relaciones; creía que esas cosas no se pedían. Ahora veo que la gente a veces no se da cuenta de lo que uno necesita, no sabe de nuestras carencias, traumas o complejos. Siempre me costó mucho trabajo decirle que no a la gente que quiero; siempre respondía positivamente a todo, hacía lo que fuera necesario por satisfacer a la persona amada, aunque eso implicara sacrificar mi parte, de lo cual a veces ni me daba cuenta. Ahora cuento todo a la gente que tengo cerca. A veces, por cierto, pienso que hablo demasiado, pero si antes me frenaba el pensar en "qué dirán", ahora creo que desahogarse con los amigos es lo más tranquilizador del mundo, aunque corra el riesgo de que después alguno de ellos, por enojo, me sacara mis trapitos al sol. Ahora no me importa que mi gente, mis amigos, sepan cosas de mí, pues eso significa que también saben quién soy y cómo soy.

Después de un tiempo, Rafael volvió a buscarme. Precisamente fue una amiga quien lo apoyó y trató de reunirnos. Entonces por un momento pensé que ahora sí regresaría definitivamente con él, pues para mí significaba mucho que él hubiera buscado a una amiga mía, a quien él no conocía, para pedirle un favor así. Pensé que realmente me quería y me necesitaba, pero otra vez me equivoqué. En el fondo, me buscó para reclamarme cosas, para decirme lo presionado que se sentía conmigo, que yo lo obligaba a comer juntos, que yo lo presionaba mucho, en fin, básicamente me decía cosas que evidenciaban que ya no quería estar conmigo.

Un día estaba en casa sintiéndome muy sola y decidí llamarlo para proponerle que pasáramos la noche juntos, en un intento de encontrar una forma de que él se diera cuenta de que yo estaba ahí para él y que lo amaba mucho. Me rechazó nuevamente. Hay pocas cosas más tristes y humillantes que insinuársele a un hombre y que te rechace, que te diga que no quiere nada contigo. Para entonces ya estaba de manera regular en la terapia, y acababa de leer en un libro, *Mujeres que aman demasiado*, que es más fácil esperar que otra persona cambie a que nosotras cambiemos, así que pensé: "¿Por qué obligarlo a que él me quiera? ¡Oblígate tú a dejar de quererlo!", me dije. Decidí entonces forzarme a dejar de pensar en él y de quererlo, de desear que regresara y que fuera como antes; consideré que había llegado la hora de pasar a otra etapa.

En esos días apareció un amigo que había demostrado interés en mí, pero como yo estaba tan metida en mis problemas de pareja, lo último que quería o pensaba era en andar con alguien más. Sin embargo, un día que necesitaba compañía y consuelo, entonces lo llamé. Jaime aceptó encantado invitarme una copa. En el fondo, lo hice para darle celos a Rafael, pero cuando éste se enteró, para mi desgracia, me dijo que estaba bien, que me felicitaba, que me deseaba lo mejor, que mucha suerte, que qué bueno que encontrara a alguien como yo, que le gustaba lo que a mí me gusta y remató: "Tú no eres para mí, yo no te quiero". ¿Sabes lo que se siente que el hombre que amas te felicite por haber encontrado a alguien más? Es horrible, es devastador, no queda más que aguantar, agachar la mirada tristemente pensando: "Era mi otra estrategia para que te dieras cuenta de que estoy aquí, para ti, que te amo y te quiero de regreso". Pero no, ni los celos funcionaron, Rafael me dijo claramente que no íbamos en el mismo barco. Esa noche finalmente salí con Jaime y me alegró bastante con una frase que me gustó mucho: "Yo no voy en el mismo barco que tú, pero por ti me cambiaría". Jaime no vive en esta ciudad, sólo está aquí de manera temporal, pero todo el tiempo me dice que si yo se lo pido él se queda encantado aquí, por mí.

Rafael me volvió a llamar para decirme que quería estar conmigo. Me invitó a que me fuera a la playa con él, a que nos olvidáramos de todo esto y disfrutáramos. Me dolió mucho rechazar la oferta porque yo sí quería ir, estaba deseosa de ir, pero pensé: "¿Cuánto va a durar, dos o tres días para que vuelva a decirme que no, que siempre no, como las veces anteriores?". Así que tomé la decisión de que prefería romperme yo misma el corazón a que lo volviera a hacer él. Le dije que no iba y le pedí a Jaime que le hablara para decirle que éramos novios o que andábamos juntos. Entonces sucedió algo lamentable: Rafael hizo un escándalo, una rabieta; llegó a mi trabajo, me armó un pancho, pero era todo tan falso que yo verdaderamente no entendía por qué lo hacía. Me dolió mucho que hiciera ese escándalo sobre todo porque se notaba demasiado que no era genuino, que era un show montado para demostrar no sé qué cosa; ¿por qué mentir?, pensé, ¿por qué mentir haciendo creer que le importo?, ¿por qué hacer una rabieta tan falsa? Lloraba y sus ademanes eran tan falsos, tan fingidos, tan tontos; todo era verdaderamente lamentable. Para colmo, en ese momento le habló la otra chica, y al colgar me dijo que la odiaba, que ella había hecho que nos separáramos, etcétera. Puras mentiras; me daba hasta vergüenza verlo hacer un papelón; ¿cuál era su intención entonces, humillarme aún más? Me dolió tanto pues no tenía por qué mentir, era la perfecta ocasión para simplemente decirme: "Adiós, hasta nunca, no eres tú la que yo quiero", si ya me lo había repetido tantas veces, para qué seguía lastimándome.

Pasaron los días y ya no supe nada de él, no me buscó, no se comunicó. De todos modos yo ya me sentía muy cansada de la incertidumbre que significa que te digan que sí un día, que sí te quieren y al día siguiente que siempre no, así que busqué una forma de distraerme, de darme gusto, y salí de la ciudad para comprarme ropa. Pedí un préstamo en el trabajo y me fui a otro estado a hacer compras. El principal alegato de Rafael era que yo no me arreglaba, que no me vestía bonito y, en cambio, la otra chica sí: ella usaba tacones, se vestía de traje, siempre bien maquillada y perfumada. La verdad es que es notablemente más fea que yo, pero se arregla más y tiene buena presencia. Fui de compras y Jaime me ayudó, pues fue en la ciudad de donde viene él;

se portó muy lindo conmigo y me dio un beso. No me gusta Jaime, no es el chico delgado y con los ojos hermosos que busco, pero como él mismo me lo dice: "¿Para qué quieres unos ojos hermosos que no te ven?, mis ojos chiquitos sólo te miran a ti". Empecé a salir con él, le he puesto miles de trabas y peros, sin embargo, cuando me doy cuenta trato de remediarlo. En este proceso me he dado cuenta de que siempre encuentro imperfecciones en los hombres con los que he estado; ni el más perfecto que he conocido, en el momento que ha sido mi pareja, se ha salvado de mis críticas y los infinitos "peros" que pongo a toda relación: que si es muy flaco, que si es muy gordo, muy alto, muy chaparro, si no es inteligente, en fin. Nunca son para mí, ninguno ha sido lo suficientemente bueno como para dejar de encontrarles lo malo. Siempre termino cortándolos y luego regresando con ellos; siempre he tenido el problema de decirles a mis novios primero sí, luego mejor no, y al final de nuevo que mejor sí. Con Jaime estoy tratando de remediar eso; él conoce esta situación porque hemos hablado bastante sobre eso, así que cuando algo de este tipo pasa conmigo, me disculpo tan pronto como me doy cuenta, le digo que lo quiero mucho, lo cual es cierto, pero además hago esfuerzos constantes por dejar atrás el juego de empezar y terminar todo el tiempo. No sé si me quedaré con Jaime toda la vida, pero al menos en este momento me está dando afecto y yo le estoy correspondiendo; los dos necesitamos afecto, y si en este momento nos cruzamos y nos damos eso que necesitamos, pues qué mejor; si después nos separamos, es porque no se pudo, y si seguimos juntos, esperemos que sea para bien.

< 184 >

Con Jaime me siento en igualdad de circunstancias, en el mismo nivel, e incluso que él tiene algunas mejores cosas que yo. En cuestión de la construcción, Jaime ha hecho mucho más cosas que yo, por lo que de ninguna manera me atrevería a hacerlo menos en ese aspecto, también está estudiando su maestría, y trabaja para una mejor y más grande empresa constructora que en la que trabajo yo; él sabe lo que es y lo que quiere. Además, Jaime es generoso, gastador, mientras que Rafael era codo, siempre ahorraba en viajes, en comida, en lo que hace buena la vida. Jaime no, si viajamos paga hotel, comidas, viaje; si se compra un perro le compra todo nuevo. Es distinto, pero es una relación entre iguales, o en todo caso una en la cual yo admiro a mi pareja y no intento dominarla, como lo hacía antes.

He tratado de cambiar las cosas que me hacían daño para esta nueva relación con Jaime. Antes, por ejemplo, me costaba mucho trabajo decirle cosas como "te quiero" a mi pareja. No lo hacía por miedo al rechazo, porque ponía a prueba a los hombres para ver cuánto me querían. A Jaime le dije que lo quería mucho desde un principio de la relación, porque de verdad lo siento, le tengo mucho cariño como amigo, porque ha estado conmigo en momentos bien duros, me ha ayudado mucho en mi proceso y en general es una persona valiosa. En esta relación he cambiado también algunas actitudes mías que no me hacían bien, como sentirme rechazada y frustrada porque mi pareja no quisiera compartir todos y cada uno de los momentos de su vida conmigo. Ahora, con Jaime, si a veces no quiere estar conmigo, trato de tomarlo con calma, en vez de hacer todo un show porque me siento rechazada, pues en realidad ya no me siento tanto así. Hace unos días mi mamá tuvo que salir de viaje y había una oportunidad de que Jaime y yo pasáramos la noche juntos, y cuando lo invité me contestó que se sentía mal y que mejor lo dejáramos para otra ocasión. Me imaginé toda una historia de que tenía a alguien más, y por eso no quería estar conmigo, pues me resultaba difícil creer que si estábamos iniciando la relación en el punto en donde te quieres comer al otro en la primera oportunidad, no quisiera Jaime pasar la noche conmigo en mi cama. Sin embargo, pese a mi nociva imaginación, traté de tranquilizarme y le dije: "Está bien, nos vemos mañana", pero antes de colgar le pregunté si no quería una enfermera para que lo cuidara, a lo que contestó que no. En otros tiempos todo eso hubiera sido razón de llanto y desesperación de mi parte, pero ahora me lo tomo con más calma, trato de entender la situación, ya no me parece tan dramático que la otra persona a veces no quiera estar conmigo, y me digo a mí misma: "Ahorita no quiere estar contigo y está bien, tú puedes estar en tu casa sola, te sirve para que te entierres en el sillón a ver una película o a leer un libro; no hay ningún problema, tranquilízate, si él se va y tiene a alguien más te vas a dar cuenta de todos modos, y en tal caso no hay cómo obligarlo tampoco a que quiera estar contigo". Cuando mi pareja me dice que no quiere estar conmigo ya no me lo tomo tan a pecho y aunque me duele un poco, guardo la calma y le doy su espacio. A veces creo que sería bueno poder comunicarle que sí me hace sentir un poco mal o triste el que no quiera estar conmigo. Ahora trato de demostrarle a Jaime que no me importa si no quiere estar conmigo, lo cual tampoco me parece lo mejor, pues creo que es importante que él sepa cómo me siento con respecto a lo que él hace.

A lo largo de mi proceso de recuperación, me di cuenta de que soy una persona bastante depresiva: busco y creo pretextos para deprimirme y si me pasa algo, busco más para escarbarle y enterrarme yo solita; sobre todo me deprimo en el trabajo, cuando siento que no puedo con el paquete. Sin embargo, si lo analizo, me doy cuenta de que mi desempeño en mi trabajo es bueno, que mi jefe confía en mí, me pide mi opinión, que aporte ideas, etcétera. Hace poco me ascendieron a coordinadora y han reconocido mucho mi trabajo, y eso creo que es un logro importante porque soy la única mujer en la empresa. He cometido muchos errores, en lo personal y en lo laboral, pero creo que la clave de la recuperación está en la actitud que tomes ante la vida. Cuando estás bien, las cosas fluyen, todo es orden y gratificación; y cuando las cosas salen mal, lo importante es buscar una solución, encontrar la forma de remediarlas. Así que todo se reduce a la actitud con que uno enfrenta la vida, el trabajo, las relaciones.

Por ahí leí que hay que vivir con tanto amor para que si de casualidad te llevan al infierno, el mismo diablo te mande de regreso. De la misma forma yo trato de ver las cosas de la mejor manera posible, le busco un lado positivo a las cosas que antes ni siquiera me imaginaba existían. Por ejemplo, hay veces que no tengo dinero y pienso: "¡Chin!, no tengo dinero, no me alcanza", pero inmediatamente reflexiono y me consuelo con saber y entender que no tengo dinero porque lo estoy invirtiendo en mi educación y en mi formación, y que eso es lo importante ahora. También me pasa que pienso que Jaime no es guapo y que es medio presumido, cosa que no me gusta nada, pero al mismo tiempo reflexiono y tomo en consideración que además de eso muchas cosas más, como que es muy cariñoso, siempre me toca, me abraza y apapacha; es un amor distinto al que me daba Rafael, que no se interesaba por nada de lo que a mí me gustaba. A Jaime, como a mí, le gusta bailar, ir al cine, pasar el tiempo conmigo sin hacer nada. Lo cariñoso que él es conmigo me ayuda mucho, ha cambiado mi forma de ver las cosas. Creo que la partida de Rafael terminó beneficiándome bastante, pues me hizo una mejor persona, alguien que ve las cosas distinto. Ahora me siento mucho mejor en general conmigo misma, con lo que hago y con lo que soy, de lo que me sentía cuando estaba con Rafael. Por primera vez me estoy valorando genuina y profundamente. Comparo lo sucedido con lo que sucede después de una tormenta: todo es más verde, más tranquilo, hay más luz. Los caminos de Dios son tan inesperados. Una cosa te lleva a otra, y ésa a otra distinta, hasta que no sabes a dónde llegarás. Empecé una maestría para desarrollarme profesionalmente y para no caer en la desesperación, y allí fue como conocí a Jaime; nuestra relación me da mucha felicidad.

Estoy mejor en todos los aspectos, confío mucho en mí, en que puedo hacer las cosas, en que soy fuerte y no me derroto tan fácil, no me derrumban tan fácil. Antes solía hacerme la fuerte, pero en realidad no lo era; fingía fortaleza para ocultar mi debilidad y vulnerabilidad ante las cosas, ante la vida, y eso terminó por resultar contraproducente. Creo que Rafael siempre pensó que yo era más fuerte que él, o superior en algún sentido; varias veces me hizo comentarios como: "Tú deberías ser el hombre en la relación, tú eres más inteligente, más fuerte". Creo que es importante que la pareja sepa lo que sientes, y no mostrarse distinto a como uno es. Sé que debo mostrarme con mis vulnerabilidades y mi fragilidad, que también son parte de mí. Antes yo me hacía la fuerte, pero alojaba muchos miedos, muchas dudas e inseguridades; ahora me siento verdaderamente fuerte, tranquila, he aprendido bastante, he madurado, y aun cuando me siento débil sé quién soy, no tengo nada que aparentar, sé hasta dónde puedo llegar, y le he perdido el miedo a muchas cosas. Por ejemplo, Rafael me ayudó a inscribirme en Hacienda y a hacer algunos trámites que yo no me sentía capaz de realizar; ahora me doy cuenta de que en realidad siempre lo hice todo yo: mi contabilidad y el negocio que formamos juntos. Rafael realmente sólo me ayudó en darme el valor para hacerlo. Ya no siento que necesite de alguien que haga las cosas por mí, ésas que yo creo no puedo o no soy capaz de hacer.

A veces pienso que si mi actitud ante la relación con Rafael hubiera sido otra, quizá nuestro matrimonio no hubiera terminado. Yo siempre lo culpé de todo, pero ahora me doy cuenta de que quizá por hacerme la fuerte, por aparentar algo que no era, alejé a Rafael de mi lado. Sin embargo, también estoy segura que hice todo lo posible por que la relación funcionara, y eso es algo que me deja muy tranquila, pues hice hasta donde me fue posible para retenerlo: darle celos, hacerme la fuerte, esperarlo. Ahora ya no siento odio hacia él por eso, ya no le tengo el rencor que le tenía, la rabia que le tenía, las ganas de verlo para golpearlo. Creo que se me fue el enojo cuando comprendí que en la relación ambos éramos igualmente responsables, y que así como yo él tiene muchas cosas que resolver, y que cada quien hizo lo que pudo como pudo.

Debo reconocer que todavía tengo guardada un poquito de tristeza por todo lo que viví con Rafael. De repente me pregunto con algunos resquicios de dolor: "¿Por qué hacerme tanto daño?, no tenía que hacer tanto daño para irse con alguien más". A la fecha me duele mucho que Rafael me transmitiera su inseguridad; esa tristeza no ha desaparecido completamente a casi un año de la separación, todavía me lamento de repente por lo que no fue, por lo que podría haber sido; estábamos construyendo nuestra casa, todos nuestros sueños juntos, todo podría haber sido ideal, y ahora tengo que volver a empezar de nuevo, desde el principio. Incluso a veces me siento mal cuando digo a mis familiares que mi matrimonio sólo duró seis meses. Sin embargo, aun cuando vienen esos pensamientos tristes a mi cabeza, también tengo otros que los contrarrestan, pensamientos más compasivos en relación con Rafael, a quien tampoco le ha ido bien, tanto en lo económico, como en lo sentimental; creo que tiene muchos problemas que arreglar y que ni siquiera se da cuenta de ellos. Su mamá a veces me llama y me cuenta que Rafael ha hecho mal las cosas, según su juicio, y hasta me ha dicho cosas como: "Está pagando caro lo que hizo". No sé a qué se refiera con esa frase, pero no me gusta pensar que Rafael la está pasando mal por haberme dejado de querer o no haberlo hecho nunca; al contrario, a mí hasta a veces me dan ganas de acercarme a él y recomendarle que busque ayuda, que necesita desahogar todo por lo que ha pasado, que necesita entenderlo y superarlo.

Yo, en cambio, siento que ya encontré la salida, me siento muy bien, aun cuando de repente vienen esos lamentos de lo que no fue, pronto me doy cuenta de que todo lo que viví me sirvió para llegar al momento en el que estoy ahora, en que tengo seguridad de mis fortalezas y claridad sobre mis debilidades.

Creo que muchas de las razones por las que escogí a una pareja como Rafael tienen que ver con mis padres. Con mi papá tengo una relación difícil, pues no ha estado presente en mi vida y siempre me he sentido profundamente rechazada por él. Quizá por eso escogí a una pareja que me hiciera sentir ese mismo sentimiento por el cual tan fácilmente me deprimía antes, ese rechazo que durante toda mi vida me produjo pánico y tristeza. Por eso sufría y todavía siento un poco feo cuando mi pareja me dice que no quiere estar conmigo.

Por el lado de mi mamá es más complejo, pues ella siempre ha estado ahí, tiene una personalidad muy fuerte y siempre nos ha demostrado su seguridad y claridad ante la vida. Ella es muy dominante y da la impresión de que puede con todo, que nada se le atora, que nada la derrumba. De algún modo yo buscaba ser como ella, enfrentarme de esa manera a las cosas que me pasaban y me hacían sufrir, haciéndome la fuerte o superior. Creo que antes buscaba relaciones con personas a quienes yo consideraba inferiores, para poder sentirme la dominante, la que tiene la última palabra, la que lleva las riendas de todo asunto.

Para superar lo que llevo cargando desde mi niñez, trato de entender a mis padres, sobre todo a mi madre, con quien he pasado la mayor parte de mi vida. Como es una mujer muy dominante, aprecio lo bueno que esto conlleva, pero no busco más ser como ella, pues ya no considero que la fortaleza sea por necesidad un atributo positivo, al menos no en todas las circunstancias, no para mí. Ahora soy capaz de pedirle a Jaime que me apapache en un momento en que me siento frágil.

Todos los días hago esfuerzos por mejorar la relación con mi mamá, la entiendo y veo todo el cariño que nos tiene y nos da. A veces me cuesta mucho trabajo reconciliar las diferencias tan grandes que hay entre ella y yo, pero trato de ser tolerante y de poner mis límites. Antes me costaba mucho trabajo decirle que no a la gente, más a ella, pero ahora entiendo que con cariño y comunicación se vale poner límites, pues finalmente uno es el dueño de su propia vida. El amor, el cariño y la admiración que le tengo a mi madre no cambian, pero también soy capaz de ver sus defectos, sus miedos y debilidades. Mi mamá, por su tendencia dominante, siempre ha querido tomar decisiones por mí, que yo haga y me comporte como a ella le parece. Antes me enojaba mucho con ella, por la molestia que me ocasionaban sus comentarios y su actitud; ahora trato de que no me lastimen tanto o de no hacerles caso. No hago todo lo que ella quisiera o lo que le gustaría, sino lo que creo que me hace bien, y trato de relacionarme con ella cariñosamente, de apapacharla, porque siento que ella lo necesita mucho.

Creo que he logrado mantener una relación de respeto y de cariño con ella. Ya no me peleo cada vez que no me parece lo que ella piensa o hace, sino le digo con cariño: "Mamita, hasta aquí llegas tú, y hasta aquí es mi vida, te quiero mucho, te respeto mucho, pero de aquí para acá lo que yo haga con mi vida va a ser mi decisión"; o bien le digo: "Mamita, ya tengo veintiocho años y es una decisión que yo debo tomar, te doy gracias por preocuparte por mí, pero la decisión necesito tomarla yo sola".

He querido buscar a mi padre para hablar y que él me dé su versión de los hechos, por su ausencia y abandono, pero mi tía, su hermana, me aconsejó que no lo hiciera, que dejara las cosas como estaban, que no valía la pena. No lo conozco pero creo que mi papá es una persona un poquito desubicada, y por eso mi tía tiene miedo de que me siga lastimando como cuando lo conocí. Clara y simplemente me dijo: "¿Para qué lo quieres buscar, para que te lastime?, mejor déjalo como está".

Ahora no tengo tanto miedo a la soledad. Justo en estos días ha estado fuera de casa mi mamá, lo cual en otros tiempos me hubiera hecho sentir terriblemente sola; estaría buscando quedarme con mi hermana o con quien fuera, desesperada. Sin embargo, ya van dos noches que duermo sola, dos días que estoy sola y me siento muy bien, es más, creo que si mi mamá se fuera otra semana no habría ningún problema. Siento que estoy asimilando mejor la soledad y la vida en general, y creo que se lo debo a haber encontrado la fuerza interior, que nos hace movernos, cambiar, vivir, y que equivocadamente muchas veces buscamos en alguien más, cuando esa fuerza siempre late fuerte dentro de nosotros mismos.

Amor de novela

Como el amor, por ejemplo: o lo sientes, o no hay fuerza en el mundo que consiga provocarlo.

COELHO

Cuando Sonia se casó sentía que había encontrado al príncipe azul que la iba a proteger de los dragones y con quien iba a vivir un final feliz. Debido a eso fue doblemente difícil encontrarse con la realidad de que su esposo, poco tiempo después de la boda, se alejó de ella y se enamoró de otra mujer. Este caso nos habla de lo importante que es comenzar cada nueva relación con los ojos bien abiertos, es decir, poniendo atención a lo que dice nuestra intuición, a las señales que nos muestran cómo es y qué le está sucediendo a la otra persona. De ahí la importancia de tomarnos el tiempo para conocer a la otra persona y dejarnos conocer, para poder comunicarnos; más aún cuando sentimos un cierto alejamiento o si hay algo que nos preocupa, molesta o incomoda de la relación.

También es importante que, tal como lo hizo Sonia, analicemos cómo se ha desarrollado nuestra relación hasta llegar a la ruptura, para poder identificar cuál es la responsabilidad de cada quien en el rompimiento. Sin embargo, es igualmente importante definir hasta qué punto uno puede o no afectar las acciones o las decisiones de otro... En otras palabras, y aterrizándolo en el caso de Sonia, es esencial que en este reparto de responsabilidades no tomemos el hecho de que alguien nos es infiel, como una confirmación de que fallamos como pareja o como mujer.

Luego de su proceso de recuperación, Sonia pudo ver a Rafael como un ser independiente, con sus propios problemas y asuntos que resolver. Si Rafael decidió irse con alguien más, si sentía una atracción o amor por alguien más, fue por decisión suya, no un reflejo de que lo que Sonia le daba era insuficiente o insatisfactorio.

Incluso la manera en que Rafael reaccionó a la situación –optar por un engaño en vez de comunicar con sinceridad lo que le sucedía– no reflejaba si quería y respetaba o no a Sonia, sino más bien problemas que tenían que ver con su propia historia, costumbres y miedos. A veces tomamos las actitudes del otro muy personalmente, pues pensamos que la gente actúa en función nuestra, en lugar de ver las acciones del otro como patrones de comportamiento que llevan acarreando desde hace mucho tiempo y que no necesariamente reflejan el cariño que esa persona nos tiene. Podemos querer mucho a alguien y al mismo tiempo herirlo o herirla, no por falta de amor, sino por la dificultad de cambiar los hábitos nocivos que hemos acarreado a lo largo de toda una vida.

No escapar de la soledad

Durante su proceso, Sonia aprendió a estar sola, y al afrontar su miedo a la soledad se dio cuenta de que era mucho más fuerte y valiente de lo que ella hubiese imaginado. A veces nos cuesta trabajo considerar la idea de realizar solas ciertas actividades que estamos acostumbradas a que hagan por nosotras o realizarlas en compañía. Por ejemplo, aunque no estemos acostumbradas a hacerlo, podemos ir solas a tomar un café, hacer una salida al campo o realizar un viaje lejos de nuestra ciudad de origen. Esto nos permite desarrollar nuestra capacidad de disfrutar la vida y, al mismo tiempo, conocernos a nosotras mismas.

Más fuerte de lo que piensa

En el momento más difícil de su proceso, Sonia se conectó con su fuerza interior y con el poder divino. Está documentado que los toltecas[3] practicaban la *teomanía*, algo que se conoce como "conectar con la fuerza divina dentro de uno". En términos simples, "la *teomanía* es el acto de calmar la mente y entrar en un estado meditativo donde se disuelve la sensación de que estamos separados de dios". Con la práctica de la *teomanía* nos unimos con la presencia de la energía divina que siempre nos rodea.[4]

El dolor indispensable para hacer cambios

Es frecuente que, cuando atravesamos una situación muy difícil y dolorosa, sea el mismo dolor el que nos impulse a hacer cambios para nuestro bien. Los toltecas llamaban Xólotl a la deidad del inframundo. Para los iniciados en la *toltequidad*,[5] la representación del inframundo era un lenguaje simbólico que reflejaba un estado del alma que debe-

---

3   Se usa aquí la palabra tolteca en el sentido histórico refiriéndonos a los habitantes de Teotihuacán y Tula del México prehispánico. La cultura tolteca fue la más desarrollada de Mesoamérica. Víctor Sánchez, *The Toltec Oracle*, Bear and Company, 2004.

4   *Vid.* Víctor Sánchez, *op. cit.*, p. 55.

5   La sabiduría que los toltecas desarrollaron se refiere a la *toltequidad*. *Vid.* Víctor Sánchez, *op. cit.*

mos saber afrontar: "La muerte y el entrar al inframundo deben ser entendidos en este contexto como una metáfora de una situación en la cual no usamos nuestra energía para lo que nos da la vida, sino para lo que mata el espíritu. Al fallar nuestro más grande propósito en la vida y al usar nuestra energía en contra de nuestro propio espíritu, provocamos un proceso similar al de la muerte y resulta en un viaje por el inframundo".[6] Cuando asumimos la responsabilidad de nuestra vida podemos salir de allí, y esta salida depende de nosotros mismos.

---

6 *Vid.* Víctor Sánchez, *op. cit.*, p. 248.

Brenda

43 AÑOS, SECRETARIA

Mi autoestima andaba por los suelos, sentía que la vida no valía nada, que nadie me comprendía ni me quería y estaba completamente sola. Un día iba caminando por la calle muy triste y pasé por una pastelería en donde había un letrero del grupo de mujeres. Justo ese día acababa de terminar una relación con una persona con quien había durado cerca de un año. La relación terminó pues él me confesó que había embarazado a otra chica.

No llevaba mucho tiempo con Jorge, pero estando con él yo me sentía súper bien, era algo nuevo para mí, una experiencia muy padre que me tocó vivir. Desafortunadamente, no nos veíamos muy seguido porque él vivía en otra ciudad. Los fines de semana yo iba a verlo o él venía, nos turnábamos, pero había veces que pasaban quince días y por algún motivo, cuestiones de trabajo, familiares o alguna otra causa, yo no podía ir o él no podía venir. Supongo que fue en esos lapsos que conoció a otra mujer, de la cual yo nunca supe nada, hasta el día en que Jorge no se sintió con ánimos para callárselo más y me lo confesó. Me dijo que había sido un momento de debilidad, que salieron a tomarse unas copas, una cosa llevó a la otra, y resulta que a los quince días ella lo buscó para darle la noticia de que estaba embarazada. Cuando él me lo contó me sentí morir, sentí que el mundo se me venía encima y todo lo que teníamos juntos se derrumbaba; percibí que la imagen ideal que yo me había formado de Jorge, y de la cual me había enamorado, se hacía pedazos; creía que el mundo se terminaba en ese momento.

A pesar de que yo no sabía nada sobre el romance de Jorge, había señales que delataban que andaba con alguien más. En el fondo una se da cuenta de esas señales, pero se hace tonta. Por ejemplo, sus cambios de actitud hacia mí, de vernos cada vez menos y siempre porque, justificaba, estaba "muy ocupado", o "con mucho trabajo", o cualquier pretexto de esos. Yo me daba cuenta de que algo pasaba pero trataba de no tomarlo en serio. A lo mejor, pienso ahora, era una forma de esconder ese miedo a sufrir, ya que presentía que me iba a dejar. Esa idea siempre me había causado angustia, pues desafortunadamente tendía a tener una profunda dependencia emocional con mis parejas. Sufría mucho por perder algo que yo creía mío, cuando en realidad nadie es de nadie. Jorge no era la excepción. Sentía que no podía estar sin Jorge, así que trataba de no darle importancia a las señales de su infidelidad. La realidad es que yo en ese momento no quería aceptar que algo estaba pasando, por eso traté de no darme cuenta o hacer como que no me percataba, pero cuando me lo confesó todo, me dije con tristeza: "Todo lo que yo presentía era cierto". ¡Qué duro se siente!, ¡qué fuerte! Es una sensación de que todo se derrumba, que te precipitas irremediablemente en caída libre y el horizonte es oscuro e incierto, sientes que nunca vas a salir de ese hoyo donde te has sumido.

Cuando llegué al grupo, iba buscando que alguien me dijera cómo solucionar mi situación con una fórmula secreta o una varita mágica que esfumara todo mi sufrimiento. Pronto me di cuenta de que no existe tal cosa, y que para sanarse o transformarse, para tener una vida más plena, es necesario pasar por un proceso de reflexión y aprendizaje, compartir experiencias, escuchar y comunicarse. Para mí, lo primero fue sacar todo lo que traía dentro: mi mala experiencia, los sentimientos encontrados de tristeza, angustia, soledad, todo lo que me lastimaba lo saqué ante el grupo. Saber que alguien me escuchaba me hizo sentir de algún modo liberada, sentía que al menos había quien me podía dar unas palabras de apoyo. También escuchar a las demás compañeras me tranquilizaba, pues de pronto había casos mucho más graves que el mío y, pese a ello, ahí estaban esas mujeres afrontándolos y saliendo adelante; eso me daba fuerza, pues pensaba que si ellas podían con tan tremendas situaciones, yo podría más fácilmente con lo mío, que era algo mínimo en comparación.

Cuando empecé la terapia me sentía sin ánimos para nada, había perdido interés en todo… Sin embargo, desde la primera vez que llegué al grupo me decidí a continuar la terapia. Así fui por segunda vez, y luego a la siguiente sesión, hasta que me di cuenta de que algo bueno me estaban aportando las reuniones y, con el tiempo, llegaría a estar en la etapa en que veía a varias mujeres del grupo, quienes habían pasado por largos y dolorosos procesos de recuperación ya se sentían plenas y seguras.

En mi proceso, de lo primero que me di cuenta fue que en realidad para Jorge yo fui un pasatiempo. Él tenía igual o menos claridad que yo sobre lo que quería y sentía, además de que también traía muchos problemas, que en algún momento incluso intenté resolver, porque yo quería darle todo, sin pensar en mí. Al analizar a fondo su caso descubrí que él era de esas personas que cuando se enamoran de alguien ahí están, pero si otra mujer les llama la atención, fácilmente se olvidan de la primera y se van con la otra; me doy cuenta de que él no pretendía cambiar de comportamiento.

Y también me percaté de la importancia de preguntarme lo que quería y lo que sentía por Jorge, y descubrí que yo estaba muy enamorada de él, pues lo consideraba un hombre magnífico y cuando estaba con él me sentía muy bien. Pienso que viví lo que tenía que vivir, el hecho de que se acabara la relación no quita lo mucho que la disfruté en su momento. Me doy cuenta de que Jorge me quiso a su modo, no de la forma en que yo esperaba; yo deseaba que estuviera conmigo todo el tiempo, que me apapachara, me hablara, estuviera pendiente de mí y muchas otras cosas más.

Ahora entiendo que todos queremos de diferente manera o, al menos, vemos de diferente manera las mismas cosas; por eso es importante saber lo que cada uno quiere, comunicarse y entenderse. Para mí una relación debe ser recíproca, de apoyo mutuo, de comunicación. No era así con Jorge, más bien al contrario, cada quien iba por su lado, con vidas separadas, aunque yo trataba de que las cosas funcionaran entre nosotros, resolviéndolo todo, jugándomelas todas. También me doy cuenta ahora, cuando analizo la situación a la distancia, de que todos vemos y hacemos las cosas de diferente manera; quizá, para mí, que mi pareja no se quitara su suéter para ofrecérmelo en un día lluvioso era una descortesía, pero tal vez para él simplemente era algo que no hacía por costumbre o porque no le parecía necesario. Es por eso que es importante comunicarse con el otro, platicar y manifestar lo que piensas y sientes para ser correspondida en el mismo sentido.

Por lo general no reprimo mis sentimientos, si alguien me cae bien se lo demuestro, ya sea un amigo, una amiga, una señora o un señor; si siento algo especial por esa persona se lo hago saber. No me gusta reprimir sentimientos, así que en mi proceso también he aprendido a expresar lo que no me parece de los demás. Si me encuentro en una situación en la que siento que alguien me está ofendiendo no se lo digo directamente para no lastimarlo, pero sí le expreso que pienso que las cosas no son así, o que deben ser de este otro modo por tal o cuál razón. Trato de comunicarme y al mismo tiempo de entender a la otra persona, lo que tiene dentro, por qué es como es, etcétera. Muchas acarreamos problemas desde hace bastante tiempo, y no hemos podido salir de ellos porque no hemos querido, porque estamos acostumbradas a vivir en esas circunstancias y siempre resulta más fácil conformarse que cambiar, pues decidimos: "Aquí me quedo, aquí estoy bien". En el fondo esperamos, sin embargo, que llegue alguien a cuidarnos y salvarnos de nuestros problemas, cuando nadie más que nosotros mismos puede hacerlo. Todo esto lo he aprendido con el tiempo, luego de mucho escuchar, de mucho reflexionar. Conocer las experiencias de otras mujeres me ayudó enormemente, así como también comprender por qué las personas nos comportamos de cierta manera.

Mi autoestima se fue recuperando poco a poco, sobre todo gracias a que comprendí por qué me dejaban los hombres, pues no me explicaba por qué si yo me daba completa, de todos modos se iban (hace doce años, el padre de mis hijos decidió irse).

Me di cuenta de que yo buscaba el cariño del padre que nunca tuve. Mi padre murió cuando yo estaba recién nacida, así que nunca gocé de su cariño, de alguien que me apapachara, que me dijera: "Te quiero, estoy contigo, échale ganas". Por eso, yo estaba dispuesta a aceptar cualquier cosa en mis relaciones de pareja con tal de que los hombres no se fueran de mi lado, con tal de que siempre estuvieran ahí, aunque me dijeran mentiras, aunque me citaran a una hora y llegaran a otra o que simplemente no llegaran, porque sentía que no podía estar sin una pareja.

Terminé con esa dependencia emocional gracias a que en el grupo escuché varias historias que reflejaban lo que yo había vivido, con las cuales me identificaba, y que me hacían comprender, al ponerme en los zapatos de otra, que yo no estaba bien, pues debía valorarme a mí misma, como mujer, como persona, como ser humano que siente y piensa. También me ayudó darme cuenta de que no todo tiene que ser como yo quiero, pues antes mi frustración era enorme por eso, al esperar que me quisieran como yo quería y, al no suceder esto, me sentía traicionada. Ahora veo las cosas con otros ojos, como alguien me advirtió alguna vez cuando yo sufría por Jorge: "Nadie te ha traicionado, simple y sencillamente él ya no quiere estar contigo y se va porque no se siente a gusto contigo, porque le llama la atención otra persona; por su reacción tú te sientes traicionada, pero no es así y eso tienes que entenderlo". Lo entendí al fin, y acepté que Jorge se había ido porque se cansó de estar ahí, no por mi culpa, sino simplemente porque ya no quería estar en esa relación. En ese caso no hay nada qué hacer, porque no se puede obligar a nadie a que permanezca a tu lado; entonces, reflexioné, si no puedo obligar a una persona a estar conmigo, ¿para qué la quiero a mi lado?, ¿de qué sirve forzarla a que me quiera cuando en realidad no siente nada, o al menos nada como lo que yo siento? Estoy aprendiendo a distinguir entre un cariño sincero y un deseo de pasar el rato. Al mismo tiempo estoy aprendiendo a darme mi lugar, a valorarme, quererme y apoyarme.

Una vez que empecé a comprender y aceptar muchas cosas de mi forma de relacionarme en pareja, también descubrí que tenía muchos intereses y ganas de hacer cosas que antes, por dedicarle toda mi atención y tiempo al otro, no hacía. Pensé en lo importante que es hacer las cosas que yo deseo, dedicarme tiempo y no privarme de hacer algo porque existe otra persona que abarca todo mi tiempo o necesita que siempre esté con ella.

Empecé a ir a clases de teología, porque este conocimiento siempre me había llamado mucho la atención; dediqué más tiempo a la lectura, que me gusta mucho; empecé a bordar, a tejer; me entretuve llenando mi tiempo con actividades que me agradaban, y no para evadir lo que me pasaba, sino todo lo contrario, para afrontar mi situación de una manera más entera, más fuerte. Esas actividades eran para mí como una terapia que me hacía sentir bien, podía relajarme, escuchar música tranquila, salir a caminar, oír el canto de los pajaritos, ver a los niños jugando en el parque. Todas esas cosas simples y sencillas me empezaron a resultar muy gratificantes.

En mi proceso también fue fundamental asumir mi responsabilidad en la relación con Jorge. Dejé de culparlo, asumí mis errores y le dejé los suyos a él; será su responsabilidad asumir lo que le corresponda, si lo hace o no es su problema, no el mío. Ya no me siento culpable de que no funcionara la relación, porque entiendo que se vale que Jorge haya tenido otros intereses y yo no formara parte de su plan de vida. Salí de ese lugar donde yo estaba dando vueltas y vueltas cuando lo culpaba a él y no aceptaba lo que pasó. Esto último no tenía caso, pues yo me estaba desgastando y él feliz de la vida. Cuando entendí eso, también decidí dedicarme a hacer las cosas que a mí me gustaban, llevar a cabo cuanto tenía planeado y tratar de disfrutar de todo: de mi tiempo, de mí misma, mi familia; en fin, hacer cosas que me llenaran y me hicieran sentir bien sin depender de alguien más.

Hace un año conocí a una persona y empezamos a salir, nos gustábamos y aparentemente todo iba bien, pero entonces algo diferente sucedió conmigo. Yo me sentía en verdad muy bien con este hombre, y la relación en general funcionaba; él se estaba divorciando, tiene tres hijos, así que pensábamos formar una familia. Sin embargo, en algún punto antes de empezar a vivir juntos, me dijo que quería que yo dejara mi trabajo y me dedicara exclusivamente a la familia. Enseguida me opuse a esa propuesta porque tuve muy claras las cosas. Le dije que de ninguna manera dejaría mi empleo, no sólo porque tengo un hijo que depende enteramente de mí, sino porque nunca había dependido económicamente de nadie: no estoy acostumbrada a estirar la mano nada más para que me den dinero.

En otro tiempo a lo mejor hubiera aceptado sin pensarlo siquiera, con tal de darle gusto y para dedicarme en cuerpo y alma a mi hombre y su familia; ahora ya no, a estas alturas no tengo necesidad de sacrificar mi trabajo, mi libertad, por una relación que implica sacrificios en vez de beneficios. Así que en esa ocasión le dije a esa persona: "Lo siento, te quiero mucho pero no voy a dejar de trabajar, porque no quiero ser esclava de nadie". No sé cómo lo tomó, sólo me dijo: "Está bien, no te voy a obligar", pero nunca dejó de insistir en el punto, hasta que un buen día hablé con él y le dije que prefería una buena amistad a una mala relación, y que mejor cortáramos por lo sano: "Tú sigue tu vida, yo sigo la mía. Si hallas a otra mujer que acepte lo que tú quieres, me daría mucho gusto por ti". Y sinceramente me daría mucho gusto que él encontrara una persona como la que espera, porque esa persona claramente no soy yo. Supe que si aceptaba su propuesta para complacerlo, en el futuro se lo iba a reprochar. A veces lo extraño, pero me siento tranquila porque tomé la decisión correcta para mi vida.

Trabajo con un ingeniero que se dedica a asuntos de señalamiento vial, semaforización y todo eso. Para mí son todas cosas nuevas que estoy aprendiendo y no esperaba asimilar tan pronto. Me gusta mucho mi labor y me siento muy bien ahí, así que con mayor razón no iba yo a dejar de trabajar por agradar a una persona que quería. Ahora analizo mucho las cosas, mis relaciones, antes de tomar una decisión; con este señor así lo hice, y me di cuenta a tiempo de que para él es muy importante que la mujer se quede en casa y no trabaje fuera, pues tiene la absurda idea de que las mujeres con empleos engañan a sus maridos. En el pasado él vivió una experiencia de este tipo y se quedó con esa idea, además de que fue educado de manera muy conservadora, entre otras cosas. Al darme cuenta de esto, pensé que sería imposible tener una relación con él pues nunca entendería mi vida, mi trabajo, en donde a veces tengo que salir tarde o incluso de viaje por algunos días.

Ahora llevo un año sintiéndome tranquila, sin presiones, sin la preocupación de carecer de pareja, y en cambio, con grandes satisfacciones personales en mi nueva existencia . Porque antes no tenía realmente vida propia, intereses propios, más bien mis intereses se reducían a lo que mi pareja en turno quisiera o fuera. Mi dependencia emocional hacia el hombre era tan fuerte que, siempre que concluía una relación, enseguida buscaba otra, por lo regular peor, pues evidentemente no estaba en condiciones de establecer buenos y sanos vínculos de pareja. Por eso iba de una pareja a otra y cada experiencia resultaba peor que la precedente.

Ahora que vivo sola estoy muy bien; no tengo pretendientes ni hay alguien que me llame la atención; amigos siempre he tenido, pero ya llevo un año sin pareja y a veces me sorprendo a mí misma porque es la primera vez que llevo tanto tiempo sin la compañía de un hombre. Estoy sola en el sentido de que no tengo compañero, pero no me siento sola, hay chispazos, momentos en los que digo: "Chin, no tengo a nadie", y en esos momentos lo que hago es ponerme a pensar en todo lo que he vivido, las cosas buenas que me han pasado (los momentos dolorosos no me gustan recordarlos, prefiero acordarme de las cosas buenas que he vivido en pareja, con mi familia, con mis hijos). La mayor parte del tiempo disfruto la carencia de pareja, sobre todo cuando convivo con mis hijos y mi nieto, que son mi vida entera. Ahora, un fin de semana me voy a ver a mi hijo, el otro fin de semana visito al otro, o viene alguno a verme, a veces vamos a algún lado y la verdad es que casi no tengo tiempo de sentirme sola. Cuando me entran las ganas de estar en pareja, de ir con alguien al cine, a bailar o simplemente a platicar, lo que hago es ponerme a leer, escuchar música o algo más que me guste hacer.

El tener o carecer de pareja ya no es algo que me presione; trato de llevar una vida tranquila, precisamente para no pensar en cosas negativas, sino mejorar día con día, aprender cosas nuevas. A veces me digo: "Si llega alguien, llegará, y si no, no hay prisa." Ahora ya no me siento ni triste ni deprimida; hay momentos en los que me siento tristona, o sin ganas de ir a trabajar, como cualquier ser humano, pero son minutos, ya no es como antes, que eran semanas o meses de estar deprimida, llorando, pensando qué estaba haciendo el otro, por qué me dejó, por qué me hizo esto, por qué no hice aquello. Ya no.

A raíz de lo que me pasó con Jorge y que entré al grupo de terapia, mi vida cambió bastante en muchos aspectos, no sólo en cuanto a mi pareja, sino en relación con la vida en general. Antes me costaba demasiado trabajo aceptar que las cosas no salieran como yo esperaba, me frustraba fácilmente; pero ahora me tomo todo con más tranquilidad, ya no tan aprehensivamente. Cuando entré al grupo, hacía muchos años que no lloraba. En mi casa me educaron para no llorar; cuando era chica mi mamá siempre nos decía: "No llores, guárdate esas lágrimas para cuando yo me muera, no tienes por qué llorar". Por eso yo nunca lloraba, reprimía ese sentimiento y me aguantaba, haciéndome la fuerte. En terapia aprendí a llorar, pues entendí que es algo natural, sano, importante para desahogarse, para expresar nuestros sentimientos. Así, el grupo me ayudó a liberar esa carga que traía dentro y dejarla fluir, a permitir que saliera todo lo que yo sentía.

Fue con un ejercicio en el cual teníamos que agradecer a nuestros padres por cuanto nos habían dado, que me empecé a soltar. Para mí fue difícil porque yo no conocí a mi papá, y mi madre siempre me habló mal de él, de lo mal que se había portado con ella y con nosotros. Por eso yo siempre le tuve un profundo resentimiento sin siquiera haberlo conocido, además de que su ausencia afectó mucho la forma en que yo entendía las relaciones de pareja, y sobre todo me infundió la idea de que los hombres siempre terminaban marchándose. Con las dinámicas me fui soltando, aceptando, entendiendo, perdonando, llorando, para poder desahogarme completamente.

Ahora no me reprimo, si quiero llorar lloro y me enojo si lo deseo; cuando me enojo expreso esa molestia, ya no me la guardo. Por ejemplo, la última pareja que tuve se refería a su ex esposa como "mi esposa" y se la pasaba hablando de ella, hasta que le dije: "Ella ya no es tu esposa, si quieres estar con ella, regresa, pero no me la menciones a cada rato, basta, ya te escuché, ya me contaste, déjalo por la paz o, si la extrañas y quieres estar con ella, háblale y regresa con ella, por mí no te preocupes". Con esto, dejó de mencionarla en mi presencia.

A veces me sorprendo a mí misma, pues ahora expongo lo que no me gusta y lo expreso de frente, dando razones de mi desagrado. A aquel señor también le sorprendía mucho que yo fuera así, pero siempre fui lo más auténtica y sincera posible para que supiera quién soy y cómo soy, que cuando algo no me gusta lo digo, y que por lo general no reprimo mis sentimientos y expreso las cosas, aunque al otro le moleste o no le parezca. Ahora entiendo que ése ya no es mi problema; si me entienden qué bueno; si no, ni modo, pero yo expreso mis motivos y razones.

Hay momentos en que me deprimo por cualquier motivo, pero ahora trato exitosamente de que no me dure mucho tiempo. Lo que hago es pensar en las cosas buenas que me han pasado, para que eso me ayude a darme ánimos; pienso en los logros que he tenido tanto en mi empleo como en mi vida personal, con mis hijos, con la familia; así, el momento de depresión se vuelve pasajero. Hace como una semana amanecí sin ganas de ir a trabajar: físicamente me sentía mal, me dolía la cabeza, me dolía el cuerpo, y pensé que podía ser la pre-menopausia. No tenía ánimos para nada, pero me fui así a trabajar, pese a que tenía la intención de pedir permiso y no ir en la tarde. Sin embargo, salí a comer y me puse a pensar que no tenía caso regresarme, que sola y aislada me deprimiría aún más, así que empecé a pensar en mi nieto, me acordé de su sonrisa y, como por arte de magia, regresé con más ánimos a trabajar, más tranquila, descansada, y cuando llegué a la casa dormí en calma hasta el siguiente día... Sentirme deprimida fue entonces cosa de horas, no como antes, que duraba días sin ir a trabajar porque me decía y me sentía enferma, sin ánimos de leer ni de nada; eran depresiones muy fuertes porque duraban mucho tiempo, me dejaba caer y estaba ahí: hundida, cada día me iba hundiendo más y más porque no buscaba la salida, pues esperaba que alguien llegara a resolverme el problema.

Tener fe me ha ayudado mucho: pensar que detrás de todo lo difícil hay algo bueno. Así lo siento y lo creo, tanto que ahora, mirando mi caso a la distancia, me doy cuenta de que de casi todo lo difícil suele resultar algo bueno, tal como ocurrió después de mi ruptura con Jorge: conocí gente interesante, hice más amistades, pero sobre todo, aprendí muchas cosas: aprendí acerca de mí, sobre mi vida, cómo disfrutarla y estar contenta con ella.

Diferencias en la forma de querer

Te amaré en lo profundo.
Te amaré como tengo que amar.
SILVIO RODRÍGUEZ

Solemos tener nuestra lista de cosas de cómo nos gustaría y esperamos recibir amor de otra persona. A veces pensamos que si la otra persona nos ama, nos lo tiene que demostrar de una determinada forma, a nuestro modo. No es así, y hay que ser cauteloso con ese tipo de exigencias. Cuando comparamos nuestra lista con la conducta de nuestra pareja y no hay coincidencias, entonces pensamos que no hay amor, cuando en realidad cada quien tiene una manera diferente de demostrar afecto, dependiendo de su forma de ser, de su historia de vida y su cultura. Es frecuente que nos encontremos sufriendo porque no recibimos las demostraciones de cariño que esperamos recibir de los demás, especialmente de nuestra pareja. Por eso, y como lo expone Brenda en su relato, es fundamental comunicar lo que uno piensa y siente con respecto al otro. Incluso Brenda formula un ejemplo muy ilustrativo sobre la importancia de comunicarse en la pareja para evitar malos entendidos como eso de si un chico no le ofrece su suéter a una chica cuando está lloviendo. Esta clase de gestos pueden no tener nada que ver con la calidad ni cantidad de afecto que haya involucrado, sino con razones culturales o antecedentes vivenciales del otro.

Como es evidente, decir y comunicar nuestro sentir a la pareja no significa que el otro vaya a cambiar, pero verbalizar nuestros sentimientos puede aliviarnos si la estamos pasando mal, además de que eso ofrece un espacio al otro para aclarar o dar una explicación, si es el caso. Es muy común que mal interpretemos acciones que quizá para el otro resultan insignificantes, como el hecho de pensar, por ejemplo, que si tu pareja no te besó al llegar a la casa significa que entonces ya no te quiere, cuando quizá para el otro el mismo hecho carece de toda importancia. Con frecuencia también escuchamos a la gente decir: "Si te quisiera no te trataría así", cuando en realidad no es un asunto de amor, sino de otras cosas. A lo mejor nuestra pareja nos quiere mucho, pero su inseguridad o forma de ser, traumas y demás, hace que cuando se enoje diga cosas muy hirientes o su miedo le impida darnos nuestro lugar delante de su familia. Podemos poner límites a situaciones que nos desagradan, y al mismo tiempo analizar los motivos sin asumir apresuradamente que es un problema de falta de amor.

Entender al otro

La compasión hacia el otro nos puede ayudar a disminuir el enojo o dolor que podemos tener si sentimos que alguien nos lastimó o nos trató de una manera que consideramos injusta. Si pudiéramos ver la película de la vida de la otra persona seguramente terminaríamos llorando al conocer todos los momentos difíciles por los que ha tenido que pasar y lo que ha sufrido.

Los sentimientos de compasión nos permiten entender a la pareja y tomar de manera menos personal las acciones o palabras ajenas que nos hieren.

Agradar al otro

Brenda cuenta que durante mucho tiempo sentía que para poder mantener a alguien a su lado tenía que aguantarle todo. Ella callaba ante las cosas que no le agradaban o que no le parecían de su pareja, y en cambio buscaba complacer a toda costa, pues si no era así, temía que la fueran a dejar. Una parte importante del proceso de Brenda fue comenzar a valorarse y darse cuenta de que sus necesidades y gustos también son legítimos, y no tenía por qué sacrificar lo que a ella le gustaba o quería sólo por la aceptación del otro. Brenda comprendió que para lograr una relación sana tenía que participar, con sus opiniones, expresando lo que le parece y lo que no, tomando un papel activo en la relación. Brenda se dio cuenta de lo anterior porque entendió lo que implica tener una pareja: darte a conocer totalmente, con virtudes, pero también con los defectos que todos tenemos, y que al conocerlos y no reprimirlos nos quitan la presión de sentir que tenemos que ser perfectas para que el otro nos quiera.

Transformar el dolor en aprendizaje

Brenda reconoció lo difícil y doloroso que fue su proceso de recuperación, pues implicó una profunda exploración en cuanto a la manera en que ella vivía sus relaciones de pareja, y todo aquello que necesitaba sanar por dentro y fuera. Cuando salió de ese túnel oscuro donde se encontraba, llevando consigo las enseñanzas adquiridas en terapia, vio el mundo bello e iluminado por primera vez. Se dio cuenta de que la experiencia, todo el dolor transformado en aprendizaje, la ayudó a reconstruirse y fortalecerse para poder gozar del presente.

Decidir sentirse bien

Sentirse bien es una decisión. Hay momentos en que realmente podemos decidir si vamos a caer en un sentimiento de auto compasión y pasar todo el día lamentándonos del objeto de nuestro drama o si vamos asumir la responsabilidad por lo que estamos pasando y sentirnos con poder de cambiar nuestra película interna. Lo interesante es que podemos escoger pensar en cosas positivas, enfocar nuestra mente y energías en las bendiciones de nuestra vida y en los momentos bellos por los que también hemos pasado. Todo ello produce una inevitable sensación de bienestar.

Ximena

25 AÑOS, ABOGADA

Toda mi vida me ha costado mucho trabajo valorarme; durante mucho tiempo no me sentía capaz de hacer las cosas bien, ni de salir adelante en lo que me proponía. La mayor parte de mi vida me vi a través de los ojos de los demás y no de los míos propios: he creído más en lo que la gente dice y piensa de mí, que en lo que en verdad soy, lo cual ha afectado mucho mi autoestima, por lo que desde hace un tiempo estoy trabajando para superar todo esto.

Cuando inicié la terapia recuerdo que no quería ver a un psicoterapeuta, menos asistir a un grupo de ayuda, pero llegó un momento en que me encontraba tan mal por una relación que tuve, que decidí asistir, pese a mi inicial resistencia. La relación a la que me refiero me marcó profundamente, al grado de sentir que nunca lo iba a superar; fue una experiencia sumamente triste y desgastante, que hundió aún más mi autoestima, de por sí baja.

Empecé a salir con Fredy en el primer año de la carrera; todo inició con el típico coqueteo, nos empezamos a llevar mucho y finalmente como un año después le hice caso. En el momento en que empezamos a estar juntos, toda mi vida comenzó a girar alrededor de él; dejé de hacer muchas cosas, dejé de salir con mis amigos –o más bien dejé de tener amigos–, y mi círculo social se redujo a él: Fredy era el principio y el fin para mí.

Yo era una persona demasiado celosa y posesiva. Llegué al punto de preguntarle qué era lo que quería o necesitaba para yo ofrecérselo y que siempre estuviera a mi lado, y no se fuera a ninguna parte; quería tenerlo todo el día, y de hecho estaba casi todo el día con él, hasta que un buen día me dijo: "Sabes qué, Ximena, la verdad es que ya no aguanto más esta relación" y empezó a serme infiel y a tener malos tratos conmigo. De ahí comenzó la pesadilla: me decía que yo era poca cosa para él, que era fea y que no le gustaba nada, pero al mismo tiempo me presionaba para que tuviéramos relaciones sexuales, y quería que yo hiciera todo lo que él me pedía, hasta llegar al grado de amenazarme con dejarme si no le hacía caso. Fue violento, tanto psicológica como físicamente: me amenazaba constantemente y me zarandeaba apretándome con fuerza el brazo. Yo no sólo permití toda esa agresión y esos abusos que aún me duelen, sino que además lo buscaba para suplicarle que me quisiera, que no me dejara; lo seguía, lo acosaba, le lloraba: "No me dejes por favor, mi vida no tiene sentido sin ti". Mientras más era mi obsesión por estar con Fredy, más me maltrataba y despreciaba él, lo cual generaba en mí todavía más angustia y depresión. Empecé a buscar mecanismos para retenerlo a mi lado, sobre todo en el aspecto sexual; ahí yo trataba de complacerlo a toda costa. Ahora me doy cuenta de que yo en el fondo ni siquiera quería acostarme con él. Utilicé todos los recursos a mi alcance, y todo me hizo sentir terriblemente infeliz.

Estuve mal demasiado tiempo, haciendo esfuerzos extra-humanos para que Fredy me quisiera, para que me encontrara atractiva, pero lo único que lograba era su rechazo, a veces incluso su repulsión. Estuve tan mal que por las noches me costaba trabajo dormir, a veces dormía sólo una hora y el resto de la noche la pasaba llorando, lamentándome de lo triste que me sentía. Llegué a vomitar sangre por estrés y la angustia que sufría, y fue entonces que se me vino como una avalancha encima y me empecé a dar cuenta de que mi actitud no era normal, pues el aferrarme a un hombre que sólo me hacía sufrir resultaba muy enfermizo. No me cuidaba en lo absoluto, me vestía siempre de negro, no me arreglaba, ni me peinaba, a veces ni siquiera me bañaba; la verdad es que no importaba si los demás se fijaban en mí, ni siquiera prestaba atención a nada que no fuera él.

Nuestra relación era como de estira y afloja, a veces me decía "te quiero" y otras "no, creo que no te quiero". Estaba conmigo nada más para satisfacer sus necesidades sexuales, sólo para eso me buscaba o, en el mejor de los casos, para que lo ayudara en algo que no podía hacer él solo, pero nunca me buscaba porque quisiera estar conmigo o saber cómo estaba yo, platicar o compartir algo conmigo. Sin embargo, yo no me relacionaba con otras personas porque pensaba que en cualquier momento Fredy podía regresar y yo tenía que estar lista y dispuesta para él. Me asustaba con sólo imaginar que Fredy pudiese volver y encontrarme con alguien más:

"¿Qué tal si me encuentra con alguien?, ¿qué va a pensar?, ¿qué va a decir de mí? Va a decir que yo no lo quiero", pensaba yo. No imaginé que el amor podría ser así.

La relación con Fredy duró como cuatro o cinco años, durante los cuales hubo violencia de ambas partes: por mi lado, era el hecho de acosarlo en todo momento, no dejarlo ser libre y estar siempre encima de él. De su parte hubo maltrato, pues me amenazaba con que golpearía al chico con quien yo me atreviese a salir, aun cuando ya ni siquiera estábamos juntos; también me atacaba mucho con relación a mi apariencia, me decía constantemente que yo era fea y valía poca cosa. Una vez le comenté a una amiga que llegué a pensar que si no lo veía no podía ser feliz; necesitaba esa sensación de estar cerca de él, era algo así como una droga, una adicción para mí. Yo pensaba: "Tengo que verlo, tengo que escucharlo para poder estar tranquila", pero en realidad no estaba tranquila nunca, sino que más bien era como una necesidad de martirizarme porque él no me trataba bien ni me decía cosas bonitas, siempre me estaba maltratando.

Dejé de sentirme como su víctima cuando empecé la terapia de grupo y me obligué a reflexionar en todo lo que me estaba pasando. Ahí me di cuenta de que era yo misma la que me mantenía allí, pues entendí, luego de que el grupo me lo repitió mil veces, que en cualquier relación cada parte es responsable del cincuenta por ciento. Así, empecé a darme cuenta del rol que yo jugaba en mi relación con Fredy, y en general de mi actitud hacia la gente, y descubrí que soy una persona a quien le gusta estar gritando y muchas veces yo lo provocaba. Exploto y grito con facilidad, y soy capaz de decir cosas terribles si me siento herida.

Fabián, mi novio actual, me dijo hace poco que siempre estoy a la defensiva y ataco ante cualquier provocación –incluso cuando éstas no son intencionadas, o ni siquiera existen–, y que luego, cuando la gente me responde con la misma intensidad me pongo a llorar, a tomar una actitud de pobrecita, de víctima. Me di cuenta, y no porque me lo hayan dicho sino porque ahora lo percibo, que soy como cuchillito de palo, ando picando a la gente para que me agreda, para que me haga sentir víctima nuevamente, como he estado acostumbrada a sentirme toda mi vida.

En la terapia descubrí que me acostumbré a estar a la defensiva desde niña a causa del maltrato de mi hermano. Con él peleaba todos los días y nos decíamos cosas horribles, con intención verdadera de lastimar e incluso de humillar al otro, sobre todo haciendo alusión a lo físico. Yo le decía que era un gordo feo y él me respondía diciendo que yo era una chaparra fea. Mi hermano me restregaba mucho el hecho de que yo fuera morena mientras que él –por ser hijo de un padre distinto al de mi hermana y mío– es blanco, alto y de ojos verdes. Siempre me hizo sentir fea por no ser blanca ni tener los ojos claros, con actitud no sólo ofensiva sino sobre todo racista. Alguna vez alguien me dijo que si eres blanco vales, pero si eres moreno, chaparro y de rasgos indígenas, no vales nada.

Una de las cosas que más me dolió fue darme cuenta en terapia de que durante mucho tiempo permití que las opiniones de los demás afectaran mi autoestima de una manera demasiado drástica; yo verdaderamente no me veía a mí misma, sino que lo hacía a través de las opiniones de los demás, sobre todo de la de la gente con quien más convivía: mi familia y mi pareja. Entonces descubrí que darles el poder de decidir sobre mí me afectó muchísimo durante toda mi vida. Así las cosas; cuando andaba con Fredy me sentía muy insegura porque él siempre me decía que yo no era físicamente como la mujer que él hubiera querido; porque yo era chaparra y morena y no alta y rubia, porque era lacia y no china, porque mi busto era pequeño y a él le gustaban los bustos grandes. Sentía una especie de dependencia a esa intranquilidad que me provocaba el maltrato de Fredy, necesitaba esa adrenalina que corría por mi cuerpo, esa sustancia que me hacía caminar una semana, un mes, aunque fuera llorando y sufriendo y obsesionándome, pero era un sentimiento que yo ansiaba: una adicción a complacer a los demás y a no aceptarme.

El tiempo que estuve con Fredy lo pasaba llorando, y me di cuenta de que desde niña lloraba mucho, tendía a ser muy melancólica y depresiva, me sentía continuamente triste y muy culpable por lo que ocurría a mi alrededor. Recuerdo que desde niña me hicieron asumir responsabilidades que no me correspondían. Mi abuela, por ejemplo, me repetía: "Tú eres la mayor y tienes que cuidar a tu hermano, eres responsable de lo que le pueda pasar a él", y en la casa, pese a que había personas adultas, me delegaban a mí las mayores responsabilidades: yo iba por los mandados, a comprar al tianguis, me encargaba de surtir la despensa, y a veces, cuando no estaba mi madre en casa y nos enfrentábamos a alguna situación problemática, yo tenía que resolverla. Muchas veces no dormía por la culpa, el estrés y la preocupación que sentía. Y con Fredy volví al insomio, a sentirme indefensa y a llorar todo el tiempo.

Fredy siempre me hablaba de su amiga Claudia, con quien salía frecuentemente y con quien me ponía el cuerno. Fredy me ocultaba muchas cosas, pero para su desagrado siempre alguien lo delataba: "Oye, vi a tu novio con fulana de tal y lo vi en algo un poquito más comprometedor". Pronto empecé a sentir que Fredy se fue alejando de mí, empezó a darme excusas por las cuales no podía verme o pasar tiempo conmigo. Recuerdo un 14 de febrero que le preparé un regalo grande, enorme, creo que pasé un mes entero haciendo el obsequio y pensando: "Lo quiero conquistar, quiero que esté a mi lado". Pero ese día no llegó, me dejó plantada y luego me inventó una historia sobre una amiga que tuvo un accidente, que su tía estaba en el hospital y no sé qué tanta cosa. No le creí nada.

Habían muchas otras señales que indicaban que Fredy andaba con alguien más, pero ni siquiera así confié en mi instinto y en lo que resultaba más que evidente: que me engañaba con otra mujer. Por lo general yo evitaba todo lo que me hiciera sentir que algo no estaba bien en mi relación, de entrada lo anulaba y no lo aceptaba –como las múltiples sospechas sobre su infidelidad. Aún tengo la mala costumbre de no escuchar mi voz interior, mi intuición, cuando hay algo que me está diciendo que las cosas evidentemente no están bien, que la persona no es como se está presentando, que la situación no es como parece, sino que hay algo más, algo que me están ocultando.

Yo me negué a poner atención a estas cosas hasta que Fredy llegó al extremo: una vez me pidió que fuéramos a recoger a su amiga Claudia, quien estaba sola y no conocía a nadie, por lo cual había que acompañarla al médico. A mí no me gustó nada la idea, pero cuando llegamos por la amiga, parecía que a la que más le había molestado el atrevimiento era a ella: lo miró con furia y a mí con gran desdén, como diciendo: "¿Y ésta qué hace aquí?". Ni siquiera con todas esas evidencias quería yo creer que Fredy me engañaba, no escuchaba esa voz que me decía: "Ximena, los hechos están hablando, él no sólo te está poniendo los cuernos sino que además te lo está restregando en la cara".

La historia con Fredy terminó hace un año. Para lograr dejarlo, lo primero que hice fue tomar la decisión de no buscarlo más, pero antes, cuando aún seguía en terapia, le dije: "Te quise mucho, te amé, te adoré, te rogué, me arrastré, me humillé, ya hice muchísimas cosas por ti, pero tú no me quieres, así que ya no te voy a buscar más; ya nos hicimos demasiado daño, nos destrozamos, nos pateamos, nos escupimos e insultamos. Basta, ya no quiero más, que Dios te bendiga, te deseo lo mejor, pero ya no quiero saber nada de ti". Después de eso borré sus números de mi celular, junto con los que registré en el identificador de mi casa, lo eliminé de mi directorio, tiré sus fotos, junto con todo lo que me regaló. Ése fue el primer paso.

A veces tenía muchísimas ganas de hablarle por teléfono, pero me aguantaba. Siempre me ha gustado hablar por teléfono a la gente, estar buscando compañía, y es que no me agrada la soledad, le tengo un miedo terrible, así que tengo la necesidad de estar acompañada o hablando con gente. Recuerdo que gasté como mil pesos en tarjetas para hablar con Fredy y las tenía todas apiladas en la pared, para que no me fuera a olvidar de cómo había sido: era un testimonio. Además, para superar la relación con Fredy empecé a hacer cosas que me gustan, y que sentía me ayudaban a entender mejor las cosas y a mí misma. Tomé la determinación de retomar una actividad que antes hice con frecuencia y me satisfacía: escribir en mi diario lo que hacía, lo que sentía, lo que pasaba, lo que trascendía. En mi diario escribí todas las cosas que yo recordaba que hice y que me hizo, los momentos buenos y los momentos malos. Es una libreta completa que tengo de él, en la cual anoté también todos los errores que había cometido.

También cambié de estilo y me dejé crecer el cabello (Fredy me conoció de pelo corto), como para marcar una señal imaginaria medida por el largo del pelo sobre la distancia cada vez mayor que había entre él y yo. Entonces pensaba: "Ya no lo quiero ver ni que esté a mi lado, y en la medida que me vaya creciendo el pelo me voy a dar cuenta de qué tan lejos estoy de él". Me llegó a crecer abajito de la cintura. Ese fue otro paso. Me hice mechas, me compré cosas que me gustan y empecé a cuidarme más, física y espiritualmente, lo cual entre otras cosas también implicó dejar de frecuentar a gente que yo sentía me hacía daño y a quienes ya no quería seguir complaciendo.

En mi casa, cuando era niña, vivíamos mi mamá, mi hermana, mi hermano con su esposa y sus dos hijas y yo. Mi madre nos crió sola (fue madre soltera), y mi hermano se volvió alcohólico desde muy joven. Por cualquier cosa mala que sucedía en la casa o le ocurría a mi hermano, mi mamá me culpaba y se enojaba conmigo, por lo que yo pasaba todo el tiempo intentando satisfacerla y haciendo todo lo que podía para que no me reclamara por lo que hacían los demás.

Mi hermano solía llegar ebrio a la casa y se dedicaba a gritarnos a mi hermana y a mí; padecimos todo ese tiempo mucha violencia: gritos, golpes, regaños, pleitos. Él nos hacía llorar mucho, nos humillaba diciéndonos que éramos feas, que no valíamos nada por ser tontas. Ése era su trato cotidiano; de hecho, yo no recuerdo un solo día de los que estuve con él que no me hiciera llorar a la hora del desayuno; a veces en las mañanas me despierto con esa sensación de llanto, y a veces cuando desayuno de repente me entran unas ganas incontenibles de llorar. Eso es algo que aún me cuesta un poquito de trabajo superar.

Tengo miles de recuerdos desagradables, tristes, de la vida con mi hermano. Recuerdo una ocasión que se me quedó marcada en el corazón y creo que nunca voy a olvidarla. Tenía yo once o doce años, estaba aseando la casa y de pronto llegó mi hermano quejándose de todas las cosas que tenía que hacer. Mi mamá le pidió que se quedara a descansar –pues mi hermano, si no estaba en la casa durmiendo, estaba en la cantina tomando–, así que él se acostó en el sofá de la sala. De inmediato yo le pedí que se hiciera a un lado porque estaba haciendo el aseo y él se indignó muchísimo; salió dando de gritos, golpes y patadas, y mi mamá se enojó muy fuerte conmigo. Ese mismo día, como a las diez de la noche, mi hermano regresó a la casa bien borracho, y mi mamá no tardó en decirme, con mucho coraje, que yo era la culpable de que mi hermano se hubiera ido a tomar.

Siento como que de muchas maneras siempre asumí responsabilidades y culpas que no eran necesariamente mías. La culpa es un sentimiento que conozco bien, pues siempre sentí que era responsable por todo: por mis hermanos, por mi casa, mis estudios, hasta de mi madre. Por eso, si cualquier cosa iba mal a mi alrededor, yo pensaba que era por mi culpa. Más aún, también en mi familia opinaban igual: si algo se rompía decían: "Es seguramente porque Ximena lo tiró". Incluso tengo una primita que decía: "Si el mundo se destruye es por culpa de Ximena". Enfrentarme a la idea de que, todo lo que yo hacía estaba mal, fue muy duro en mi niñez, y seguramente el origen de esa relación tan enfermiza que tuve con Fredy, la cual finalmente me orilló a buscar ayuda en las terapias.

En el grupo me recomendaron que leyera el libro *Mujeres que aman demasiado*, con cuyos personajes y figuras me identifiqué muchísimo: hombres conflictivos, familias de alcohólicos, madres solteras que quieren controlar a los hijos, relaciones tormentosas, y ese tipo de situaciones. Sobre todo me identifiqué con la actitud de las mujeres que están dispuestas a sacrificar todo porque la gente que las rodea esté bien, aunque ello implique que una se esté sintiendo de lo peor. Esa actitud a veces nos hace someternos a otros y sacrificar nuestras propias necesidades con tal de satisfacer a los demás. No me refiero a ser servicial con la gente que una quiere, sino a una actitud en donde más bien te vuelves una especie de sierva, y estás dispuesta a todo para no disgustar, buscando, en el fondo, ser aceptada y que te quieran.

Yo como compulsivamente, siempre he tenido esa debilidad de comer cuando estoy triste o nerviosa. Como obsesivamente, con ansiedad, intentando llenar ese vacío que llevo dentro y que siento puede llenarse con chocolate; por esta golosina tenía obsesión, me encantaba, ahora me gusta pero ya no tanto. Sin embargo, hubo un tiempo que no podía dejar de comerlo, comía barras enteras; en una ocasión me compré una caja de chocolates que estaba muy barata y me los acabé en una comida. Simplemente me senté a comer y me los acabé.

Ahora me doy cuenta de que ese deseo incontenible de comer me lo provoca una sensación de frustración y tristeza, algo que siento cuando afronto una situación que me hace sentir como cuando mi hermano me agredía en los desayunos de mi infancia. Por ejemplo, hace unos días Fabián me dijo algo que no me gustó, estaba desayunando y volví a sentir esa sensación de angustia, esas ganas de llorar. Nuevamente comprobé lo que ya había comprendido antes: que me afecta mucho que me digan algo que no quiero escuchar, o cuando me enfrento a ciertas realidades de las que soy consciente, pero no quiero aceptar o enfrentar. Entonces me dan ganas de comer compulsivamente. Por eso, cuando Fabián me hizo un comentario que no quería escuchar, me dieron ganas de llorar. Sin embargo, en esta ocasión me aguanté, pensé y reflexioné. Llegué a la conclusión de que lo importante es darme cuenta de que necesito ayuda y debo aprender a enfrentar mi realidad, tal como es, no darle la vuelta y salir llorando a la primera provocación. Así reaccionaba antes, cuando me cerraba totalmente a la realidad: prefería ponerme en mi lugar de víctima, llorar y refugiarme en la comida, en los chocolates que comía compulsivamente. Ahora mejor me detengo, respiro hondo, y trato de entender las cosas fríamente, tal como son. Por eso, ese día en vez de llorar le dije a Fabián: "Por mucho que no me guste lo que me vayas a comentar, prefiero que lo platiquemos, que lo pongamos sobre la mesa".

Ése es un cambio sustancial en mí, pues antes tendía mucho a llorar para que los demás hicieran lo que yo quería, manipulaba mucho a la gente que me rodeaba, la controlaba a través de mi llanto y de ponerme en el rol de víctima; al hacerlos sentir como los malos de la historia. Según yo, siempre era el otro quien me hacía cosas terribles, me destruía la vida, mientras yo era una niña buena y noble que dio todo y le pagaron con una mala moneda. Tenía esa tendencia de hacerme la sufrida, la llorona, pero ya no lo soy tanto, y cuando de repente me salen de nuevo esas actitudes de víctima, al menos puedo reconocerlas y busco la manera de ver por qué y para qué lo estoy haciendo. Por ejemplo, por qué estoy comiendo compulsivamente, para qué devoré tanto chocolate, y me pregunto: "¿Qué es lo que no quiero enfrentar, por qué estoy respondiendo así?".

Fue a partir de que me di cuenta por qué me afectaba tanto que me dijeran cosas que me disgustan y que eso me provocaba el comer compulsivamente, que me propuse como meta encontrar un lugar donde me sintiera acogida, donde de alguna manera pudiera descubrir qué era lo que me hacía sentir tan desdichada y buscar salidas como las de comedora compulsiva. Es decir, me propuse buscar ayuda.

En esta búsqueda encontré el letrero del grupo de mujeres. Ahí fue donde empecé a escuchar las sesiones y a identificarme con todas y cada una de las experiencias de las mujeres que, como yo, habían llegado ahí en busca de ayuda. Recuerdo que la primera vez que llegué se habló sobre la violencia que se ejerce entre la pareja, esa violencia que a veces no se ve, pero se siente muy profundo, hasta los huesos: la violencia psicológica. Durante la sesión, la psicoterapeuta preguntó quién había golpeado alguna vez a su pareja y varias alzaron la mano. Yo, en cambio, pensaba que nunca había violentado a mi pareja; qué lejos estaba de la realidad, aún no me daba cuenta de muchas cosas.

Más tarde, en otra ocasión, me preguntaron qué hacía en el grupo, para qué iba, con qué finalidad o qué era lo que buscaba. Entonces no supe o no pude contestar, pero poco a poco me fui dando cuenta, y hasta la fecha lo veo así: ir al grupo me sirve para darme cuenta qué está pasando en mi vida a través de la narración de mis experiencias y de escuchar las de las demás.

Cuando en el grupo nos dejan alguna tarea, me cuesta trabajo llevarla a cabo, pero si hay algo que siento que me va a ayudar, busco la manera de efectuarlo; es fundamental querer hacerlo, no sentirlo como una obligación, sino estar en verdad convencida de querer lograrlo. Quiero sentirme bien, esa es la frase clave que he mantenido en mi cabeza: quiero ser una persona feliz, una persona sana, estable.

Las experiencias de otras compañeras en el grupo me permitieron revivirlas e identificarme con cada una, darme cuenta de sus problemas y compararlos con los míos. Me sirvió enormemente escucharlas, pues me puse en su lugar y comprendí muchas cosas de mi relación y de mí misma, pero, además, empecé a seguir muchas de las recomendaciones o acciones que tomaron para salir adelante de uno u otro problema. Si ellas contaban que habían tomado tal o cual medida para superar algún momento difícil, yo me preguntaba: ¿A mí me funcionaría hacer eso?, ¿cómo podría hacer lo que ellas hicieron en mi caso? En general, siempre busqué en la terapia y en mis compañeras el lado positivo de las cosas, trataba de rescatar aquello que sentía me podía funcionar o me haría sentir mejor. Así empecé a mejorar y a salir adelante en mi propio proceso.

Entonces empecé a escribir en mi diario, a dejar de hablarle por teléfono a Fredy y a todas las personas que me hacían daño, a dejarme crecer el cabello, empecé a buscar la manera de estar bien con mi cuerpo, incluso busqué ayuda médica, pues en ese tiempo dejé de menstruar como dos años, y ni siquiera le había prestado atención a ese problema: otra muestra de mi abandono personal. Me empecé a preocupar por mi salud, e hice esfuerzos enormes por comer lo más sano posible, por dejar el chocolate. En fin, hice muchas cosas para mejorar mi cuerpo y mi alma.

Ahora me digo a mí misma que ya no soy aquella niña indefensa y no me corresponde adoptar un papel de víctima ante la vida, pues ahora tengo la madurez y la capacidad de decidir sentirme bien, sin tener miedo de las palabras de otros, y disfrutar de los momentos simples de la vida. Ahora sé que puedo buscar otra manera de reaccionar ante lo que a mí me parece una ofensa, sin lastimarme a mí ni a la gente que me rodea. Cuando siento esa furia interna, busco una manera de sacarla sin herir a nadie, en el espacio correcto y en el momento adecuado. Todo lo anterior, por supuesto, no significa que haya superado mis problemas, pero sí que ahora soy consciente de ellos, y sé que puedo afrontarlos de una manera distinta, de una forma más sana.

Me acuerdo mucho de un episodio en el cual Fabián vio a unas muchachas y comentó que se veían muy guapas. El comentario inocente provocó en mí una furia terrible y generó un problema entre nosotros. Después, cuando ya todo se había calmado, le dije a Fabián que su comentario me había hecho sentir mal, a lo que él reaccionó muy bien diciéndome: "A veces te ves frágil y tierna, pero cuando hablas bien, tranquila y centrada, te ves como una persona con mucho valor, muy fuerte, pero no en el sentido de gritar o regañar, sino porque se nota que estás convencida de lo que dices, y eso es de admirarse en ti". Luego de ese problema me di cuenta de lo importante que es comunicar lo que una siente, no reclamarlo ni exigirlo de manera agresiva o con frustración reservada, porque se nota cuando traes coraje y no ganas de arreglar las cosas. Por eso me resulta tan importante ahora entablar un buen nivel de comunicación con mi pareja o con las personas con las que estoy, con quienes comparto mi vida.

Ahora, con mi mamá, por ejemplo, la relación ha cambiado mucho. Claro que no me he dejado de pelear con ella, como es normal, aún tenemos nuestros roces y discutimos, pero cuando nos enojamos ya no reaccionamos de la manera en que lo hacíamos antes; ahora ella o yo nos apartamos para decirnos las cosas de la mejor manera posible; yo no busco hacerla sentirse mal o herirla, y cuando lo hago, no tardo en acercarme a ella para ofrecerle una disculpa, le digo: "Sabes qué, mami, perdóname, estaba muy molesta, no es mi intención hacerte sentir mal, pero reaccioné así porque me sentí herida". Esa actitud la recibe ella muy bien, también se disculpa, pero lo importante es que ahora me doy cuenta de que depende de mí estar y sentirme bien, aun cuando alguien me hiera, es mi elección seguir pensando en ello y alimentando la angustia y la tristeza que ese momento generó en mí; es mi elección decidir si quiero martirizarme y sufrir por cada cosa que me dicen y me disgusta, o decidir olvidar lo que no es importante y dejar que cada quien asuma la responsabilidad de sus actos.

Ahora puedo decirle a mi mamá que quiero sentirme bien con ella, y enseguida está dispuesta a conversar. Ella no habla mucho, pero yo le cuento mis cosas. He podido hablar con ella acerca de mis sentimientos de la niñez y de todo aquello que me había hecho sufrir por tanto tiempo. Hay mucha más apertura con mi madre ahora, y ella incluso ha llegado a decirme: "Hija, ¿verdad que te estoy haciendo daño? Hija, perdóname, no es mi intención". Su actitud me ayuda bastante a expresar lo que siento con ella porque ahora la veo hasta cierto punto como mi amiga; es enojona y regañona, pero intenta acercarse a mí, me busca, me pide mi opinión, disfruta estar conmigo, cosa que antes no sucedía, y yo por mi parte también lo disfruto, me atrevo a abrazarla, a besarla, a decirle que la quiero, que me preocupo por ella, que me interesa que esté bien. Mi madre y yo hemos aprendido a entablar una buena comunicación.

Definitivamente, siento que fui yo quien inició este cambio en la relación con mi madre, y he notado que también ella se ha transformado a partir de mis cambios; de hecho toda la gente que me rodea ha cambiado, y para bien. Es decir, gracias a mis modificaciones, mucha gente alrededor cambió su actitud a una más positiva y comunicativa. En este caso, ni siquiera me vi en la necesidad de exigir que los demás cambiaran, pues fue un proceso natural para todos, una consecuencia clara de una transformación verdadera; ahora siento que quienes me rodean empezaron a ser sinceros conmigo, así como a respetar mis espacios y mis límites.

Ahora yo misma pongo mis límites, ya no busco controlar a la gente o querer que hagan y deshagan como se me antoje. Incluso evito dar consejos a la gente que tengo cerca, cosa que antes hacía mucho, porque siento que esos consejos luego parecen más imposición que otra cosa, además de que no tengo la seguridad que lo que funcionó para mí funcionará para los demás. También por eso me siento más en paz conmigo misma, pues creo que le doy más libertad a la gente de ser como ella quiere y no como a mí me gustaría que fuera: no intento controlar sus vidas, busco la manera de no agredir a nadie, de hablar, conciliar, sin atacar.

Uno de mis aprendizajes más valiosos en mi proceso de recuperación, que le debo a la terapia, fue el trabajo con mi autoestima. Cuando llegué al grupo lo primero en que empecé a trabajar fue el aspecto físico: empecé a vestirme diferente, me dieron ganas de usar otros colores, hacer ejercicio, ir a una clase de baile, buscar actividades que me gustaran y que me hicieran bien. Entré formalmente a un curso de baile que me encanta, cambié mi corte de pelo y bajé de peso (llegué a pesar sesenta y cinco kilos). También empecé a cuidar más mi rostro y lo que comía, a cambiar mi ropa: ya no era esa ropa holgada al estilo Betty la fea, sino prendas más entalladas, más vistosas. Todo cambió en ese sentido: empecé a pintarme, a ponerme algún arete, algún collar, un anillo, porque antes yo sólo me vestía de negro, con short, playera y ya.

Luego de atender mi autoestima respecto a mi apariencia física, me enfoqué en la parte interna: seguí escribiendo mi diario e hice esfuerzos, con éxito, para dejar de autocriticarme negativamente. En el grupo hicimos varios ejercicios para aprender a valorarnos, para darnos cuenta de que cada persona es un ser maravilloso y único, que tiene el poder de decidir su destino. En varias ocasiones escuché durante la terapia que decían que cada una de nosotras somos responsables de todo lo que nos sucede e incluso atraemos inconscientemente a nuestras vidas aquello que proyectamos. Fue entonces cuando pensé: "Caray, ¿qué estoy atrayendo?", y ese pensamiento me llevó a reflexionar sobre lo que deseaba para mí, lo que pretendía hacer, lo que me gustaba, etcétera, además de que me ayudó a conocerme más e identificar aquello que me hacía sentir mal. Por ejemplo, recuerdo un día que estaba tomando una taza de café y sentí que me cayó mal; por primera vez en muchos años de tomar café, me di cuenta de que no me hace nada bien, pues no sólo me pone nerviosa, sino me causa agruras fuertísimas. Así, como con el café, también empecé a evitar a personas o situaciones que sentía me causaban daño.

En otras palabras, todo el trabajo que hice para recuperar mi autoestima tuvo que ver con mirarme de verdad, por fuera y por dentro: empecé a observarme, a darme cuenta de que soy única y tengo mis propias virtudes. He descubierto que soy una persona responsable, importante, que tengo una misión en esta vida, con una chispa divina en mi interior, como todos los seres vivos, y soy una persona que se quiere, se respeta, que vale mucho y es alegre. Con esa transformación con respecto a mi autoestima pude enfrentarme a muchas cosas más, pues me ayudó a creerme verdaderamente capaz de salir adelante en cualquier momento difícil. Ahora, cada vez que se me presenta un reto, pienso: "Tú puedes, eres importante, lo vas a lograr". De hecho, a veces no sólo lo pienso, sino que también me escribo a mí misma y pongo cosas como: "Yo te amo, Ximena, estos días me he sentido distante de ti y quiero que sepas que puedes contar conmigo todas las veces que quieras, que tú vives conmigo", y así me consiento un poquito.

La gente me dice que estoy loca porque me escribo cosas así, pero a mí me ayudan muchísimo, me siento poderosa y contenta cuando me digo qué es lo bueno de mí misma, lo malo, lo que me gusta y lo que no me gusta, qué me hace sentir bien o mal. O bien, me pregunto para qué hago ciertas cosas o, para qué le voy a hablar a alguien... En fin, la cosa es preguntarse a uno mismo y ya no andar preguntando a los demás, o aconsejando a medio mundo, o tratando de controlar la vida de los otros.

Hoy puedo decir con orgullo que en una escala del uno al diez, me siento en el nueve en términos de recuperación personal; creo que he mejorado y me he transformado desde lo más hondo y para bien: ahora sé lo que valgo, conozco mis cualidades y defectos, que son parte de mí y los acepto; entiendo mis debilidades y me doy cuenta de que necesito trabajar en ellas; sé que es un camino largo, pero también estoy segura de que vale la pena recorrerlo.

Culpa como acto de auto-castigo

La mente piensa, el corazón sabe.
XERIFE

Ximena se sentía culpable por todo lo que sucedía en su niñez, pues desde muy pequeña se hizo responsable de cosas que no le correspondían. Por ello, ya de adulta, tuvo que trabajar en dejar de sentirse culpable por cosas o situaciones que no eran o no debían ser su responsabilidad, sobre todo las relacionadas con su pareja. Este trabajo consistió tanto en liberarse de aquellas cargas que venía arrastrando desde su infancia, como en asumir la responsabilidad de sus propias acciones y actitudes. Es común que si nos castigaron en la niñez por cometer un error, asociemos el cometerlo con un castigo; por eso, en la vida adulta, en la cual ya no hay gente mayor que tiene autoridad sobre nosotros para castigarnos como en la infancia, nos autocastigamos haciéndonos sentir culpables por lo que ocurre.

Mi vida giraba alrededor de Fredy

A causa de su novio, Ximena dejó de enfocarse en sus propios proyectos y sueños, y se alejó de sus amigos para poner toda su atención en Fredy. Mientras más atención le prestaba a su pareja, más crecía su falsa percepción de que lo necesitaba para poder estar feliz. Para salir de esta situación, Ximena comenzó a retomar su propia vida y a enfocarse en ella, a lograr sus metas, a salir con sus amigos y a hacer cosas por ella misma, cosas que le gustan y la hacen feliz.

Aceptar defectos

Parte del proceso de autoconocimiento tiene que ver con darnos cuenta y asumir nuestros defectos, aceptarlos como parte de nuestra esencia –maravillosa y única–, sin criticarnos o rechazarnos por tener esas imperfecciones. La aceptación es el primer paso para poder transformarnos.

En la visión prehispánica, Quetzalcóatl, la serpiente emplumada (el símbolo de la unión del águila con la serpiente), como concepto metafísico representaba la unión de los opuestos. Las plumas representaban las virtudes y las escamas los defectos, y se unieron para formar un solo ser: una serpiente con plumas. Si trasladamos este concepto a nuestra cultura, se trata de la siguiente idea: de que todos somos seres con virtudes y defectos, lo cual nos hace valiosos y únicos. Por eso podemos aceptarnos así, y poco a poco abandonar la inalcanzable expectativa de poder llegar a ser perfectos algún día, cosa ajena a la naturaleza humana:

> *Podemos unirnos con lo divino tal y como somos en este momento (Sánchez, 2004).*

Pelear en casa, pelear con el novio, pelear en cualquier oportunidad

Ximena vivió en su niñez un entorno de constante conflicto, gritos e insultos, que produjo en ella una suerte de adicción al drama y a la adrenalina que esas peleas generaban. Es frecuente que las personas con este tipo de dependencias o "adicciones" inconscientemente se pongan en situaciones y/o atraigan a personas que les permitan seguir viviendo escenas de intenso conflicto. Al tiempo que cobramos consciencia de que eso nos sucede, es decir, que necesitamos de ese sentimiento de choque para sentirnos vivas, podemos buscar otras actividades sanas, que no implican mayor riesgo y producen esa misma sensación, como por ejemplo andar en moto o enfrentarse a un reto. Igualmente podemos aprender a expresar nuestro enojo de una manera más tranquila, sin agresiones, insultos o violencia; esto también es una manera de poner límites al trato que tiene la gente con nosotras, pues es como un referente de hasta dónde les permitimos llegar.

Marisela

34 AÑOS, ABOGADA

Cuando llegué a la terapia estaba muy mal, sólo podía ver lo negativo que sucedía en mi vida: me sentía la más fea, la más amargada, una persona neurótica que no aguantaba los sinsabores de la vida cotidiana ni los de sus hijos ni los del marido ni los de la casa, nada. Todo para mí era una carga, absolutamente todo. Ahora, dos años después, puedo decir que mi vida ha dado un giro de 180 grados, y he llegado mucho más lejos de lo que yo misma esperaba o imaginaba.

Al comparar cómo soy ahora y cómo era antes, me doy cuenta de lo mucho que he cambiado. Hace un año, por ejemplo, cuando empecé a trabajar de profesora en una prepa, tenía mucho miedo. Siempre fui una persona temerosa, todo me causaba aprensión y cualquier cosa me daba angustia: tenía miedo de quedarme sin dinero, de que se enfermaran mis hijos, de que pasara cualquier cosa fuera de mi control. Sin embargo, aparentaba precisamente lo opuesto: parecía muy segura de mí misma y de lo que hacía, pero en el fondo todo me aterraba, y para esconder ese miedo, me hacía la fuerte, la que puede con todo. Me hice dura y agresiva, y nadie me veía detrás de la imagen que proyectaba.

Ahora me he vuelto una persona segura y más tranquila. Antes era tal mi inseguridad que a todo reaccionaba con agresividad: si alguien me hacía un comentario que no me gustaba, yo lo tomaba a mal y me parecía que tenía que responder a esa agresión con otra. Ahora ya no sucede eso. Claro que me defiendo si me siento agredida, pero ya no lo hago de una manera impulsiva y violenta, sino con más calma. Ahora ya no reacciono intempestivamente como antes, que era un torbellino, y cuando me hacían algo me lo cobraba al doble, con palabras terribles que herían mucho más.

Mi relación con Jorge, mi esposo, no era buena. Aunque al inicio me negaba a aceptarlo, yo adoptaba el papel de mamá con él, y si bien este rol lo asumía por mi voluntad, me amargaba muchísimo y se lo achacaba a mi marido. Jorge era como mi hijo: yo le decía qué tenía que hacer y cómo, y si no hacía lo que yo decidía o como a mí me gustaba, me enojaba mucho, casi como si fuera ofensivo. Nuestra vida era como una rueda de la fortuna; teníamos ratos buenos por compatibilidad en el sexo pero eso era todo, no había más. Yo asumía el rol de su mamá y no porque él lo pidiera; muy por el contrario, yo asumía ese rol a pesar de él.

Por ejemplo, si la cama no se arreglaba como a mí me gustaba, estaba mal; si la ropa no la dejaba como a mí me gustaba, estaba mal; si él no colocaba una cosa como a mí me gustaba, estaba mal, y todo se lo reprobaba de manera casi inquisitorial. Cuando eso pasaba, cuando mi marido hacía las cosas de un modo que a mí me disgustaba (que era casi siempre porque es difícil que las cosas salgan siempre como una quiere, por muchos esfuerzos que hagan los que te rodean), yo terminaba haciendo lo que deseaba, pero ya muy embroncada. Por eso, yo era prácticamente la mamá de mi marido, no porque a él le gustara, sino porque a mí me daba por adoptar ese papel, y sin embargo yo le echaba la culpa de ello. Todos mis fracasos y disgustos se los achacaba a él o a otras personas. Mi intolerancia a que no salieran las cosas como yo quería me convertía en una persona agresiva y amargada.

Cuando Jorge, mi esposo, estaba enojado conmigo, no me hacía caso. Siempre ha dicho que esa es su forma de castigarme y hacerme sentir mal. Al no hacerme caso, me mataba, me ponía en posición de víctima y me daba pie para culparlo de todo. En aquel entonces Jorge me dejaba de hablar y me hacía sentir aún más insegura, pero ahora ya no permito que pase eso, que me ignore o me deje de hablar, pues cuando tiene la intención de hacerlo yo le busco plática, trato de hablar con él y decirle las cosas de manera calmada y pensando fríamente. Ya no me permito tener esos desatinos.

Mis hijos también pagaron las consecuencias de mi carácter y mi estado de ánimo. Cuando me desobedecían o hacían cosas que no me gustaban, yo explotaba, les daba algunas nalgadas y les gritaba. No llegué al grado de maltratarlos físicamente, pero sí lo hice psicológicamente, al punto de provocarles miedo, lo cual hasta la fecha me hace sentir muy mal. Me duele mucho darme cuenta de que mi hijo me tiene miedo, a pesar de que yo he cambiado mucho con él; a veces, por instinto, reacciona como si me tuviera mucho miedo y eso me da una tristeza profunda, pues me doy cuenta de todo el daño que le hice. Por eso he cambiado mucho con mis hijos; ahora hablo con ellos, no les grito, y cuando se portan mal los regaño pero de manera controlada, cuento hasta tres antes de hacer cualquier cosa, y uso un método de recompensas y castigos. Por ejemplo, si me desobedecen, no hay tele, pero si me hacen caso, los premio de alguna manera, les compro algo o los saco a pasear. Ese método me ha ayudado muchísimo.

El primer paso que tuve que dar en este proceso de cambio fue aceptar acudir a la terapia, pues al hacerlo estaba reconociendo mi mal y que necesitaba ayuda. Antes culpaba a mi esposo por mi malestar general, por mi insatisfacción; culpaba a su familia, culpaba a todos, sin darme cuenta de que la que estaba realmente mal era yo misma. Y no era que toda la culpa o responsabilidad de lo que me sucedía fuera exclusivamente mía, pero entendí que era yo la que estaba mal por permitirme vivir así, por no ser capaz de terminar con esa situación que me hacía sentir enormemente insatisfecha, insegura e infeliz. Por eso, el primer paso fue reconocer que algo estaba haciendo mal, que no estaba bien; aceptar ir a terapia me costó mucho trabajo, pero más difícil fue darme cuenta de que con eso no era suficiente, que no terminarían mis problemas por arte de magia. Yo pensaba que en la terapia me darían una solución a mi situación, y que bastaba con acudir a las sesiones para que acabaran todos mis pesares. Desafortunada o afortunadamente, la terapia fue todo menos eso: no hubo varitas mágicas, sino un doloroso proceso de reflexión, de autoconocimiento y comprensión.

Una vez en terapia, el proceso fue largo y muy difícil, sobre todo porque tuve que empezar a reconocer mis errores, cuando yo esperaba que la terapeuta me apoyara o al menos me secundara en mis acusaciones contra mi marido, su familia y el mundo, lo cual no sucedió. Ahí me di cuenta de que la que se estaba hundiendo solita era yo y que si quería cambiar las cosas, tendría que ser yo misma la que hiciera los esfuerzos y todo lo necesario para transformar mi vida y mi entorno.

Asistir a terapia era un desahogo emocional tremendo para mí, porque ahí me veía objetivamente y sentía la confianza de decirlo todo, de desnudarme espiritual y emocionalmente, lo cual también fue muy difícil. Fue duro porque yo siempre pensaba que al contar mi vida y las cosas como yo las veía, recibiría el respaldo total de la psicoterapeuta, quien me daría la razón y respondería que, en efecto, todos, menos yo, estaban mal, y yo no era más que una víctima de las circunstancias y de las acciones de la gente que me rodeaba. A veces incluso ocultaba yo parte de mi historia, buscando contar sólo aquellas cosas que favorecían mi versión de la realidad, pero ni siquiera así logré el respaldo que esperaba en terapia; muy por el contrario, la terapeuta me hacía ver mi responsabilidad en lo que me sucedía, sin culpar a nadie, pero mostrándome y demostrándome que: en todo lo que nos sucede tenemos una responsabilidad que debemos asumir. Eso fue lo más difícil para mí, porque como abogada he aprendido a argumentar a mi favor y a descalificar con ello a los otros. Darme cuenta de que la verdad es que mi vida era un desastre porque yo así lo quería, fue difícil.

Por eso, cuando salía de las terapias me inundaban sentimientos encontrados. Por una parte me sentía muy reconfortada porque al hablar me desahogaba y salía muy aliviada de mi pesar emocional. Por otra parte, sin embargo, me sentía un poco decepcionada y frustrada porque yo iba buscando que me dieran la razón, que apoyaran mi versión de los hechos para seguir sintiéndome cómodamente víctima de las circunstancias, de la gente y la vida. Pero eso no sucedía; por el contrario, buena parte del trabajo que hice tuvo que ver con darme cuenta de que mi vida depende de mí, de mis actos y mis decisiones, y que por lo tanto, yo misma tengo el poder de cambiar todo lo que me disgusta o me hace infeliz. Ese poder, el sentir que todo dependía de mí, me aterró, seguramente porque hasta ese momento había dejado que todo lo que me sucedía fuera responsabilidad de alguien más, o por lo menos estaba cómoda pensando que así era, asumiendo un papel de víctima que no hacía más que destruirme poco a poco.

En terapia aprendí a dejar de tener miedo a las cosas que hasta entonces me producían temor y angustia. Recuerdo, por ejemplo, que antes me daba pánico manejar, no quería hacerlo porque sentía una ansiedad terrible, pero cuando lo hice –luego de seguir los numerosos consejos de la psicoterapeuta para vencer mis temores–, me di cuenta de que puedo hacer mucho más de lo que me creía capaz. Por ejemplo, en este caso me di cuenta de que manejar era muy fácil, y con la práctica se fue haciendo más fácil todavía, aunque aún me cuesta atravesar grandes distancias o ir a zonas de tráfico muy conflictivo, pero ya no padezco la tensión de antes, ahora manejo más relajada, y ya pasé la etapa del miedo insuperable a conducir.

Fue después de enfrentar este miedo que me di cuenta de que podía hacer muchas cosas de las que no me creía capaz;

empecé a abrir los ojos y a entender que el hecho de reconocer mis errores, y tener ganas de solucionarlos con empeño significaba que sí podía y lo lograría.

En los libros que me recomendaron en terapia leí que si alguien no quiere cambiar, no lo hace porque resulta muy difícil eliminar los hábitos de comportamiento adquiridos en la niñez, muchos de los cuales están demasiado internalizados en nuestra forma de ser, al punto de que a veces ni nos damos cuenta de lo que hacemos, o incluso nos sentimos cómodos siendo así, como siempre hemos sido. Ahí entendí que para cambiar es necesario querer hacerlo, pero no sólo tener la buena intención, sino realmente trabajar por ello, echarle ganas, entender las razones por las que una es como es, por las que una vive lo que vive, y entonces hacer esfuerzos por cambiar lo que no nos gusta.

Después de que decidí terminar la terapia, supe que no debí haberlo hecho, porque sentía que aún me faltaba resolver muchas cosas. Tuve varias recaídas, pero después empecé a hacer lo que aprendí en las sesiones: reconocer en qué estaba fallando y trabajar en ello internamente. Aprendí a quererme, a atenderme, a arreglarme; pero no se trataba sólo de adornarme, sino sobre todo de sentirme bien y proyectarlo: eso era lo trabajoso, porque no es fácil mirarte al espejo y tratar de convencerte de que eres guapa cuando en el fondo no lo ves así; sin embargo, me ayudó decírmelo una y otra vez, arreglarme, atenderme y, en consecuencia y luego de mucho esfuerzo, creerlo.

Cuando entré a trabajar todavía estaba mal, atravesando por una crisis; aún no había dejado la terapia y seguía siendo una persona insegura, que pasaba inadvertida en el trabajo, en la vida. Ahora para nada es así; mis compañeras se la pasan chuleándome, me dicen: "Ay, pero qué bien te ves", "tú siempre tan bien arreglada y guapa". Yo me río y pienso internamente: "Apuesto a que eso no lo hubieras dicho antes".

Hace poco tuve un problema con un compañero de trabajo que me trató con la punta del pie, me habló muy despectivamente y yo monté en cólera; sin embargo, guardé la compostura, no le reclamé ni le dije nada en ese momento, sino esperé hasta cuando se me volvió a acercar para hablar con él tranquilamente y decirle que su actitud me había molestado mucho y que no creía merecer ese trato; puse los puntos en claro con él y le dije lo que pensaba, lo que sentía, y cuando me di la vuelta pensé: "¡Caramba!, ¿esa soy yo?, ¡cómo me he transformado!". No hay palabras para describir el gusto que me dio resolver ese asunto de manera civilizada, correcta y sin bronca. Luego todos los compañeros se enteraron del conflicto y reprobaron la actitud de él, diciendo cosas como: "Quién sabe qué traumas ha de traer, es un reprimido", y al escuchar esos comentarios yo pensé: "Chin, eso era yo; así era yo". Me vi reflejada en él y pensé: "Qué pena, qué triste ver la vida de alguien así, porque esa fue mi vida durante demasiado tiempo". Al ver cómo reaccioné y lo resolví, me puse contenta porque supe que fui capaz de vencerme a mí misma. Por eso, cuando me invitaron a contar mi historia en este libro, dije enseguida que sí; pensé que sería padrísimo compartir mi experiencia porque yo pude transformarme, lo logré con mucho esfuerzo y trabajo, y ahora estoy contentísima por eso, contentísima con mi vida, con mis hijos y con mi marido.

Mi relación de pareja ha mejorado mucho. Peleamos, inevitablemente, pero mucho menos que antes, y ya no del modo que lo hacíamos, con gritos e insultos. Ahora, cuando me siento muy enojada, me retiro, ya no me confronto ni agredo. Hace unos días, por ejemplo, tuvimos una discusión, ya no me acuerdo ni por qué fue, pero lo que sí recuerdo es que discutimos con palabras tranquilas y ambos calmados. Le pedí que se fuera de la casa, y me respondió que sí pero, me amagó diciendo que la siguiente vez que se fuera ya no regresaría. Por primera vez yo le contesté: "Ya lo sé, me lo has dicho tantas veces y tantas veces te he pedido que te quedes que no quiero volverlo a hacer; me va a doler muchísimo, pero ya no te voy a pedir que regreses". Se fue con mi hijo y cuando regresó me dijo que no quería irse, que quería quedarse con nosotros, y que si un día la relación se termina de verdad, no quería que fuera de ese modo. Realmente nunca esperé que me fuera a decir eso, pues siempre había sido indiferente conmigo, en el sentido de decirme con mucha frialdad y facilidad que él "se iba cuando quisiera", con la intención de lastimarme. Sin embargo, me doy cuenta de que hasta él cambió, pues ya no reacciona del modo que lo hacía antes, con esa agresividad pasiva que me afectaba tanto.

Hablamos y yo le hice saber que en nuestra familia yo aporto cincuenta por ciento de lo que me corresponde, al hacerme cargo de la casa y los hijos (entre otras cosas), pero lo hago con gusto, sin pesar, y le manifesté que me gustaría que en su caso fuera igual. No voy a recitar todo lo que yo hago, pero es cierto que lo hago con agrado y procuro no molestar a los demás –mucho menos a mi marido–, así que con palabras claras y tranquilas le expresé que me parecía injusto que él se encerrara en su mundo del trabajo, asumiendo que por mantenernos se puede desentender de lo que sucede en la casa (si hace falta algo, si hay algo que reparar, etcétera); son cosas que le atañen a él y que no las hace a menos que yo lo obligue, y cuando lo hace es de mala gana, molesto, descontento. Por supuesto que los quehaceres del hogar a veces no son placenteros –no es que a mí me parezca divertidísimo lavar trastes, ni mucho menos–, pero lo que me toca lo hago bien y de buena gana. Ya no veo esas tareas, y en general el trabajo, como una carga o una molestia, sino trato de disfrutarlo, de hacer las cosas como parte de mi vida y al mismo tiempo procuro no obsesionarme con ello; ya no me estreso, como antes, por todo lo que tengo que hacer; ahora me organizo, planeo, disfruto y casi no siento las tareas; no me doy cuenta cuando ya terminé de limpiar o hacer alguna cosa en mi casa.

Así le planteé las cosas a mi marido, palabras más, palabras menos, pero fundamentalmente le dije que me gustaría que él asumiera que tiene un rol en la casa, y que su participación no se reduce a traer una quincena que cubra el gasto, sino a contribuir y colaborar en todo con respecto a nuestra familia. Al decírselo sin coraje y de una manera tranquila, e incluso comprensiva, él reaccionó muy bien, tranquilo y con ánimo de ayudar. Sinceramente, yo esperaba que me dijera no a todo, que se pusiera a la defensiva o me ignorara, pero lo que sucedió fue exactamente lo opuesto, me dijo: "Está bien, sabes que me va a costar mucho trabajo y espero que no te canses antes de que yo pueda lograrlo, pero te prometo que lo voy a hacer, o al menos lo voy a intentar". Me dio un gusto enorme escucharlo decir eso, porque por primera vez en nuestra relación él estaba asumiendo esa parte que antes le parecía imposible siquiera imaginar; y como que se dio cuenta (o al menos así me pareció) que ya estaba cansada de cargar con él, de decirle lo que tiene o lo que no tiene que hacer, y que de hecho ya no lo iba a hacer justo por él; si él cambia y colabora en la casa, pensé, tiene que ser porque él quiera hacerlo, no porque yo lo obligue: así no funciona, la experiencia lo demuestra.

Ahora tengo una relación muy cordial con la familia de mi esposo; ya no es como antes, que la pasábamos siempre discutiendo, y a mí me dolían mucho sus comentarios y actitudes. Frecuentemente me sentía muy mal porque mis cuñadas y mi suegra no me incluían en nada, siempre me dejaban de lado, haciéndome sentir rechazada, fuera de lugar. Por ejemplo, si yo las iba a visitar, mis cuñadas se encerraban en su recámara y mi suegra se metía a la suya, prácticamente me quedaba sola; cuando llevaba a mi hijo de meses, lo cargaban y se lo llevaban a su recámara, esperaban a que yo comiera y en cuanto terminaba se sentaban ellas a comer. Había muchos gestos de su parte de rechazo hacia mí, y eso me hacía sentir terriblemente mal. Ahora ya no me importa, no hago caso a sus desplantes y trato de no enojarme por cualquier cosa, no me confronto con esa familia, por el contrario, trato de ser amable y darles la razón cuando defienden su punto.

Recuerdo que mi suegra me dijo una vez, luego de una pelea horrible que tuve con Jorge, que lo que yo necesitaba era trabajar, porque a ella le parecía que yo era muy chocante. El comentario me dolió profundamente, pero quizá tenía algo de razón. En la pelea a que se refería mi suegra, realmente me di cuenta de mis límites en cuanto a mi carácter y forma de ser. Ocurrió unos días después de que empecé la terapia. Habíamos llegado de una comida a casa de su familia y yo me quería ir, así que le toqué el claxon a Jorge, pero él no salía, por lo que yo seguía insistiendo. Al poco rato finalmente salió, pero estaba enfurecido, y me dijo que no por haberle tocado el claxon nos iríamos, que me fuera como pudiera, y me quitó las llaves de la camioneta. Yo me puse como loca, le aventé un vaso de refresco que tenía a la mano, y me le fui encima a golpes. Jorge reaccionó igualmente violento, se me echó a golpes, y esa fue la chispa para pelearnos como nunca antes lo habíamos hecho. Nos golpeamos mutuamente y nos dijimos cosas horribles; yo tenía una rabia incontenible y desesperada, no sé cómo llegué a sentirme así, pero el pleito acabó con su padre y su primo tratando de someterme, a gritos, golpes y forcejeos, hasta que por fin me soltaron.

Fue una escena horrible que no quiero volver a repetir en toda mi vida. Cuando finalmente pude hacerme con las llaves de la camioneta, salí huyendo; me fui sin mis hijos, porque en medio de la pelea mis cuñadas los metieron a su casa. No quise insistir en llevármelos; consideré que ya había sido suficiente para ellos presenciar todo eso, y llevármelos habría implicado comenzar otra pelea. Me sentí muy mal ese día por tener que dejarlos e irme sola, pero pensé que no había otra opción. Más tarde le pedí una disculpa a Jorge porque creía que si no lo hacía se acabaría mi matrimonio; él rara vez se disculpa, así que yo lo hice para que siguiéramos juntos. Esa pelea me enseñó hasta dónde puedo llegar,

< 252 >

conocí mis límites de la forma más fea que hay, pero gracias a ello ahora detecto la señal antes de que algo así ocurra, y en lugar de embroncarme, lo que hago es retirarme o pensar en la alerta encendida, y en que no debo sobrepasar ese límite si no quiero que algo como esa horrible pelea ocurra de nuevo.

Todas esas situaciones me han enseñado a hablarle de una mejor manera a Jorge con relación a cómo me siento y lo que opino. Aún seguimos discutiendo, como cualquier pareja, pero ahora cada uno se repliega para no enfurecer al otro. Nos hemos conocido en este tiempo y hemos aprendido a respetarnos más; aunque durante una época alojaba la sensación de no quererlo, luego de todas las dolorosas y, por qué no decirlo, también buenas experiencias, descubrí que sí lo quiero, y mucho, como mi pareja, mi amigo, mi compañero. Todo lo vivido nos ha servido de aprendizaje para tener una mejor relación, una mejor vida en general.

Ahora, cuando su familia me desdeña si estoy en su casa, o cuando me dicen algo para lastimarme, simplemente se me resbala, ya no me afecta; si no salen para saludarme cuando los visito, me pongo a jugar con mi celular, me pongo a ver la tele o cualquier otra cosa, pero ya no estoy atenta a lo que ellos hacen, no me importa, aprendí a no vivir mi vida por ellos o ver mi vida a través de ellos; mi vida la vivo yo como yo quiero. También dejé de ir mucho a casa de la familia de Jorge; sólo voy cuando es necesario, cuando voy con Jorge, cuando lo espero ahí para que me lleve el coche, o en casos semejantes, pero ya no pienso en eso, ni me causa mayor tensión. Al parecer ellos también se han olvidado un poco de agredirme, o quizá como ya no me tomo a pecho las agresiones, siento que son menos, pero las cosas se han calmado de los dos lados.

También en mi propia familia las cosas han cambiado para bien. Hace un tiempo fui a la ciudad donde crecí a visitar a mi mamá y la pasé muy bien; antes casi no iba porque por lo general terminaba peleada, siempre tenía que lidiar con situaciones tensas o incómodas. Por supuesto, según mi costumbre, todas las veces le echaba la culpa a mi mamá. Ahora ya no es así; mi madre tiene su carácter, así que si la veo con ganas de discutir o pelear, simplemente no le hago caso, ya no me tomo a pecho lo que me dice, hace o deja de hacer. Incluso sus comentarios, que antes me afectaban muchísimo y sentía que los hacía con la intención de lastimarme, ya no me parecen gran cosa. Cuando se presenta una situación en que se puede desencadenar una pelea, me doy la media vuelta y, de manera firme pero no agresiva, sin gritar ni violentar a nadie, le digo: "No te permito que me hables así, o que quieras lastimarme", y eso es suficiente para que nada más ocurra. Por eso la última vez que fui a visitarla lo disfruté mucho, aunque mi mamá ya es una persona mayor y se cansa mucho con mis hijos, la reunión resultó muy agradable. Su actitud hacia mis hijos antes me habría ofendido profundamente, quizá hasta la hubiese amenazado con nunca más volver a verla, pero ahora la entiendo muy bien, y me doy cuenta de que estar con niños es muy fatigoso, sobre todo para gente mayor que no puede seguirles el ritmo. Me doy cuenta de que la actitud de mi madre hacia mis hijos no significa que no los quiera, o que mis hijos no son buenos niños; simplemente a ella le cuesta mucho trabajo convivir con ellos, y eso es completamente comprensible.

En el ámbito profesional, mi proyecto de vida es dar más horas de clase en la escuela; el semestre pasado me habían aumentado algunas, pero en este periodo me quitaron esas horas, cuando se suponía que me deberían haber dado más trabajo aún. Busqué solucionarlo y fui al sindicato para exigir mi horario completo, así que seguramente pronto podré contar con ello, lo cual me va a dar más estabilidad laboral y, sobre todo, económica. También me metí a un curso para ser estilista que me gustó un montón; le estaba echando muchas ganas hasta que me detuve un poco, porque me di cuenta de que ese tiempo que dedicaba al curso lo estaba restando al tiempo que les dedico a mis hijos.

Al principio pasé mucho tiempo con mis hijos, pero no era tiempo de calidad, pues si bien yo estaba con ellos, en realidad no los veía ni los escuchaba; estaba más absorta en mis problemas que nada. Ahora están en una etapa en la que siento que me necesitan mucho, y debo estar ahí para ellos, porque me parece que pasan solos mucho tiempo. En general, todos los niños están en esa situación porque la mayoría de los padres trabajan, y los pequeños pasan buena parte de su tiempo desatendidos, sin nadie que les enseñe cómo es la vida o valores fundamentales. Para mí es muy importante darles ese tiempo a mis hijos, y estoy dispuesta y quiero hacer los sacrificios que sean necesarios para ello. No dejaré mi trabajo –aunque quisiera no podría–, pero estoy tratando de combinarlo de la mejor manera con mi vida privada, con el tiempo que les dedico a mis hijos, que son lo más importante para mí.

También con respecto al dinero mi actitud ha cambiado muchísimo. Antes me angustiaba fácil y constantemente porque sentía que el dinero no me alcanzaba para nada. Me parecía que no me podía comprar nada de lo que deseaba, que no podía pagar las cuentas, que se me iban los centavos sin más. Ahora ya no le doy tanto valor al dinero como antes, trato de organizarme con mis gastos y me alcanza para todo. Es como me dijo una amiga: "Uno nunca debe decir que no le alcanza el dinero porque espantas a tu buena suerte, al decir que no tienes dinero tú misma te estás fijando esa idea de que no tienes dinero". Es increíble todo lo que me ha rendido tener una buena actitud hacia la vida, los cambios positivos hasta en el dinero se reflejan. Subsisto con lo mismo, pero mucho mejor. Incluso en mi familia, ahora soy yo la que doy ánimos a mi marido al respecto, cuando él se preocupa por el dinero. Antes era él quien, al ver que me ponía tan mal por el dinero, me consolaba: "No te preocupes, negra, vas a ver que nos va a alcanzar", y ahora es al revés, soy yo la que le dice: "No te preocupes, vas a ver que sí nos va a alcanzar". Los papeles se han invertido y me siento mucho mejor, más ligera, más feliz.

También veo que, de los dos, él les tenía más paciencia a los niños, y ahora cuando a veces llega cansado o estresado del trabajo, los regaña o de repente les grita. Sin pensarlo, le pongo un alto, pero sin atacarlo o culparlo, sino de buena manera, explicándole que soy yo la que pasa más tiempo con ellos y no les hablo de esa manera. Eso es suficiente para que Jorge se dé cuenta de su error, rápidamente se ubica y baja su tono de voz, arrepentido.

Mi actitud hacia Jorge es totalmente distinta. Ya no le reclamo que llegue tarde de trabajar ni le armo pleitos ni tampoco me enojo con él porque no hace las cosas como a mí me gustan. Como consecuencia, ahora Jorge platica más y se abre más conmigo, me cuenta de su trabajo y yo le demuestro mucho interés, le pregunto cosas y así podemos compartir nuestras experiencias. Antes era totalmente distinto, él llegaba de trabajar, yo le daba de cenar y seguía ocupada con mis cosas, no le prestaba la más mínima atención; en cambio, ahora cuando llega siempre lo acompaño, me tomo un café con él o cualquier cosa, y así él también se muestra atento conmigo y dice cosas como: "Negra, ¿cómo te fue en la escuela?", o "Amor, ¿cómo te fue, te sucedió algo?, cuéntame". Ahora demuestra mucho más interés en mí, no pasa más tiempo en casa que antes, sigue llegando muy tarde por cuestiones de trabajo, pero ya no lo resiento tanto; ahora lo entiendo en ese aspecto.

He aprendido también a estar sola con los niños, a tener esa responsabilidad con los dos, y cuando estoy a punto de exaltarme (ya sea con ellos, con mi marido, o con cualquier otra persona), trato de pensar que ése no es el camino. Sé reconocer cuando me estoy empezando a poner mal, cuando estoy a punto de tener una actitud negativa; pienso en lo que digo y cómo reacciono y ya no me confronto con la gente; ahora no me tomo todo tan a pecho, pienso que cada quien tiene su vida y su forma de pensar, y es libre de actuar y decir lo que quiera. De hecho, el otro día estábamos con un grupo de maestros trabajando en el temario de una materia y nos detuvimos en uno de los temas contenidos sobre la moral; uno de los maestros opinó que debíamos enseñarles a los muchachos qué es la moral, como un concepto predefinido, pero yo argumenté que podemos explicarles en qué consiste la moral, o cuál es su definición, pero lo importante era que supieran que cada quien tiene una moral distinta, y cada uno la adecua según sus propios valores.

Para mejorar la relación con mi madre, tuve que entenderla, revisar su vida, sus problemas, sus miedos, etcétera. Ahora me doy cuenta de que ha sido una mujer admirable en muchos sentidos: siempre ha estado ahí para ayudarnos en lo que necesitamos, es totalmente incondicional; nos sacó adelante prácticamente sola, pues debido al alcoholismo de mi padre, éste no aportó mucho. La vida de mi madre fue muy difícil, y no obstante eso, ella siempre ha sido una mujer impecable, en el sentido de que nunca nos faltó nada. Hay muchas cosas que yo le reprochaba, como el ser muy poco cariñosa, que expresaba muy poco, pues era muy rígida y dura a veces. Pero a ella le tocó una vida muy dura también: tuvo que hacerla de mamá desde muy pequeña, pues su madre (mi abuela) sólo se dedicaba a tener hijos y a andar bien arreglada por ahí, mientras mi mamá se hacía cargo de sus hermanos. Mi abuela trataba a mi madre como si fuera su sirvienta y nana de sus hijos; yo creo que por eso mi mamá se casó muy joven, para salir del dominio de la abuela, y desde siempre se forjó sola y ha salido adelante sola.

Entender a mi mamá, entender sus circunstancias y las razones por las que es como es, fue difícil, aún lo es, pues todavía me cuesta trabajo acercarme a ella, hablar de mis sentimientos o cosas personales, hasta abrazarla me resulta muy difícil. Y no es que no me den ganas de hacerlo, sino que hay algo en ella que me impone, me cohíbe y me impide hacerlo. La última vez que fui a visitarla no tuve la oportunidad de hablar con ella de esa manera, a profundidad, pero me hice el propósito de que la próxima vez que vaya lo haré; y no sólo hablaré con ella sobre cómo me siento, sino también lo haré con mi hermana; a las dos quiero agradecerles todo su apoyo y su incondicionalidad. A mi mamá principalmente, porque no quiero que se me vaya a ir sin yo nunca haberle dicho que la amo, que la quiero muchísimo y le agradezco todo su apoyo (tanto moral como económico); y a mi hermana, porque siempre ha estado ahí para mí, me ha ayudado cuando lo he necesitado. Es mi hermana quien, cuando estoy deprimida, me aconseja sobre lo que me conviene y lo que no: me recomienda que busque una actividad, que no me quede sin hacer nada, me manda a un curso, me compra algún detalle. Ella siempre está pendiente de mí, y se lo agradezco muchísimo, de hecho, es mi hermana a la única persona a quien le cuento mis cosas y le hablo para pedir algún consejo.

Hice esfuerzos enormes para superar momentos difíciles que vengo acarreando desde la niñez. Por ejemplo, para dejar de sentirme fea, algo que sentía desde niña, tuve que echarle muchas ganas a cambiar mi actitud y empezar a cuidarme; no se trataba sólo de mirarme al espejo y decirme a mí misma: "Soy bonita", pues eso nunca lo iba a creer. Lo que tuve que hacer fue ponerme las pilas, actuar para cambiar la forma en que me veía a mí misma y en que me veían también los demás, empezar a arreglarme, a hacer deporte, a quererme más. Me di cuenta de que todas esas cosas las percibe la demás gente, se dan cuenta cuando una se cuida y se quiere, y eso gusta mucho, de hecho, ahora es común para mí escuchar que me digan que soy guapa o que me veo linda arreglada. Antes jamás lo hubiera imaginado, y lo mejor de todo es que ese cambio positivo en mi persona en realidad dependía de mí, de que tuviera ganas de hacerlo, de que quisiera dejar atrás el pasado y las cosas dolorosas que me habían sucedido para poder vivir un presente y futuro plenos, de felicidad. Debo reconocer que fue una lucha interna conmigo misma, feroz, para poder cambiar; cuesta muchísimo romper moldes, patrones, conductas, pero cuando tienes la voluntad y estás completamente convencida, puedes lograr mucho.

La barrera del enojo

El problema es que piensas que tienes mucho tiempo.
CARLOS CASTANEDA

El permanente enojo y mal humor de Marisela formaba, sin darse ella cuenta, una barrera a su alrededor que impedía que su esposo se le acercara. Ahora que ella está feliz con su vida y es menos agresiva con la gente y el mundo en general, su esposo se ha abierto más con ella, le platica de su trabajo, de sus intereses, y comparten muchas más cosas juntos. Igualmente, con el cambio de Marisela, Jorge empezó a interesarse genuinamente en lo que a ella le sucede, en cómo se siente y a disfrutar de su compañía. Además, él ha aprendido a valorarla y a darle su lugar frente a su familia, cosa que ella añoraba mucho.

Cambiando al esposo

Marisela sentía gran frustración porque le parecía que Jorge no colaboraba en la casa de la manera en que ella lo exigía. Esperaba que su marido actuara como ella deseaba y que además adoptara los mismos hábitos de limpieza y orden que Marisela imponía. Sin embargo, mientras mayores eran sus expectativas y exigencias al respecto, menor era el apoyo que recibía de Jorge; él lo que hacía era simplemente no hacerle caso, lo cual la ponía aún en peor estado. Todo ello generaba gran frustración en Marisela y le inducía una actitud agresiva y autoritaria hacia su marido; ante su falta de colaboración lo regañaba, y aunque él terminara por hacer lo que ella pedía (de mala gana, luego de mucha insistencia por parte de Marisela), ella lo reprobaba de todos modos porque le parecía que él hacía mal las cosas.

No podemos esperar que la gente actúe como nosotros o tenga las mismas prioridades que nosotros, menos aún si lo exigimos de manera autoritaria y reprobatoria. Por eso, cuando Marisela cambió su actitud hacia su marido, al pedirle las cosas con amor y respeto, explicándole lo que ello significaba para la familia, Jorge también cambió su actitud: ahora ya no sólo empezó a colaborar en la casa, sino que igualmente comprendió la importancia de ese apoyo, e incluso lamentaba cuando no lo podía hacer, en una actitud clara de consideración hacia su mujer y su familia.

Cambiando actitudes

Marisela no cambió muchas cosas externas en su vida. Sin duda, su atención hacia sí misma cambió, pues aprendió a cuidarse y a quererse, pero en lo general sus actividades permanecieron iguales: siguió trabajando y asumiendo la carga de los quehaceres de su casa. Lo que sí cambió profundamente fue su actitud hacia la vida: la forma en que se enfrenta al mundo y todo lo que la rodea. Ella optó por dejar atrás una actitud negativa para adoptar otra positiva, disfrutar de lo que hace, de lo que tiene, confiar en la vida, dejar de preocuparse tanto por el dinero; también dejó de estresarse por mantener su casa limpia y en orden en todo momento.

Rosario

40 AÑOS, MAESTRA

Conocí a mi última pareja en la escuela donde ambos trabajábamos. Yo consideraba a Luciano una persona muy problemática, así que mantenía cierta distancia con él. Sin embargo, con el tiempo, y luego de que él me buscara con frecuencia, terminó por llamar mi atención, hasta que llegó un momento en que me di cuenta de que me atraía mucho. Al inicio me lo tomé con mucha cautela, como una forma de mantener la calma dentro del centro de trabajo donde estábamos entonces. Él me buscaba mucho, me visitaba continuamente en el salón donde yo trabajaba con los niños, y un buen día me invitó a salir. Yo en el fondo no entendía por qué Luciano me atraía tanto, cuando mi opinión de él no era tan buena; de hecho, cuando accedí a que saliéramos juntos, sabía que no estaba bien, pero para entonces la atracción que yo sentía ya era demasiado grande.

Sabía que Luciano se había divorciado hacía dos años, que su ex mujer era muy joven y ambos tenían dos hijos, a los que tiempo después supe que visitaba continuamente. La primera vez que acepté salir con Luciano fue después de un trabajo que realizamos en la escuela un sábado por la tarde. Yo tenía cerca de tres años de haberme divorciado y había tenido algunas relaciones fugaces, nada serias. Con Luciano fue diferente porque convivíamos todos los días, y poco a poco me empecé a sentir muy dependiente de su presencia: verlo se convirtió en algo necesario en mi vida. Yo amo mi trabajo y siempre me he sentido motivada por él, pero ahora ir a trabajar ya no significaba sólo la satisfacción profesional que siempre me había llenado, sino que ahora estaba también el ingrediente Luciano. De repente me di cuenta de que la razón principal por la que quería ir a trabajar era para verlo a él. Se volvió muy necesario para mí que Luciano llegara todos los días a visitarme, y el día que no llegaba me sentía con mucha ansiedad.

Nos empezamos a ver fuera del trabajo, generalmente por las noches, pero siempre eran visitas muy esporádicas porque él tenía que ir a ver a sus hijos, pues para él, decía, era muy importante convivir con ellos. Esa relación que Luciano decía tener con sus hijos para mí era un punto a su favor: me hacía verlo como un padre muy especial, muy amoroso y dedicado a sus hijos, y eso era lo más positivo dentro de todo lo negativo que le veía a Luciano.

Debo aclarar que esta relación me hizo darme cuenta, mucho después, de que en Luciano no buscaba yo al padre que perdí, sino algo más fuerte y en lo cual me extenderé más adelante. Puedo anticipar, sin embargo, que mis relaciones problemáticas eran inducidas, en el fondo, por una etapa de mi niñez durante la cual sufrí abuso sexual por parte de mi padrastro.

La primera vez que tuvimos relaciones sexuales fue en uno de los cuartos que Luciano rentaba para vivir. Yo tenía mucha necesidad de tener intimidad con él y no me importó que fuera en ese lugar, pero en realidad no estaba contenta; yo esperaba que nuestro primer encuentro fuera algo especial, que fuera en un lugar y momento especiales, no que sucediera como algo ordinario, de todos los días. En esa primera ocasión yo esperaba escuchar palabras de amor o al menos alguna muestra de cariño, pero no hubo nada de eso; de hecho, después de tener relaciones, Luciano se fue inmediatamente. De todos modos yo quedé satisfecha con lo poco que me dio, pues estaba muy necesitada de una pareja, pero el gusto no me duró demasiado, pues esa misma noche, una vez en mi casa, empecé a llorar, me sentí muy mal y me dije que no, que las cosas no podían ser así. Por eso al día siguiente fui con él y muy firme le dije que no me había gustado la primera relación que habíamos tenido, el primer encuentro, y que si las cosas empezaban mal era mejor que las termináramos de una vez. A Luciano no pareció importarle mucho lo que le dije, ni tampoco pareció darle importancia alguna al encuentro amoroso que habíamos tenido el día anterior. Su indiferencia en ese momento me lastimó mucho y, desde entonces, empecé a llorar sin parar. Yo pensé que hablándole así él iba a reflexionar y cambiaría su forma de relacionarse conmigo, pero eso no sucedió.

Pasaron muchos días después de eso, en los que estuve esperando que Luciano se comunicara conmigo; esperaba su llamada como lo había hecho muchas otras veces antes. Vivía con la ansiedad de recibirla; era una ansiedad que empezó a cubrir mi tiempo, y por la que empecé a dejar muchas

< 265 >

cosas importantes en mi vida. Por ejemplo, el estudio, que había sido uno de mis recursos para tener una terapia ocupacional, lo empecé a dejar. Ya no me podía concentrar en leer como lo hacía antes, por la esperanza de escuchar una llamada de Luciano, con la expectativa de que me prestara algo de atención. Lo cierto era que nos seguíamos viendo en la escuela, pero él me ignoraba por completo, y yo hacía esfuerzos por hacerme la indiferente y aguantarme las ganas de hablarle.

Así estuve como quince días hasta que por fin nuevamente me habló, me invitó a salir, y yo accedí porque para ese momento estar con él era lo único que deseaba, todos esos días no había hecho otra cosa que pensar en él, y me hacía falsas ilusiones de que la siguiente vez que lo viera todo iba a ser distinto; pensaba que si me buscaba nuevamente era porque estaba realmente interesado en mí y que por lo tanto nuestra siguiente experiencia sería más bonita que la primera, que sería con amor y me daría algún regalo, alguna atención especial. Tristemente, nuestro segundo encuentro fue igual de frío, ordinario e indiferente que el primero. Pero yo estaba muy necesitada de cariño, de ser abrazada, besada, amada, y una vez más no me importó que en esa ocasión las cosas fueran igual de feas, o peores, que la primera vez. Yo quería pasar tiempo con él, no sólo tener relaciones sexuales, sino compartir mi intimidad con él, mis cosas más privadas y queridas; quería compartir un pedazo de mi alma con él y esperaba lo mismo de su parte. Sin embargo, para Luciano era distinto; esa segunda ocasión que nos vimos me sentí casi utilizada, incomprendida, pues no pasó ni una hora después de haber tenido relaciones cuando Luciano ya se había ido. Al día siguiente, por la noche, me di cuenta de que me sentía frustrada, deprimida, y me propuse nuevamente que este tipo de relación no iba a continuar, porque no era lo que deseaba en verdad.

El pensar que Luciano tenía una esposa joven me hacía sentir muy mal. Yo era tres años mayor que él, y su ex mujer era todavía más joven, así que me empezó a entrar una inseguridad muy fuerte: me veía en el espejo y me encontraba muchos defectos, me sentía gorda, me veía con la cara manchada, y muchas veces deseé que la edad no avanzara tan rápido, pero en el fondo no podía dejar de sentirme mucho más vieja.

Mi estado de ánimo afectó la relación con mi hija, que entonces tenía trece años. Yo trataba de darle su tiempo, pero la realidad es que estaba más concentrada en querer tener una relación que en cualquier otra cosa. Entonces me debatía entre darle a mi hija la calidad de tiempo que ella se merecía o rescatar una relación que desde el inicio ya estaba mal.

Me sentía impotente, mis días eran muy tristes, había perdido la esperanza, lloraba mucho y por cualquier cosa; el simple hecho de que el clima cambiara me hacía sentir muy mal, cualquier cambio en mi vida social o laboral hacía que me deprimiera y me hundiera, y los días que le tocaba a mi hija irse con su papá yo me metía a la cama a llorar y a tratar de dormir, lo cual no lograba porque sufría de insomnio.

Cuando estaba con Luciano yo pensaba: "No voy a permitirmeme ser el tapete de este hombre", y sin embargo, lo fui; terminábamos continuamente, pero volvíamos a buscarnos, y las reconciliaciones eran muy bonitas, hasta que volvíamos a caer en lo mismo, a pelearnos e insultarnos. Junto a Luciano yo siempre me sentí utilizada, sentía que él no me valoraba lo suficiente, que yo era una persona muy importante y sin embargo él no se daba cuenta de muchas cualidades que yo tenía.

En una ocasión, cuando terminamos de tener relaciones, Luciano me dijo que quería mostrarme una foto de su esposa desnuda, que cargaba en su celular. Me sentí muy mal por ese atrevimiento, porque era una gran falta de respeto de su parte, y fue entonces que me di cuenta de que nuestra relación no podía seguir así, pues Luciano no me quería, me utilizaba y para colmo me faltaba al respeto. Estaba desolada, no sabía a quién acudir y sentía que nada en mi vida funcionaba, que estando así no servía ni siquiera para ser madre. No me valoraba. Llegué a pensar que lo mejor era morirme porque ya no le encontraba sentido a la vida.

Afortunadamente, en una ocasión, yendo a hacer ejercicio, me encontré con un anuncio para asistir a terapia con un grupo de mujeres. Acudí al grupo y desde el primer día me sentí cómoda y aliviada, al darme cuenta de que había muchas mujeres como yo, mujeres que amamos demasiado. Como es lógico, me interesó nuevamente el libro de *Mujeres que aman demasiado*, el cual hallé entre muchos otros que tenía arrumbados en mi casa. Lo leí varias veces, sin cansancio lo repasé una y otra vez, y me fui dando cuenta de muchas cosas.

Lo primero que me pasó con el libro fue que me identifiqué con el tipo de mujer que busca en cada hombre que se le cruza al padre que ha perdido. Inicialmente pensé que se trataba de mi padre, pero pronto descubrí que era a mi padrastro a quien buscaba en cada relación, de manera inconsciente por supuesto, pero en el fondo buscaba repetir ese patrón de la niñez en que sufrí tanto por el abuso sexual que mi padrastro me infligió. Me di cuenta de esto porque en mis relaciones siempre tomaba un rol de dominio, ya fuera la víctima o el verdugo, pero lo concreto es que no había podido establecer relaciones de igualdad con mis parejas, ya fuera yo la que abusaba del cariño del otro, o resultara la víctima de algún hombre abusador y desconsiderado. Así era como yo desahogaba mi coraje y frustración ante las violaciones que sufrí de niña. Algo que me asustó y era otra forma en que desahogaba mi dolor interno, era por las noches, en pesadillas o con insomnio. Una vez mi hija vino a acostarse en mi cama en medio de la noche porque algo la espantó, y resulta que yo entre sueños la rechacé muy feo, la arañé y la golpeé, y no fue hasta el día siguiente que la vi herida que me di cuenta de lo grave que me encontraba y lo poco que había superado el abuso sexual que sufrí de niña.

La relación con mi mamá siempre fue conflictiva. Ir a visitarla significaba pelear con ella, por cualquier cosa, siempre había algún motivo o alguna razón por la cual yo salía huyendo de la casa. Esa era mi reacción ante los problemas con mi madre, y en general ante cualquier complicación de la vida: huía. Si ella me empezaba a reprochar o no hacía caso de algo que yo quería tratar, me salía huyendo de la casa. Antes se lo reclamaba, pero después, para evitarme los problemas y peleas con ella, mejor me iba y no le hablaba en semanas; en ocasiones pasaban incluso meses en que no teníamos comunicación alguna.

Con mi madre siempre tuve un asunto atorado con lo que me ha costado mucho trabajo vivir. Cuando era pequeña mi padrastro abusó sexualmente de mí, y yo nunca pude,

aunque siempre quise, decírselo a mi mamá, quien no sabía
realmente lo ocurrido, por lo cual yo le guardaba un gran y
muy profundo resentimiento al sentir que no había estado
ahí para protegerme. Fue hasta hace muy poco que finalmente me atreví a hablar con mi mamá, por primera vez en mi
vida, sobre el abuso sexual de mi padrastro. Ocurrió un día
que fui a acompañarla a ver a su nieto que por mucho tiempo había dejado de ver, pues mi hermana se divorció y en
el litigio perdió la custodia de su hijo. Estábamos hablando
precisamente de ella cuando mi mamá hizo un comentario
muy duro contra mi hermana: "Ella prefirió a un hombre
que a su hijo", dijo. Fueron esas palabras las que removieron todo mi rencor y sin pensarlo rematé diciéndole que ella
había hecho lo mismo conmigo cuando yo era niña. La cara
de mi madre se desencajó y su rostro mostró el lado violento y aterrador que yo veía cuando era niña, cuando me golpeaba y le tenía un miedo horrible. Me dijo que yo estaba
enferma porque siempre la acusaba de eso, a lo que yo respondí que la que me había enfermado era ella, que era ella
la culpable de todas mis desgracias.

Después de decirle esas palabras quise huir, pero mi hermano, que había presenciado todo, me abrazó y me dijo
que me quedara, pues había llegado el momento de hablar
frente a frente con mi madre, y le sugirió lo mismo a ella.
Fueron momentos muy dolorosos para las dos, pues implicó sacar todo el resentimiento y la bronca atorada por largos años. Yo no quería estar ahí, mirándola retadora como
siempre lo hacía; me quería soltar de los brazos de mi hermano, pero justo en ese momento mi madre claudicó y cayó al
suelo rendida, pidiéndome perdón. Yo no pude resistir más

y corrí hasta donde estaba para abrazarla y llorar con ella. Le pedí que se levantara, nos sentamos abrazadas y empezamos a hablar. Las palabras fluyeron, los rencores cayeron. Mi madre me contó su historia y escuchó la mía. La de ella fue una vida de mucha humillación y vergüenza, lo que me hizo comprender que no contaba con los recursos para poder ayudarme; que hubiera querido hacerlo pero no supo cómo. Perdoné a mi madre y ella me perdonó a mí.

Lo que hice para que no me afectara tanto el abuso sexual de mi niñez fueron varios ejercicios que encontré en libros de autoayuda y también los que hice con mi terapeuta; fueron todos muy valiosos y útiles para mí, pero en especial recuerdo uno que fue determinante, pues me ayudó a liberar mucho coraje que traía atorado. El ejercicio que hicimos en terapia consistía en usar un objeto, en este caso un cojín, como representación de la persona que me hizo daño, y sacarlo todo contra él: golpearlo mientras gritaba todo lo que había querido decirle por años. Imaginé que el cojín era mi padrastro, así que lo golpeé hasta cansarme. Ese ejercicio, al liberarme de esos sentimientos de enojo, frustración e impotencia, me permitió ver a mi padrastro como un ser humano con problemas y debilidades. Pude verlo incluso como una víctima también, pues él hacía lo que hacía porque era un hombre enfermo. Ahora que lo miro con otros ojos, unos más comprensivos, aunque no justifique sus actos, pienso: "Ojalá que esa persona algún día reconozca sus errores y a pesar de ello le vaya bien". Esta práctica me ayudó a soltar el resentimiento que tenía guardado.

En lo que respecta a mi madre, también hice profundas reflexiones. Me di cuenta de que era una persona muy necesitada de amor; al igual que yo, era una mujer que amaba demasiado. Entendí que ése era un legado que le dejó mi abuela, que a su vez heredó de mi bisabuela, y que por lo general las mujeres de mi familia habían venido arrastrando por generaciones. Cuando me di cuenta de todo esto decidí renunciar a ese patrón que había marcado nuestras vidas, y en voz alta agradecí a esas mujeres todo lo maravilloso que me habían heredado, pero les hice una promesa de abandonar esa forma de ver y vivir la vida, que no nos permite ser felices. Les dije que no quería repetir ese patrón que les había impedido ser mujeres plenas, les decía que yo era una mujer que estaba destinada a ser feliz, destinada a amar sanamente y a tener relaciones sanas, y que yo iba a reivindicar a las mujeres de mi familia con mi transformación, pues a partir de mí, las demás mujeres de nuestra familia podrían amar sanamente, al aprender a amar con equilibrio.

A partir de la terapia la relación con mi madre mejoró mucho. Mi madre me sigue llamando más que yo a ella, pero al menos ahora la llamo de vez en cuando, pues antes no lo hacía. Ahora llevamos una relación más sana, podemos vernos sin pelear, platicar, comer juntas. También con mis hermanos tengo mejor comunicación ahora, y eso sucedió gracias a que yo cambié mi actitud hacia ellos por una menos prepotente y más comprensiva. Antes siempre tenía una actitud de "soy la que manda aquí", pero en terapia una de las grandes cosas que aprendí es que no soy perfecta, pues tengo muchos defectos y errores y debo ser más humilde con la vida y con la gente que quiero. Por eso, cuando les hice ver a mis hermanos, con mi cambio de actitud, lo mucho que los quiero, ellos se abrieron más conmigo. Antes no mantenía una relación estrecha con ellos, no podíamos comunicarnos, porque como era su hermana mayor y me encargaba de ellos, cuando me casé y me fui de la casa ellos sintieron que yo los abandoné. Sin embargo, ahora hay más vínculos entre nosotros, y aun cuando estoy lejos de casa, la mayoría de las veces recurren a mí para tomar decisiones importantes.

Al llegar al grupo lo único que me mantenía en pie era mi hija, pues yo quería ser una mejor madre, un mejor ser humano para ella, y que no repitiera los patrones que me hicieron sufrir tanto. Cuando manifesté la motivación que para mi vida significaba mi hija, una de las compañeras del grupo que me prestaba mucha atención me dijo que el mejor regalo que podía darle a mi hija era mi recuperación. Su comentario me llegó al fondo del corazón; pensé que ése era el lugar en el que debía quedarme y así lo hice.

En terapia pude entender lo que significa asumir el papel de víctima en una relación, y descubrí que yo me había sentido víctima durante mucho tiempo en la mayor parte de mis relaciones. De hecho, fue entonces que me di cuenta de que en mi matrimonio que duró doce años yo siempre me sentí víctima de las circunstancias y de mi ex esposo; a lo largo de todos esos años siempre creí que él tenía la culpa de todos nuestros problemas, que era la causa del fin de nuestro matrimonio, e incluso llegué a culparlo –o al menos a responsabilizarlo– de mi infidelidad, justificando mis actos por el hecho de que él era alcohólico, no me hacía caso ni me prestaba atención alguna.

En el grupo aprendí a asumir mis errores y a ver las cosas de una manera más objetiva. Ahí escuchamos una y otra vez que en toda relación cada parte es responsable de la mitad de lo que ocurre entre los dos, y por lo tanto, es la responsabilidad de uno autoanalizarse y asumir todo aquello que hicimos bien o mal, y las consecuencias que nuestros actos generaron en nuestra pareja y nuestro entorno. Fue esencial en mi proceso de recuperación asumir la responsabilidad que me correspondía en cada relación, para así poder entender por qué busco el tipo de parejas que busco, por qué asumo el rol de víctima, por qué en lo general me comporto de la manera en que me comporto. Además de conocerme mejor a mí misma, asumir mi parte de responsabilidad en las relaciones de pareja que había tenido me hizo sentir un poco de alivio, un poco de esperanza; pude ver en ese hoyo en el que me había metido un poco de luz; empecé a descubrir y a descansar cuando asumí mi parte, pues me sentí menos violentada por los demás y con mayor poder de decidir mi vida.

Cuando decidí hacer el esfuerzo de iniciar mi proceso de recuperación empecé con terapias grupales e individuales, en las que fui descubriendo que había un ser superior con quien podía contar en cualquier circunstancia; ese vínculo me llevó a empezar a ver los días con más alegría, a cambiar totalmente mi mentalidad hacia una más positiva. Antes para mí todo era negativo, mis relaciones con la gente eran conflictivas, pues mis expectativas con relación a su reacción frente a lo que yo hacía, y era, quedaban insatisfechas. Frecuentemente, pensaba que yo era la única que hacía las cosas bien, tendía a ser muy perfeccionista en todo, y sentía que la gente no me valoraba ni se daba cuenta del trabajo que yo hacía para satisfacerlos, para hacer todo muy bien. Por la misma razón, con relación a que me parecía que yo era la única que hacía todo bien, es porque generalmente hacía más trabajo que los demás, o incluso asumía todo el que había que hacer; me costaba mucho delegar y siempre quedaba insatisfecha con el resultado que otros daban. Pero mi forma de pensar empezó a cambiar cuando inicié las terapias y empecé a valorar todo lo que tengo y lo que soy: mi hija, que es mi motor fundamental, mi trabajo, que me encanta, las cosas materiales que he ido acumulando a lo largo de los años, las buenas amistades que siempre han estado ahí, entre muchas y maravillosas cosas más.

A medida que fui descubriendo que tenía tantas bendiciones, empecé a confiar en el Espíritu, lo que yo entiendo como un ser supremo que puede protegerme y en el cual podía apoyarme. Fue entonces que algo muy profundo en mí se transformó: mi actitud y acciones en la vida cambiaron por completo, mis relaciones dejaron de ser dañinas, el dolor que sentía por haber terminado con Luciano empezó a disminuir. Ese fue un tiempo en que yo creía que Luciano era el amor de mi vida; ahora entiendo que sólo a la distancia te puedes dar cuenta de cómo pueden cambiar las cosas: hace poco me lo encontré por ahí y al verlo no sentí nada, no me dolió, al contrario, pude verlo como un amigo o un compañero, como una persona que también sufre, y que quizá encontrará su propio proceso de recuperación.

Todos estos cambios me hicieron reflexionar y agradecer a ese Espíritu, a ese ser supremo que me había ayudado a salir adelante pese a mi muy dolorosa circunstancia; le agradecí a la vida, a las mujeres del grupo que con sus experiencias me enseñaron el valor para asumir mi propia vida, y finalmente le agradecí a nuestra guía, la psicoterapeuta que supo escucharnos y llevarnos por un camino doloroso, pero de desenlaces extraordinarios. Les agradecí entonces y lo hago ahora nuevamente de todo corazón, porque mis días ya son más serenos. He encontrado la paz y la felicidad dentro de mí y no afuera.

Antes pensaba que recuperarse significaba aguantarse, estar sin la persona anhelada, así que yo contaba los días, que se volvieron meses, claramente contabilizados en los que esperaba una llamada, un gesto mínimo de interés; no eran meses de serenidad, pues en realidad yo no hacía más que pensar en Luciano y lamentarme por no poder estar a su lado.

Pero Luciano no demostraba ningún interés y como consecuencia yo no dejaba de preguntarme: "¿Por qué no me valora?, ¿por qué no le resulto atractiva?". Sin embargo, a medida que pasaba el tiempo y me iba fortaleciendo, también empecé a valorarme, a mirarme al espejo y realmente sentirme como una mujer hermosa, como un ser muy valioso, merecedor de ser tratado con amor y con respeto, tal como yo estaba dispuesta a tratar a los demás. Creo que toda mujer es hermosa, en su espacio y en su tiempo, en la medida en que ella misma se perciba hermosa.

Ahora sé que recuperarse no es únicamente haber podido dejar a la pareja que nos hacía daño, sino sobre todo significa poder vivir cada día con serenidad.

Ver lo bueno de la vida, las cosas hermosas a nuestro alrededor, las bendiciones maravillosas que nos da ese ser superior con su luz y fortaleza para seguir adelante. Yo estoy muy agradecida con la vida, con mi grupo y con mi terapeuta. Durante mi estancia en el grupo escuché las historias de mujeres que apenas empezaban su proceso de recuperación, y de otras varias que ya habían atravesado por lo más difícil: ya habían logrado transformar sus vidas y a ellas mismas. Cuando contemplaba a estas mujeres me daban esperanzas y ánimos, pues eran una muestra tangible de que cada una de nosotras tenemos el poder de cambiar nuestras vidas. Me siento muy agradecida con todas ellas, pues me enseñaron a que el recorrido para la autorrecuperación es largo y doloroso, pero vale la pena caminarlo, porque la esperanza de la sanación del corazón está allí, presente, encarnada en ellas, y significa dejar de ser infeliz para convertirse en una persona plena y completa. Gracias a esas personas, a esa esperanza, fue que pude también darme cuenta de que tenía que trabajar muy duro y no dejar de asistir a las sesiones del grupo. Todavía me falta mucho para lograr una recuperación como a mí me gustaría, pero ya encuentro muchas bendiciones donde antes sólo veía oscuridad, tengo ganas de vivir mi vida y disfruto de muchos días de plenitud.

Al iniciar el grupo me sentía –en una escala del uno al diez– en cero. Ahora me siento en ocho. Ya no tengo esos días llenos de tristeza, aunque en algunos momentos caigo en breves depresiones; ahora son periodos muy cortos, de uno o dos días como máximo. Cuando estoy muy triste lloro mucho y me conecto con mi ser superior. Al principio lo hacía con una veladora: la prendía todas las noches, me encerraba en mi cuarto y oraba; hablaba con el Espíritu que me ha ayudado tanto, y entonces me daba cuenta de que la salida para mí era ese ser superior, que día a día sentía que me daba más sabiduría y más fortaleza.

En las mañanas lo primero que hago es abrir mi ventana, o si me duermo y la dejo abierta, entonces abro mis cortinas;

veo todo el vecindario y no importa si es un día nublado o soleado, para mí es igualmente hermoso: veo los árboles, los pájaros que están siempre en mi ventana, veo las casas de mis vecinas y a todos los bendigo. Agradezco cada día que me despierto sana y feliz, a mi ser superior, y le pido que sea un día lleno de amor, de sabiduría y asertividad. Por las noches también agradezco todo lo bueno del día, y también las experiencias que a veces parecen malas o negativas por ser fuertes, pero que en el fondo son más aprendizajes que nos da la vida. Ya no estoy sola, ahora me siento acompañada, poderosa, gracias a ese ser superior que está siempre conmigo, pues no me deja nunca. También en las noches trato de revisar mis aciertos y las cosas maravillosas que veo cada día, y al hacerlo me siento profundamente agradecida por todo.

Creo que la palabra mágica es "gracias": dar las gracias por vivir, por todo lo que tenemos y somos. Con esta actitud, hoy tengo una relación magnífica con mi hija, nos decimos todo, platicamos de todo. Ella se ha abierto muchísimo conmigo luego de ser el más importante y directo testigo de mi transformación; así también, y por ser mi hija adorada, es ella la más beneficiada por este cambio tan significativo en mí.

Mi actitud en el trabajo, al igual que en otros ambientes de mi vida, cambió totalmente. Parece como si fuera algo mágico, pero luego de mi recuperación me he dado cuenta de que todas las personas que me rodean en mi trabajo me quieren mucho, siempre me dicen cosas lindas, como que no puedo faltar a los convivios porque, aseguran, soy el alma de las fiestas, porque echo relajo, me río mucho, emano tranquilidad y al mismo tiempo contagio la risa, el buen humor, y eso hace que ellos se sientan muy en confianza conmigo.

Me siento muy bien hablando con mi ser superior, me siento como si estuviera con un amigo; cuando he tenido fuertes crisis, recurrir a él me ha ayudado muchísimo. Recuerdo un día que nuevamente me habló Luciano después de casi seis meses de no haber estado juntos, y de nuevo accedí a verlo y a tener relaciones con él. Como era su costumbre, al concluir dejó de hacerme caso, lo cual me afectó muchísimo. Fue una crisis tremenda porque sentí que todos mis esfuerzos no habían servido de nada, pues seguía cometiendo los mismos errores que me habían hecho tan desdichada. Pero de repente me acordé que no era cierto, que todo ese esfuerzo sí había servido de mucho, y no importaba si volvía a cometer un error, sino lo que resultaba verdaderamente relevante era poder afrontarlo, darme cuenta de la equivocación. Así que ese día me metí a mi cuarto y le entregué toda la carga que traía a mi ser superior, y en cuestión de horas ya me sentía muy bien, de hecho, al día siguiente nuevamente volvió la tranquilidad a mi vida; ya no me sentí como víctima, empecé a dejar ese papel. Me di cuenta de que Luciano iba a seguir siendo como es, pero yo no me iba a permitir seguir siendo como había sido, yo iba para adelante y esta no era sino una prueba más de la vida que tenía que superar, y la forma de hacerlo fue entregándole esa ansiedad y ese dolor al Espíritu que siempre está allí para mí, y gracias al cual en cosa de tres días yo ya estaba recuperada, nuevamente con ese ánimo, con esas ganas de ver la belleza de todas las cosas.

Los talleres que ofreció la terapeuta en el campo como parte de la terapia grupal para conectarnos con las fuerzas de la naturaleza –la madre tierra, el fuego, el agua, el viento, y el sol– removieron muchas fibras en mí. Encontré que con la madre tierra podemos renacer a la vida despegándonos de nuestro pasado doloroso. Aprendí a hablar con el abuelo fuego, y en nuestro encuentro con el mar, en el que salimos en una lancha y vimos a unas ballenas pocas vistas en esa temporada, entendí que era una señal que me decía que estaba tomando el camino correcto en mi vida.

Para mí ha sido prioritario no juzgar a la gente, no lamentarme de lo que hago o dejo de hacer, o peor aún, de lo que me sucede. Yo era muy dada a estarme lamentando y a llorar por todo, y escuchaba a mi terapeuta decir: "No acabas de ver tus aciertos, te enfocas más en tus errores y te sientes mal porque ves más tus errores que tus aciertos", y entonces yo me preguntaba cuáles eran mis aciertos, y poco a poco me daba cuenta de todo lo que hacía bien, y cuando empezaba a ver mis aciertos del día empezaba a recuperarme, empezaba a sentirme bien. Al principio no fue fácil porque me había pasado media vida viendo sólo mis equivocaciones y criticándome de la peor forma, diciéndome "tonta, estúpida" y todos los adjetivos malos que se pueden encontrar para una mujer, pero de repente empecé a cambiar todos esos adjetivos negativos por unos más positivos, y me convencí de que soy fuerte, de que no importa fallar una vez, sino aprender a componerlo. Ya no soy la misma de antes. Ahora voy para adelante, me siento bella, inteligente, amorosa y tranquila; identifico con mayor facilidad mis aciertos. Uno de ellos, muy relevante para mí, es poder hablar con alguien sin juzgarlo, que alguien se acerque y tenga la confianza de hablarme de su vida privada, de su vida laboral y estar yo ahí sólo para escuchar a esa persona, para darle un consejo si me lo pide, sin juzgar ni criticar.

Ahora me doy cuenta cuando me estoy lamentando, me estoy sintiendo víctima o juzgando a la gente y todo eso me levanta, pues para mí son los aciertos de todos los días; sigo teniendo errores, sigo cayendo en ocasiones, pero con la diferencia de que ahora siempre me levanto.

Abuso sexual

*La verdad es que no quiero mantener mi nombre atado a los días
y a los hombres que me vieron derrotado.*
SANTIAGO DEL NUEVO EXTREMO

Es común, cuando alguien es víctima de un abuso sexual, que lo primero que quiere hacer –en un intento de aliviar los sentimientos negativos de lo sufrido– es perdonar a su agresor (Herman, 1992). Ese intento puede ser parecido a poner una venda encima de una herida infectada, no curada correctamente. La infección empeora en un intento de curación, y es necesario sacar el pus acumulado, el dolor, la tristeza y el enojo, que posiblemente acompañan a este abuso, antes de poder sanar la herida, de soltar.

Soltar no es querer tener a tu lado a esa persona que te hizo daño o dejar de condenar lo que sucedió. Soltar es lograr, a través de un ejercicio espiritual, enfrentarnos a eso que nos hiere tanto y nos impide ser felices; a veces esto implica verbalizar lo que sentimos, pues de este modo podemos compartir nuestro dolor, ser comprendidas y darles voz a nuestras historias, tal como lo hizo Rosario con su madre.

> *Verbalizar lo que uno siente es un acto que en sí mismo conlleva la liberación de una carga emocional, como el rencor, la frustración o la tristeza.*

Contar la historia de lo ocurrido levanta la cortina de la negación y disuelve la impotencia que posiblemente has cargado durante años (Herman, 1992).

< 282 >

Hace un tiempo vi el final de un documental chileno sobre un hombre que fue encarcelado, torturado, y luego mandado al exilio durante la dictadura de Pinochet. La historia de este hombre –quien dirigió el documental– me pareció un testimonio de la capacidad humana para la autosanación. Cuenta el hombre que, a lo largo de todos los años que vivió en el exilio, estuvo lleno de miedos y su cuerpo temblaba, incontrolable, sólo de recordar los momentos de su tortura. Sin embargo, dice que haber hecho el documental, haberse enfrentado a lo que le causaba terror y documentado su tragedia, lo alivió enormemente. La realización del video, dice el hombre a lo largo del filme, fue un acto que le permitió recuperar su poder. Hacer el video implicó regresar a Chile a entrevistar a sus agresores, y sin violentarlos logró obtener sus testimonios de lo ocurrido, no sólo a él, sino a miles de personas torturadas, asesinadas y desaparecidas durante la dictadura militar de Pinochet. A pesar de que los entrevistados negaron su involucramiento en los hechos, el chileno sintió la satisfacción de tener el valor de enfrentarse a estas personas sin agredirlas, con un gran poder interno.

Ángela

40 AÑOS, CORREDORA DE BIENES RAÍCES

Mi autoestima siempre estuvo por los suelos y no fui feliz en mi hogar. Afuera de mi casa, sin embargo y a pesar de lo disfuncional de mi familia y de los pleitos, era feliz porque mi hermano y yo jugábamos con mis primos y teníamos muchos amigos. Creo que desde entonces ya la vida me daba señales de que tenía que salir de ese ambiente familiar, pues era ahí exactamente cuando me entraba el miedo de no poder hacer cosas para vivir contenta. Mi niñez fue como un relámpago, muy fugaz pero con mucha tristeza.

Cada día mi autoestima disminuía porque, además de los problemas familiares, tenía que aguantar el mal genio de mi madre. Ahora entiendo que lo más próximo que tenía mi madre para desquitarse de las muchas broncas que sufría con mi padre era yo, así que conmigo descargaba toda su furia; desde que yo era muy pequeña, a la menor provocación me insultaba y golpeaba duramente. A pesar de todo yo la amaba, siempre le tuve mucho cariño, pero también

< 285 >

fui muy rebelde: le contestaba feo y le decía que no la quería. Ella solía decirme que yo era mala y eso se me quedó clavado en el corazón. Creo que eso influyó tanto en mí, a lo largo de mi vida, pues a pesar de tener muchos buenos partidos, siempre me fui con los peores, sin pensar si me convenían o no, sin reflexionarlo por un instante porque eso era lo que conocía. Es una sensación muy fea cuando peleo con mi madre; es una situación con la cual aún me cuesta mucho trabajo lidiar.

Me parece que lo que más me ha marcado en la vida son esas palabras de mi madre, y el sentimiento de su abandono y su descuido hacia mí en general. Recuerdo que cuando tenía como ocho años me dejaba por las tardes con mi hermano, un año mayor; éramos dos niños solos y desatendidos. También sentía el abandono de mi padre, porque estaba con nosotros muy poco; no me acuerdo ni qué hacía por las tardes o a qué dedicaba su tiempo, nunca lo supe, pero no estuvo conmigo casi nunca.

Mi vida era un caos, mis padres se peleaban todos los días, y eran pleitos verdaderamente horribles. De repente un día mi padre me puso a hacer sus maletas porque, me dijo, se iba de la casa. Sacó todas sus cosas, y fue muy desagradable ir a la escuela al día siguiente como si nada hubiera pasado. Lo peor era sentir esa incertidumbre de no saber qué estaba sucediendo; nunca me explicaban qué era lo que pasaba y yo no le contaba a nadie mis problemas familiares porque me daba vergüenza.

Desde que se fue mi papá, mi madre nos hablaba muy mal de él. Nos decía que andaba con mujeres, que era un borracho, que no nos quería porque no nos daba ni para comer, y siempre nos asustaba con que nos iba a dejar sin casa porque nos la quitaría su nueva familia. Ahora, a la distancia y luego de haber comprendido muchas cosas sobre mis padres, me doy cuenta de que mi papá no estaba enojado con nosotros, sino con mi madre.

Mi papá murió seis años después de que se fue de la casa. Su muerte me afectó mucho: yo siempre anhelé tener una familia feliz y no la tuve porque mis papás se separaron cuando yo tenía doce años. Además, en ese momento entendí que él realmente sí me quería, y mucho. Me acuerdo que entonces mi mamá se deprimía a menudo, se encerraba y no nos prestaba atención por días, a duras penas nos daba de comer. Me sentía completamente sola. Como estaba tan descuidada, mi mamá me dejaba hacer lo que quisiera y yo tenía el poder de tomar decisiones que no correspondían a mi edad. Como es de imaginarse, empecé a tomar decisiones dañinas en mi vida. Comencé a juntarme con gente que no me hacía bien, bebía bastante, pasaba las noches fuera de mi casa, y en general me descarrié.

Cuando conocí a Eloy yo tenía 36 años y llevaba dos años sola, o más o menos sola, pues siempre tenía algunas aventurillas, pero en el fondo, sentimentalmente estaba sola, así que cuando lo conocí fue como un flechazo; él también estaba solo, y nos enganchamos muy fuerte, inmediatamente empezamos a andar juntos y al poquito tiempo quedé embarazada.

A los dos meses de conocerlo, ya me había dado cuenta de que él era un tipo agresivo. Quise dejarlo, pero no pude hacerlo porque quedé embarazada y realmente no contaba con ello, así que no supe qué hacer. Ya embarazada, de nuevo intenté dejarlo, pero pronto volví con él pues me entró un miedo terrible de tener que criar nuevamente un hijo yo sola. Tengo una hija de once años, Daniela, a quien he sacado adelante por mí misma, sin el apoyo de su padre, y me ha costado mucho trabajo, así que cuando me vi nuevamente en esa situación, preferí regresar con Eloy. También me preocupaba mucho por lo qué diría mi familia, pues lo considerarían como otro fracaso más. Por eso, cuando Eloy me buscó para que regresara con él: lo seguí.

Eloy estaba conmigo y me apoyaba como lo había prometido, pero como a los dos o tres meses de que empezamos a vivir juntos, empezó a maltratarme físicamente. Al inicio sus ataques eran verbales, siempre por celos, hasta que un día me golpeó. La primera vez que lo hizo me sentí muy mal, porque además de lastimada me sentí avergonzada, al haberme agredido frente a mucha gente. Estábamos en una disco con su familia que vivía en otro estado de la República, habíamos ido a pasar el año nuevo a casa de uno de sus tíos y todos los jóvenes nos fuimos a la disco con su papá y empezamos a tomar; entonces Eloy empezó a reclamarme que estaba yo viendo a un tipo y, de repente, me soltó una cachetada, sin más, mientras compartíamos la mesa con su familia, delante de todo el mundo. Me puse a llorar, me quise ir enseguida, pero no pude porque estábamos en casa de un familiar y yo no llevaba dinero porque iba a expensas de ellos. Pensé que nunca lo iba a perdonar, menos todavía cuando al otro día de la cachetada se desapareció, se fue a tomar con sus primos y me dejó sola con su mamá, con su papá y con el bebé. Todo ese día estuve muy triste y diciéndome que no lo iba a perdonar.

Según yo lo iba a dejar, pero fácilmente lo perdoné en el camino de regreso a casa. Me pidió perdón, y como mi necesidad de estar con él era tan grande, le dije: "Bueno, está bien, no lo vas a volver a hacer". Estuvimos bien un tiempo hasta que de repente otra vez empezó con sus celos. Nos peleamos una y otra vez, demasiadas veces, hasta que un día me volvió a golpear; en esta ocasión mucho más fuerte que la primera. Entonces me pegó como si se hubiera estado peleando con otro hombre. Yo me defendí, no dejé que me golpeara, siempre me defendía, yo también lo golpeaba, lo arañaba, le aventaba lo que encontraba, le daba patadas; si salía yo golpeada, él también. Yo no me dejaba, pero después de esas peleas tan horribles, tan intensas y desgastantes, a mí en vez de darme coraje o de enojarme con él, me daba depresión y mucha tristeza de que se fuera (después de cada pelea, Eloy se iba de la casa).

El vacío que sentía cuando mi mamá me dejaba sola era el mismo que sentía cuando él se iba, así que para no sentir ese vacío a veces hasta yo misma lo buscaba para decirle: "Oye, regresa, no puedo estar sola". Esa situación se repitió como cinco veces, hasta que un día fue tan fuerte el pleito, y eso que no fueron tantos golpes sino más bien hirientes insultos, que me enojé mucho, y sentí con firmeza que yo no quería vivir así. Fue como una luz que me iluminó. Comprendí que no quería seguir viviendo toda mi vida esa situación. Ese día decidí que Eloy se iba, pero para siempre.

Porque, lejos de componerse las cosas entre nosotros, cada vez estaban peor, eran momentos en que yo sentía que él verdaderamente me odiaba, como si yo le hubiera hecho algo terrible que imprimía un odio furioso en su cara, en su mirada, en sus palabras. Eloy me recordaba mucho cuando mi mamá me regañaba, ella me decía que no me soportaba, que por mi culpa le habían pasado cosas que ella no quería. A mi mamá le daban momentos de furia y se desquitaba conmigo; recuerdo muy bien ese sentimiento, esa sensación de odio hacia mí, y luego que me pidiera perdón, y más tarde otra vez sufrimiento. Pronto me di cuenta de que con Eloy era como lo vivido con mi mamá en mi infancia. Hace poco mi mamá me hizo unos comentarios muy críticos de él, y yo simplemente le respondí: "Busqué alguien que te sustituyó", entonces se quedó callada; no me pudo decir nada porque yo me adelanté y le recordé: "Acuérdate que me pegabas, me insultabas, me decías cosas horribles, encontré a tu sustituto y por fin: lo dejé".

Ahora mi mamá ya no pelea conmigo, pues bien sabe que, como lo he hecho antes, le voy a contestar y le voy a pedir que me deje de criticar, que me permita tomar mis propias decisiones y vivir la vida de la manera que a mí me parece bien. Siento que mi familia me critica porque a veces hago cosas que a ellos no les gustan; hago negocios arriesgados, tengo un novio más joven, salgo mucho con mis amigos, tomo, me gusta vivir la vida, pero ellos no están de acuerdo en mi manera de vivirla. Ahora me estoy dando cuenta de lo que me conviene y lo que no, y no me dejo llevar tanto por lo que piense la gente; al final del día soy yo la que decido si bebo o no bebo, si me voy con alguien o no; ahora soy mucho más consciente de todo lo que hago, cosas que algunos ven como malas; para mí simplemente no lo son.

A pesar de lo difícil que la pasé con Eloy, también había momentos muy bonitos. Creo que él ha sido la única persona que se ha entregado amorosamente al cien por ciento conmigo. Era una relación de dos polos, mucho amor y de repente mucho odio, porque a veces yo verdaderamente sentía que él me odiaba, e incluso le preguntaba: "¿Qué te hice?", porque no entendía qué podía haberle hecho para que me tratara de esa manera, para que despertara ese odio que yo sentía tan intenso hacia mí. Eloy se enojaba mucho, no se enojaba por algo que yo hiciera realmente, sino de celos; por ejemplo, porque yo le decía: "Fíjate que me acordé de tal amigo con el que estudié hace tiempo", y eso era suficiente para que él me reclamara furiosamente como si yo hubiera hecho algo terrible con otro; me decía: "Ya estás pensando en él, seguramente te acostaste con él y por eso lo recuerdas". Así empezaban sus ataques de celos; se inventaba todo tipo de historias, con mis amigos, con mis amigas, hasta con mis amigos gay me celaba terriblemente. Era tal su obsesión, que se ponía celoso de los momentos felices que yo había vivido con otra gente y me vigilaba sigilosamente: checaba mis mensajes, revisaba mi ropa interior, y frecuentemente me acusaba de que me acostaba con otro. Sus ataques ocurrían como una vez al mes y eran absurdos; por ejemplo, si íbamos por la calle, Eloy me acusaba de que estaba viendo a un chavo, que seguramente lo conocía y ya me había acostado con él.

Pronto también me di cuenta de que Eloy usaba drogas, porque un día, como un año después de vivir con él, lo encontré aspirando cocaína. Fue hasta entonces que entendí muchas cosas y atribuí su mal comportamiento, sus cambios de humor tan horribles y su agresividad, a las drogas. Cuando me di cuenta de que Eloy era adicto me empezó a dar miedo, me deprimí aún más, pero extrañamente no por él, sino porque yo sentía que la que estaba mal era yo, y obviamente estaba mal, sobre todo porque lo que más me preocupaba era regresar a mi casa con mi familia por miedo al qué dirán, a su rechazo y su crítica. Por eso con Eloy me sentía como liberada, porque de alguna manera él me había rescatado de ahí, de mi familia, pero sólo para meterme en otro hoyo más oscuro y feo aún.

Yo prefería estar con Eloy porque a pesar de que en ocasiones me golpeaba y me decía cosas terribles y humillantes, el resto del tiempo me sentía muy feliz con él porque salíamos, íbamos al súper, la pasábamos bien, hacíamos el amor, y yo me sentía cómoda y liberada al pensar: "Ahora sí puedo hacer el amor con mi marido sin estar pensando en qué van a decir los demás".

Para mí significaba mucho y era súper emocionante tener un marido, mi casa, hacerles de comer a mis hijos, jugar el papel de madre ejemplar. Yo luché mucho por conservar eso, y por eso me resultaba muy doloroso y frustrante aceptar que no podía tener una familia normal, y me costaba muchísimo trabajo dejar a Eloy. Luché lo más que pude por conservar esa familia, porque mis hijos tuvieran a su papá, porque yo tuviera a mi marido para siempre, porque duráramos hasta viejitos como soñábamos, pero un día me di cuenta de que yo estaba sacrificando demasiado y estaba dejándome a mí misma muy al final de las prioridades. Entonces me puse a pensar y me pregunté: "¿Realmente quieres vivir toda tu vida así?". Aún tengo el recuerdo presente de ese momento en que sentí que una luz me iluminó, y entendí con mucha claridad que debía terminar con

Eloy. Así, tomé la decisión de decirle que se fuera, pero a diferencia de las veces anteriores, en esta ocasión ya no lo dejé regresar. Las otras veces se iba pero ambos sabíamos que podía regresar y, de hecho, siempre volvía; es más, a veces hasta yo misma le hablaba para pedirle que regresara, pero esta última vez que se fue, ya no le permití volver. Me puse muy triste, empecé a beber y a sentirme vacía otra vez. Fue en ese momento que entré a la terapia.

En ese entonces conocí a Raúl, y me enganché rápidamente con él para no sentirme tan sola. Raúl también me hacía daño, pero de una manera más sutil: no había golpes, había protección de alguna manera, una protección como paternal hacia mí. Sin embargo, Raúl me lastimaba mucho porque me ignoraba por completo, y aun así yo prefería mil veces su dolorosa indiferencia, al maltrato físico que vivía con Eloy.

Yo creo que lo que me impulsó a cambiar mi sufrimiento por felicidad fue que ya no quería seguir ese mismo patrón que había seguido durante mucho tiempo. Han pasado quince años de mi vida desde que empecé a tener novios, y ahora me doy cuenta de que todo ese tiempo estuve basando mi felicidad en otra persona, en cómo esa persona era conmigo (si me habla, si no me habla, si fue, si vino), y en estos momentos de mi vida no me importa si una persona está a mi lado o no, simplemente estoy haciendo lo que quiero y descubrí que me puedo sentir bien así. Para esto, he tenido que recorrer un camino muy doloroso, pero creo que es lo mejor que he hecho en la vida, pues ahora puedo reconocer lo que me hará daño y lo que me hará feliz, mientras que antes, simplemente y sin pensarlo, elegía el que me hacía sentir sola aunque estuviera acompañada, supuestamente feliz, pero pagando un precio muy alto: dañándome, odiándome y degradándome.

Lo más difícil a lo que me he enfrentado en los últimos años es a mí misma; el hecho de ver mi interior y de reconocer mis heridas, mis errores, mis miedos y hasta mis aciertos. Todo eso me producía un gran temor, pero a la vez me daba una fuerza interior que me hacía seguir adelante en cualquier adversidad. Esa fuerza interna es lo que aún me mantiene en pie y me abre los ojos para ver que sólo tengo una opción en la vida, y esa opción es ser feliz. Ahora entiendo que ser feliz no es necesariamente tener una pareja, pues ahora hallo felicidad en muchas otras cosas, en la tranquilidad, la paz, la luz, la productividad, la amistad, la ayuda, la sonrisa, y todo lo bueno que la vida nos da.

Desde que decidí pedir ayuda y acepté que tengo problemas con el alcohol y con el manejo del dolor, di un gran paso, el más importante en mi vida. Desde el momento en que decidí recoger los pedazos que quedaron de mí, de una madre con dos hijos, de una mujer que vale mucho y merece ser feliz, mi vida cambió otra vez, pero ahora el giro fue positivo, no destructivo como estaba acostumbrada. Ahora me negaba a ser otra vez destruida, me negué a volver a llorar y sufrir golpes, me dediqué entonces a recuperarme de todo, de sanar mis heridas, mi economía, mi relación con mis hijos y mi familia, y lo más importante, sanar mi relación con Dios.

Empecé desde cero otra vez, herida en todos aspectos, pero sin nunca perder la fe, que es lo que me alienta día a día a llevar un orden en mi vida, a gustarme como soy, a perdonar mis errores, a trabajar por mis objetivos económicos, a pensar que no hay nada imposible, a creer en mí, a quererme, a respetarme, a ser congruente con mis acciones y mi realidad, y a ser tolerante ante las adversidades. Hasta mis amistades han cambiado: me rodea gente trabajadora y positiva.

Ahora pongo límites cuando alguien me agrede, me siento en paz conmigo misma, disfruto de mis hijos y mi familia. Ya todo lo que pasó con Eloy, gracias a mi decisión de aprender a amarme, quedó atrás. Ahora entiendo que lo que necesito para ser feliz es estar sana. Creo que si uno tiene problemas con su yo interno, es necesario aceptarlo y no abandonar la lucha, no es algo fácil, pero la recompensa es el amor por uno mismo: todo lo demás llega por sí solo.

Hay que decidir el camino correcto, porque siempre hay dos opciones: una que es la destrucción y el sufrimiento, y otra que es el bienestar. Podemos decidir dejar a una pareja destructiva, o un vicio que nos destruya, o sólo querer dejar de sufrir. Por eso es importante considerar si vale la pena dejar atrás todo lo dañino que hemos vivido para entrar en el mundo del bienestar.

Todo lo que tengo ahora es inmenso: los hijos que siempre soñé, una niña y un varón; tengo a mi familia, porque ahora la relación con mi madre es mucho mejor; tengo amigos verdaderos con los que me divierto mucho; soy la dueña de un excelente negocio con el que gano bien, y finalmente, pero no menos importante, tengo un amor. Tengo fe en mí y en Dios, y he aprendido a rechazar y prevenir el sufrimiento. Ahora, cuando me encuentro en una situación de riesgo, me alejo y me ahorro todo el sufrimiento que esa situación posiblemente me habría causado.

Mi negocio es de bienes raíces. Es muy complicado y difícil porque hay que tener mucha paciencia, temple, control de las emociones y, sobre todo, mucha seguridad en uno mismo. He tratado de mantenerme en ese nivel para poder salir adelante, porque me he dado cuenta de que cuando he sido negativa y no he tenido esa seguridad, simplemente no gano dinero, y se me han ido negocios; en cambio cuando pienso positivamente y confió en mí aunque tenga problemas, aunque no me esté yendo bien, aunque no haya vendido, puedo cerrar buenos tratos, puedo conocer más gente, estoy segura de lo que quiero y lo logro nada más con pensarlo y decir: "Sí se me va a hacer", y así, como por inercia, lo consigo.

Ahora ya no vivo con esa zozobra de si me habló mi pareja o si no, si me quiere o no, si me maltrató mucho o nomás tantito. Ya me quité ese peso de encima, ya no pienso que necesito a alguien para poder salir adelante, pues simplemente me di cuenta de que lo que tengo y soy como mujer y como persona es suficiente para salir adelante de todo, de cualquier adversidad, de problemas económicos, de problemas con mis hijos, de problemas con mi familia, pues yo puedo controlar lo que quiero y no quiero de mi vida, en mi vida. ¿Cómo lo hago? Con mi familia, por ejemplo, que es lo que me ha costado más trabajo, simplemente escucho lo que me dicen, pero ya no me lo tomo tan a pecho y no me quedo con ese sentimiento negativo en mi corazón. Ahora, si algo me molesta o me causa daño, simplemente me alejo de ello, hago otras cosas, voy a ver a un amigo o una amiga, hago lo que me dé alegría, como pasar tiempo con mis hijos, ir con ellos a tomar un helado o simplemente ir juntos al súper, pues eso es suficiente para alegrarme el día, para relajarnos y olvidarnos de lo que dijeron o hicieron otros.

Uno de mis proyectos es tener mucho dinero, porque me encanta el dinero. Mi gran sueño es construir un albergue para niños maltratados, pues me da enorme tristeza el sufrimiento de los niños, y sueño con poder hacer algo por ellos. He tenido mucho éxito en mi negocio y me he dado cuenta de que cuando tengo problemas con mi familia, inmediatamente me empieza a ir mal. Lo bueno es que como ya me di cuenta de lo mucho que me afecta, ya instalé un foco rojo en mi cerebro que se enciende cada vez que tengo problemas con mis familiares.

He pensado en escribir algo acerca de la ceguera del alma. Yo creo que cuando estamos ciegos del alma no vemos más allá de lo que la vida nos ofrece, nos enfrascamos en un mundo pequeño y circular; como cuando yo vivía con Eloy: no veía vida más allá de él y de mi casa; entonces me resultaba imposible la idea de salir a la esquina y asumir que ya no tenía marido, y llegar a mi casa y que él no estuviera ahí. Todo eso era para mí terrible, muy caótico, pues no me daba cuenta de todo lo demás que hay alrededor del mundo, todo lo demás que vale la pena vivir y disfrutar, gente buena y valiosa que me puede querer y apoyar.

Ahora trato de buscar otro tipo de gente en mi vida, que me quiera, me respete y me haga feliz. Antes de conocer a Omar, mi actual novio, yo me encerraba en mi mundo y no quería ni sabía cómo salir de él; pero en el momento en que decidí hacerlo, que empecé a ir al gimnasio, bajé de peso y me puse a hacer cosas por y para mí, Omar se fijó en mí. Nunca lo pensé, pues él es el niño que todas las chicas del gimnasio quieren, lo van a ver, a todo el mundo le cae bien, es muy guapo, tiene carisma, es inteligente, en fin; yo siempre pensé que no me iba a hacer caso, pero sin buscarlo, así sucedió, sólo por haber sido capaz de salir adelante y reconstruir mi amor propio, por aprender a quererme y respetarme. Por eso pienso que tenemos esa ceguera del alma cuando nos enfrascamos y no vemos más allá, y decimos: "No hay nada para mí, no hay nadie para mí, nadie me quiere".

Creo que yo he aprendido a ver más allá, y además de eso, ahora me doy cuenta de que mi felicidad no es únicamente estar con una pareja; ahora encuentro felicidad y placer en muchas otras cosas de la vida, y eso lo hago porque yo quiero: estar bien, tener dinero, tener un novio guapo, estar guapa, estar bien con mis hijos y darles el tiempo que necesitan, sin importarme que mi familia me esté criticando. Yo voy a seguir adelante, no me voy a amargar y lastimar a mis hijos. Para mí, el maltrato de mi madre es lo que más me ha marcado en la vida. De hecho, ahora me doy cuenta de que esa es una de las razones por las que yo, hasta hace muy poco, me involucraba con hombres que me maltrataban.

Yo me acuerdo mucho que cuando era niña siempre estaba sola; esa soledad de mi niñez me hace sentir muy triste, y eso era lo que me hacía buscar gente. Incluso ahora, ya de adulta, me cuesta mucho trabajo estar sola; si llegaba a mi casa y me sentía así no me gustaba, pero ahora, a diferencia de antes, trato de disfrutar de esa soledad, de ese tiempo libre para estar con mis hijos, para chiquearlos, prepararles de cenar, o hacer cosas que les gustan. Antes me daba mucho miedo la soledad, por eso creo que buscaba a quien fuera con tal de no estar sola. Mi miedo a estar sola era muy profundo, porque me hacía sufrir, sentirme muy mal con una tristeza infinita y dolorosa. Cuando era niña, aun cuando estaba en presencia de mi madre, en el fondo estaba sola, pues ella no me preguntaba cómo me sentía yo o lo que me pasaba; no me preguntaba nada de mí. Tampoco me dio ninguna explicación de nada, de la partida de mi papá, de su muerte después, y otras cosas. Al contrario, más bien me culpaba de todo, de todo eso que me hacía sentir terriblemente desdichada, pero que no comprendía porque nadie me decía cómo eran las cosas. Mi madre me culpaba y después me golpeaba, me insultaba, y por cualquier provocación me ganaba una paliza llena de bronca, injusta para mí.

Ahora sé que cuando siento esa soledad, esas ganas de llorar y esa tristeza, es cuando he estado refugiándome en gente que no debo, en gente que me hace daño. En momentos así acudo a la terapia, o hago otras cosas, busco cambiar el rumbo, porque no quiero hacerme daño. Ya estoy aprendiendo a romper con ese círculo de decir: "Como he estado sufriendo, pues voy a seguir sufriendo", ahora digo: "Como he sufrido un montón, ahora voy a ser feliz". Así es ahora, la etapa del sufrimiento ya pasó, me toca ser feliz y desde que he cambiado de actitud Omar se me acercó, y fue que he empezado a hacer planes con mi vida, pero planes positivos: hacer viajes, tener más dinero, estar bien con mi cuerpo, estar más sana, dejar de beber, estar más tiempo con mis hijos. No es fácil, hay que ser constante y congruente.

Para mí, ha sido bien difícil ser una persona más positiva porque he tenido que luchar contra muchos hábitos que vengo arrastrando desde mi niñez. Como que te acostumbras y piensas que no hay otra cosa en la vida, que es lo que te toca, y no que una es capaz de transformar a sí misma y a su entorno; esto realmente me ha costado mucho trabajo, pero poco a poco lo he logrado.

Me he dado cuenta de que no todo ha sido negativo, he tenido muchos éxitos, antes de Eloy incluso, pero todos esos éxitos los he logrado cuando he estado separada de mi familia. En terapia he aprendido a comprenderla; es mi familia y la quiero, a mi mamá, a mi hermana y a mi hermano, pero yo soy diferente a ellos, no comparto su manera de pensar ni de ser, y me niego a ser tan aprensiva con la vida, tan conservadora. Yo tengo unas ganas de vivir muy intensas, pero mi idea de la felicidad no es tener hijitos, casarme y ser feliz para siempre, de hecho nunca lo ha sido; no ha sido esa mi manera de resolver mi vida. Más bien, yo siempre he estado buscando algo más, algo más intenso que casarme, tener hijitos y ser feliz al estilo tradicional.

Para mí haber vivido con Eloy fue algo muy intenso y ahora me doy cuenta de que no todo fue doloroso. Sin duda, sus celos y su agresión fueron terribles y la razón de nuestra separación, pero también es cierto que Eloy era una persona muy tierna conmigo, alguien que me conoció perfectamente, como nadie me ha conocido, y la primera persona en mi vida a la que le pude decir realmente cómo me trataba mi mamá. Él ha sido el único hombre en toda mi vida al que le he confesado cosas que solamente en terapia he dicho, la única pareja que también he sentido como mi amigo y que realmente me entendía.

Yo siento que Eloy fue como un trampolín, se fue de mi vida pero realmente me ayudó a poder poner límites con mi familia, me hizo ver otras cosas que hay en la existencia, como viajar y conocer gente, me ayudó a independizarme, algo que yo había querido hacer desde que me fui a estudiar, cuando aún seguía muy apegada a mi familia. Después conocí a Raúl y también me ayudó bastante, aunque él siempre fue más de la idea de que yo regresara con mi familia, lo cual siempre generó peleas entre él y yo porque para mí esa no es una opción. Yo soy muy diferente a mi familia, y aunque los quiero mucho, prefiero vivir de manera independiente y hacer mi vida como lo deseo, porque mi actitud es otra, mi manera de ver la vida es totalmente diferente.

Me sentí muy sola cuando dejé a Eloy definitivamente, lloré como nunca antes lo había hecho; de repente me daban ganas de buscarlo y le hablaba por teléfono, pero no para que regresara, sino para no sentirme tan sola. En ese entonces había tres cosas que no dejaba: mis terapias, mi trabajo y mis hijos, fueron mi fuerza y motivación para seguir adelante. De repente me daban muchas ganas de tomar y me daba cuenta de que era por la misma razón, porque me sentía sola. Eso me hacía sentir desesperada, y cuando me siento desesperada nada me sale bien.

Cuando me sentía sola y extrañaba a Eloy, a veces me daban ganas de irme con algún chavo o salir con Raúl, pero éste andaba en otras cosas, así que buscaba salir con alguien más, o me iba de antro con mis amigas, pero pronto empecé a darme cuenta de que no necesitaba eso, pues era como lastimarme más aún. Empecé a hacer mejor conciencia y a valorar que ya había dejado una relación destructiva que me costó demasiado; ya estaba saliendo adelante con mi trabajo y otras cosas, tenía dos hijos y no me podía dar el lujo de seguir en mi desmadre.

< 301 >

Empecé a tomar conciencia de lo que realmente quería y no quería para mí, y me dije: "Ya no quiero ser infeliz, ni destruirme, ni estar sola", aunque realmente sola no he estado, pues he tenido mucha gente a mi alrededor, pero lo más importante es que me tengo a mí misma. Por eso, me puse las pilas y empecé a trabajar muy duro; me refugié en mis terapias, en mi trabajo y en mis hijos, y le eché muchas ganas a mi negocio; para distraerme me sirvió mucho mi trabajo, buscar oportunidades, buscar terrenos baratos y gente que me los pudiera comprar. Empecé de cero, es más, empecé con menos, pues tuve que endeudarme para salir adelante; ahora ya no tengo deudas, tengo un negocio propio, estoy avanzando, conociendo mucha gente, la cual me busca. Ya me reconocen en el mundo inmobiliario como una persona de éxito, me pude comprar mi camioneta, me puedo comprar la ropa que yo quiero o lo que necesiten mis hijos. Antes de conocer a Eloy así era, yo tenía mi independencia económica, mis cosas, pero la relación también acabó conmigo económicamente, pues estando con él tuve que gastarme todo lo que había ahorrado hasta entonces.

Ahora me considero una mujer exitosa, sin miedo a nada, con la sensación de que puedo lograr mucho más de lo que estoy haciendo ahora. Tengo ganas de hacer cosas nuevas, distintas, viajar, pasármela bien. Con Omar estoy contenta porque siento que encontré a la persona con la que no me he enganchado en un sentido negativo. Él disfruta la vida de la misma manera que yo, tiene esa pasión por vivir, le gusta viajar, ir a conciertos, y aparte es autosuficiente económicamente, por lo cual no tengo que estar yo poniendo el dinero para que vaya conmigo. Esa pasión por la vida es lo que ahora comparto con mis amigos, pero es una pasión sana; creo que todos estamos entendiendo al mismo tiempo que hemos cometido errores cuando hemos bebido demasiado, así que todos estamos en el mismo canal de que hay que bajarle, cuidarnos, hacer cosas productivas y después irnos de farra si queremos, pero tranquilos, sin llegar a los extremos.

Ahora mi vida es muy diferente de lo que fue; ahora me preocupo por mí, hago ejercicio, estoy con Omar, estoy planeando viajar porque eso nunca lo había logrado, siempre lo había deseado pero nunca lo había aterrizado, nunca había dicho: "En tal fecha me voy y compro mis boletos, y no sé cómo le voy a hacer pero me voy a ir". Y ahora lo hicimos: vamos a comprar boletos para ir a un concierto en España en agosto; siento que van a ser experiencias inolvidables en mi vida, y que merezco vivirlas.

Entendí que ya di demasiado a las demás personas; ya les di mucho a mis hijos, y sé que puedo darles más, que tengo que darles más, pero ahora me considero hasta mejor mamá porque considero que los puedo escuchar, pues no estoy indiferente, enojada o triste. Por supuesto que de repente tengo malas rachas, sobre todo cuando no me va bien en mi trabajo, porque es un negocio muy difícil, pero yo sé que todo lo que vale la pena cuesta mucho trabajo, entonces sé que tengo que pagar algún precio por tener ese éxito que estoy segura conseguiré. Sé que el costo pueden ser algunas angustias e incluso depresión, pues no es nada fácil tratar de vender casas y terrenos valuados en millones de pesos y que de repente se te caiga la venta, o estar en la incertidumbre de si te pagan o no te pagan, o lidiar con problemas legales; es un negocio complicado pero también te deja muchas cosas buenas. Yo creo que es el mejor trabajo que puedo tener, porque si dependiera de un sueldo creo que ni siquiera me alcanzaría para mantener a mis hijos, además de que tendría que estar sujeta a un horario y no podría ni siquiera verlos; en cambio aquí mi horario lo pongo yo, mi jefe soy yo, mi sueldo lo decido yo, entonces ¿qué más le puedo pedir a la vida?

Estoy aprendiendo a ver y aceptar la forma en que mis familiares me demuestran su amor: me apoyan económicamente, cuidan a mis hijos y están allí incondicionalmente, apoyándome cuando los necesito en momentos difíciles. Ahora entiendo que mi mamá se hizo más daño a ella misma por sus actitudes negativas, depresiones, miedos y agresiones, que el que me hizo a mí. Incluso ese aprendizaje me ha servido para ser mejor mamá, porque me doy cuenta de que de repente me pongo histérica, tal como se ponía mi mamá conmigo, y me dan ganas de pegarles a mis hijos, tal como me pegaba ella. De repente me dan ganas de decirles que me caen gordos, que son unos pendejos, que ya me tienen hasta la madre, pero me detengo. Yo creo que eso es algo muy importante en lo cual las mujeres nos debemos esforzar mucho: romper con el hábito de maltratar a nuestros hijos cuando hemos sido maltratadas por nuestros padres también. Si alguien que lea mi historia, como yo, sufrió el maltrato de su madre o padre, debe hacer el esfuerzo por decidir que ese maltrato termine definitivamente y actuar en consecuencia. Me parece que ese daño que nos hicieron nuestros padres se lo pasamos a nuestros hijos, y si no lo detenemos, más tarde ellos harán lo mismo con los suyos, y eso es dañino desde cualquier punto de vista, pues estamos lastimando a la gente que más amamos. No es fácil, pues muchas veces el maltrato es un mecanismo automático, sobre todo si lo has experimentado de niño, porque por ejemplo de repente me pongo histérica y es como si se me metiera mi mamá, empiezo a hablar como ella y digo cosas terribles, hasta que me doy cuenta de lo que estoy haciendo y me detengo, pero al principio es sin intención; ahí es cuando entiendo también que mi madre tampoco quería hacerme daño.

Creo que entre lo más importante que he hecho y he aprendido está el poner mis límites, en primer lugar con mi madre, y después con la demás gente que me rodea. Me costó muchísimo trabajo decirle a mi mamá que ya no le iba a aguantar que me maltratara; enfrentarse a la madre es lo más difícil porque es una persona a la que amas profundamente y aunque te haga lo que te haga, no la vas a dejar de querer, pero es muy importante enfrentarse a ella, y cuesta trabajo porque ella representa todo lo que uno más quiere en la vida, sobre todo cuando eres niña, pero al mismo tiempo es una persona que también tiene sus defectos y a quien es necesario decirle lo que una siente. Yo así lo hice: compartí con ella los sentimientos que llevo acareando desde chica y han marcado mi vida; le hablé directa y sinceramente, le pedí que dejara de agredirme, que ya no me lastimara más, y creo que lo entendió. Ahora ya no me agrede ni me lastima, pero no fue sino hasta que se lo pedí que cesó sus agresiones. Desde ese momento increíblemente empecé a entender que mi madre es una persona y yo otra, algo nada negativo; simplemente somos dos personas diferentes con formas completamente distintas de ver el mundo y la vida.

Ahora cuando veo a Eloy, ya no tiene poder sobre mí, no le tengo miedo, y a todo mundo, al parecer, le resulta evidente que estoy dispuesta a enfrentarme a él o a cualquier otra persona que pretenda lastimarme. Ahora, lejos de temerle a Eloy, me siento poderosa, y eso se debe fundamentalmente a que le puse un alto muy serio y contundente: levanté un acta de maltrato cuando fue tomado a mi casa y me golpeó, poco tiempo después de nuestra separación. Hablé con su familia, le dije a mi mamá que hablara con sus padres, y ya nunca más volvió siquiera a intentar agredirme. No es él quien cambió, sino yo, simplemente ya no lo dejé entrar a mi vida y a mi intimidad, le dije que ni un insulto ni un golpe más le iba a permitir en la vida. Me tomó muy en serio; me dijo que me ve muy cambiada y que notó que ya no le temo.

Una encrucijada en el camino

¿Qué has hecho con tu vida?
¿Has procurado vivirla de acuerdo a tus sueños?
COELHO

Tal como lo mencionó Ángela en su relato, llega un momento en que nos vemos en una disyuntiva entre los rumbos a elegir para nuestra vida; nos encontramos frente a una suerte de encrucijada que nos da la oportunidad de optar por el camino donde podemos ser felices –éste, en el caso de Ángela, implicaba iniciar una relación sana de amor y confianza, tener la libertad de viajar y trabajar en lo que siempre había soñado–, o escoger la ruta del sufrimiento y la insatisfacción. Se trata de una decisión consciente, madura y a voluntad por elegir el camino de bienestar, que para Ángela, una vez encarrilada en esta vía, le permitió dar un giro positivo en su vida y abrió para ella un mundo nuevo en donde todo lo bueno puede suceder.

Los hijos

Cuando Ángela se empezó a cuidar y transitó por el camino de la recuperación, se dio cuenta de que su actitud hacia la gente, y en general hacia la vida, cambió. Ella misma reflexiona respecto de que a partir de entonces sintió que se volvió mejor mamá y fue cuando empezó a cobrar conciencia de su comportamiento, a veces explosivo y agresivo, el cual pudo controlar. Ángela no sólo se volvió consciente de su actuar, sino que también entendió las razones de este comportamiento, pues tenían que ver con las agresiones que ella misma había sufrido; esto contribuyó a que decidiera no repetir esa conducta, que tanto había marcado su vida, con sus hijos. Los hijos son muy susceptibles a la tensión que llena el entorno, y ésta puede afectar su estado emocional o incluso su salud; de ahí que sea tan importante romper con los hábitos dañinos hacia los hijos.

Las palabras que usamos

Una parte importante en la vía de la sanación es modificar nuestro vocabulario cuando nos referimos a nuestra relación de pareja. Es común, por ejemplo, que se use la palabra "abandono", lo cual conlleva una comprensión distorsionada de las cosas. Si un padre deja a su hijo menor de edad desamparado, el uso de la palabra "abandono" es correcto, pues se trata de un niño cuya vida literalmente depende de sus padres, su alimentación, salud, cuidados, etcétera. Sin embargo, cuando hablamos de una relación de pareja en la que hay dos personas adultas en igualdad de circunstancias, decir que el otro nos abandonó refleja una concepción errónea del asunto, ya que implica que una parte es la víctima y el otro el victimario, cuando en realidad se trata de seres independientes, distintos e igualmente facultados para salir adelante con sus vidas. En esos casos no hablamos de "abandono", sino de una decisión, a veces unilateral, de terminar la relación.

En este contexto, no hay víctimas ni victimarios, sino sólo resultados de decisiones tomadas por adultos. Algo similar pasa con la palabra "fracaso", pues estamos acostumbrados a pensar que una relación que termina es porque fracasó, cuando existen infinidad de razones, siempre distintas y complejas, por las que dos adultos, o a veces sólo uno de ellos, decide terminar una relación. Decir que nuestra relación con una pareja fracasó implica algo negativo, que erramos o que no éramos lo suficientemente capaces de lograr que el enlace funcionara. Pero la verdad es mucho menos simple que eso, pues quizá terminar la relación era lo mejor para los dos, y posiblemente el aprendizaje que les dejó esa experiencia los hizo mejores seres humanos. Es importante entender que una relación, con cosas buenas y difíciles, es una experiencia enriquecedora y que no porque termine implica un fracaso o una pérdida de tiempo, sino quizá una experiencia que también guarda recuerdos bonitos, y que como la mayoría de las cosas en la vida, tuvo su comienzo y su fin.

Poner límites con uno mismo

Casi siempre cuando hablamos de poner límites, nos referimos a ponerlos con los demás para no permitir que nos hagan daño. Sin embargo, frecuentemente somos nosotras mismas quienes nos hacemos más daño. Las formas en que podemos hacerlo son diversas: criticándonos sin piedad, creyendo más en la crítica ajena que en nuestro propio criterio, descreyendo de nosotras mismas, no cuidándonos físicamente, descreyendo de nuestras propias palabras de aliento, y haciendo cosas que no queremos por miedo a desagradar. Lo positivo de todo esto es que tenemos el poder de erradicar estas conductas y empezar a tratarnos con amor y ternura. Primero, dándonos cuenta de las múltiples formas en que nos hacemos daño, y en segundo lugar, cambiando a voluntad y consecuentemente esos hábitos nocivos que tanto nos perjudican.

SANACIÓN

Un amor puro no sabe la fuerza que tiene.

Djavan

Relacionarse nuevamente

Muchas mujeres que han empezado un proceso de sanación después de terminar una relación en la cual han sufrido mucho, tienen miedo de relacionarse nuevamente. Temen perder el bienestar que habían logrado, en algunos casos, experimentar por primera vez en su vida. Después de estar en una relación destructiva es esencial que pasemos por una etapa de recuperación:

sanar heridas, descubrir por qué escogimos tal pareja, reconocer cómo nos hicimos daño a nosotras mismas o a alguien más, conectar con nuestra fuerza interior, levantar nuestra autoestima, enfrentarnos a nuestras dependencias y miedos.

< 311 >

Si no lo hacemos es probable que iniciemos otra relación igualmente dañina.

Para las que estamos en una relación, podemos trabajar en nosotras y mejorar nuestra vida enfocándonos en los mismos puntos.

Es importante notar que si nos fortalecemos y tomamos responsabilidad por nuestras emociones y decisiones, cada vez que iniciemos una nueva relación vamos a amar más sanamente. Vamos a estar dispuestas a analizar las situaciones que afrontamos sin asumir tanta culpa, a poner límites, a valorarnos y expresar lo que sentimos y queremos. Y con cada paso, tu luz interior brillará con mayor fuerza, atrayendo gente más sana a tu mundo. Puede ser algo que logres de manera consciente, alejándote de gente que te hace daño, o puede suceder de una manera más sutil, en la cual aparentemente por casualidad te empiezas a relacionar con personas de buenos sentimientos, leales, que se preocupan por tu bienestar y nutren tu alma.

Todo depende de nosotras

Independientemente de si mantienes una relación en este momento o estás soltera, igual que las mujeres en los relatos, vas a notar que el acto de cambiar y fortalecer tu interior puede producir cambios en quienes te rodean. Nuestra energía afecta cómo nos tratan los demás, sin necesidad de decir nada. Esto se puede observar claramente en los salones de clase, cuando un maestro se presenta por primera vez. Los estudiantes le toman la medida en menos de dos segundos. A veces sucede que el maestro es un hombre altísimo (tan alto que su tamaño podría provocar miedo), pero está nervioso; en consecuencia los muchachos perciben su temor y dan comienzo al desorden. De igual manera, puede suceder que llegue una maestra chaparrita pero con mucha seguridad en sí misma, de modo que antes de pronunciar ella una sola palabra, los mismos estudiantes perciban esa seguridad y en seguida pongan atención.

Uno percibe a quién se le puede gritar o faltar el respeto sin correr ningún riesgo y a quién no, y mucho tiene que ver con nosotros mismos. Impartí un curso a un grupo de padres de familia que no se conocían previamente. Al inicio pedí a un señor que identificara a alguien del grupo a quien no se atrevería a maltratar. No obstante su protesta para cumplir con las instrucciones, dado que no conocía a nadie, finalmente seleccionó a una señora. Ésta le dio la razón y dijo que efectivamente ella era una persona que no se dejaba. Tiene su propio negocio y constantemente debe ser asertiva para protegerlo. Era evidente, por su forma de expresarse, que no se detenía para defenderse o expresar su opinión.

Paulo Coelho relata en su libro *Ser como el río que fluye*[7] una experiencia que tuvo cuando encontró a un hombre tirado en el suelo, sangrando, en Río de Janeiro, de lo que advirtió a la policía. Al descubrir que ignoraron su advertencia regresó, y sin identificarse habló con autoridad exigiendo que se llevaran al hombre al hospital. Esta vez, y pensando por su actitud que era una autoridad, llamaron en seguida a una ambulancia. Coelho concluyo que "todo el mundo es autoridad cuando está convencido de lo que hace", y notó

---

7   Paulo, Coelho, *Ser como el río que fluye*, Grijalbo, México, 2007.

que la confianza y la fuerza con que nos expresamos influyen para que nos hagan caso.

Termino o no con él

Es común que personas que están en relaciones destructivas se sientan incapaces de terminar con ellas a pesar de estar conscientes del daño que les causan. Lo que importa en el inicio no es si terminan o no la relación, sino los cambios internos que están dispuestas a realizar para promover su bienestar. Si aún no has entrenado, no vas a salir mañana a correr el maratón. Éste requiere practicar entrenamiento diario para ponerte en forma. El medio de ponerte en forma para sanar y cambiar son las acciones que realizarás en tu vida (descritas en el primer párrafo de este capítulo) para aumentar tu poder personal. Ya que hayas afrontado tus miedos en la vida diaria, aumentado tu amor propio, etcétera, percibirás los asuntos de tu vida con mayor claridad y así tendrás la fuerza necesaria poder tomar decisiones importantes.

Aprendizaje continuo

A pesar de nuestros grandes logros, seguimos aprendiendo en las relaciones. Hace unos meses Rosario me comentó que estaba triste y decepcionada consigo misma porque después de trabajar mucho en su propia mejora, comenzó una relación con alguien muy problemático, y me decía: "Caray, mejoré mi relación con mi hija, con mi familia, con mis compañeros en el trabajo, pero fallé porque inicié una relación con Félix, y estoy casi segura de que él mantiene una relación íntima con su ex esposa".

A lo anterior le respondí que no importa si inició o no una relación con él, sino lo que ella va a hacer ahora que se dio cuenta de que Félix no puede ofrecerle lo que ella quiere. Rosario pensó en lo que realmente quería en una relación, y como consecuencia decidió terminar con aquél. Antes de tomar esa decisión, cuando Félix la minimizaba (él tendía a criticarla mucho), Rosario reaccionó distinta de lo que era su viejo hábito: no lo permitió y puso un límite. Cuando él la culpaba, ella ya no asumía esa culpa. Y eso es la evidencia de logros y acciones concretas que Rosario ha implemento en su vida. A veces se puede experimentar una recaída o repetir viejos hábitos, pero la diferencia es que luego de un proceso de sanación tendremos conciencia de lo que ocurre y sabremos lo que debemos hacer para regresar a nuestro camino de bienestar.

Las breves recaídas no suprimen los logros, ni la sabiduría que hemos desarrollado.

Paciencia

La sanación es un proceso que requiere tiempo. Si te dan un cuchillazo en el corazón, aunque vayas con el mejor médico del país, no vas a sanar de un día para otro. Cada día te curarás de poquito en poquito. Sanar requiere de paciencia, confianza en el proceso, y poner mucho de nuestra parte.

Es un proceso

El crecimiento personal es algo que ocurre durante toda la vida. Es parecido a subir por una escalera. Con cada escalón que subas te darás cuenta de algo más que quieres mejorar en ti, o un nuevo reto al que quieres enfrentarte hasta que llegas al siguiente escalón, donde te darás cuenta de lo mismo. Lo importante es tener el valor de seguir subiendo.

Quererte a ti mismo

El término quererse a sí mismo puede sonar muy abstracto. Quizás te hayas preguntado: "¿Cómo lo logro?". Como en todo, hay pasos concretos que podrías realizar para generar amor propio. El acto de cuidarse es algo que se ve reflejado en distintos ámbitos:

El cuidado físico. Es importante cuidarnos físicamente, hacer ejercicio, arreglarnos, comer de manera saludable. Cuando el descuido emocional se ve reflejado en el descuido físico, repele a las personas.

Poner límites. No permitir que te hagan daño.

Ser asertiva. Decir que no cuando quieres negarte y sí cuando quieres aceptar. Expresar lo que quieres y sientes.

Cuidarte a ti misma, hablándote con respeto y cariño. Cada día puedes amanecer con el compromiso de amarte, respetarte y no criticarte.

Sentir que eres merecedora de cosas buenas. Puedes repetir: merezco ser feliz, merezco tener éxito en mi trabajo, merezco...

Escuchar a tu corazón. Nuestro corazón nos habla y nos dice mucho sobre lo que está pasando en nuestra vida, lo que sentimos y lo que queremos. A veces es necesario callar el ruido en nuestra mente para poder escuchar la voz de nuestro corazón y hacerle caso.

Hacer algo que nunca has hecho o considerabas fuera de tu alcance poder realizar. A lo mejor querías aprender a tocar el violín o aprender a bailar danza árabe pero hasta la fecha no has comenzado pensando que no eras capaz de lograrlo. Esto expandiría la idea de lo que te consideras capaz de hacer y sentirás una enorme satisfacción contigo misma.

Espiritualidad

El desarrollo de la espiritualidad es importante en el proceso; puedes ejercer la fe y tu conexión con lo divino en la medida que ellas son significativas para ti. Puedes hablar con la fuerza divina ofreciendo palabras sinceras de tu corazón y practicar la teomanía (véase el testimonio de Sonia).

La naturaleza como fuerza sanadora

Imparto talleres a personas que quieren sanarse, en los cuales realizamos prácticas para conectar con las fuerzas de la naturaleza como parte integral del proceso de crecimiento y sanación. Hemos subido montañas, viajado al mar, dormido adentro de la tierra, y pasado la noche junto al fuego. A veces el conocimiento y la capacidad de los seres humanos

nos llevan hasta cierto punto, y conectarnos con la fuerza de la naturaleza nos permite crecer aún más y enfrentarnos a miedos y limitaciones, y conectar con lo divino. He visto gente dejando atrás dolores profundos en el seno de la madre tierra durante un *entierro*[8] (práctica en la cual una pasa toda la noche adentro de la tierra con la presencia del fuego), y conectando con su fuerza interior y la vida al subir una montaña por primera vez.

Los antiguos mexicanos decían que la naturaleza es el rostro visible de Dios y que los poderes de ella (el sol, la tierra, el viento, el agua y el fuego) son seres vivos que tienen una conciencia con la cual podemos desarrollar una relación personal, comunicar y recibir respuestas acerca de situaciones que estamos afrontando. También podemos agradecerles por brindarnos fuerza, amor incondicional y sustentarnos. Allí, en la naturaleza, podemos conectarnos con la fuerza divina sin intermediarios (Sánchez, 2004).

Al internarnos en el mundo natural, percibimos que estamos rodeados de belleza. En nuestra vida cotidiana tendemos a vivir adentro de nuestra cabeza y olvidamos la belleza de la naturaleza y nuestra conexión con ella: olvidamos observar a los pájaros y oír su canto, escuchar el ruido de las olas del mar después de una tormenta, y experimentar la intensidad de una puesta del sol; todo lo cual trae bienestar a nuestro interior. Escuché a un desconocido exclamar al llegar a una playa virgen en una isla brasileña: "El paraíso existe."

---

8   Técnica diseñada por Víctor Sánchez en su libro *Las enseñanzas de don Carlos*, derivada de la obra *Viaje a Ixtlan*, de Carlos Castaneda.

Proyecto de vida

Tener un proyecto propio nos permite encontrar un sentido en nuestra vida. Nuestros sueños son los que nos hacen vibrar y nos dan placer. Quien está luchando por un sueño vive con un entusiasmo y energía tal que parece como si tuviera el dedo metido en un enchufe. Es común que cuando uno está en una relación por el afán de que todo salga bien, se convierte en el satélite de su pareja y deja sus sueños a un lado. Poco a poco esto puede resultar en una infelicidad que tarde o temprano terminará consumiendo tu alma. Comenzar a pensar en ti, en tus metas, en lo que te gusta hacer, después de pasar por un periodo durante el cual no lo hiciste, puede resultar difícil.

No te desanimes. Puedes empezar con algo grande o pequeño, pero busca algo que te provoque entusiasmo en este momento. Puedes, por ejemplo, tomar una clase de canto, trabajar en un proyecto de niños desamparados o terminar la maestría que iniciaste hace años. Y el iniciar lo que deseas te llevará a otros lugares donde te darás cuenta con más claridad de otras cosas que quieres hacer. Permítete soñar y volver a creer en tus sueños. Todos de chicos teníamos sueños hasta que un día, quizás, alguien con autoridad no creyó en ellos y permitimos que esa opinión se volviera la nuestra.

Una parte integral de un proyecto de vida es ver lo que podemos ofrecer al mundo. Todos tenemos algo que dar y podemos vernos a nosotros y a los demás bajo esa lente. Es importante identificar cuál es nuestro talento y manera única de aportar. Hace poco, un rabino me compartió este ejemplo: visualiza un calendario de pared e imagina que los días que se ven reflejados allí son los que te quedan de vida. Cada día arrancamos una página y nos queda un día menos. Si antes de arrancar la hoja procuramos hacer algo para hacer una diferencia en la vida de alguien o por la vida del planeta, podemos después meter la hoja en una carpeta y procurar que con el paso de cada día la carpeta se vaya llenando. Estos actos hacen brillar nuestra alma.

Hacer algo por el mundo puede incluir ayudar a un ser humano, salvar la vida de un insecto, limpiar un río, abrazar a alguien que está triste, y no es necesario que el acto sea tan reconocido como para aparecer en la primera plana del periódico, sino que lo que importa es que sea algo auténtico, algo que haga que el día de hoy sea distinto al de ayer.

Agradecer

El acto de agradecer es muy poderoso. Al terminar cada día puedes hacer una lista de todas las cosas satisfactorias que te sucedieron, grandes o pequeñas. Eso nos llena de gratitud. La lista puede incluir cosas tan simples como tomar un baño con agua caliente, o recibir una sonrisa sincera de un desconocido.

BIBLIOGRAFÍA

CASTANEDA, Carlos, *Viaje a Ixtlan*, Fondo Cultura Económica, México, 1974.

COELHO, Paulo, *Ser como el río que fluye*, Grijalbo, México, 2007.

GASPARETTO, Zibia, *A verdade de cada um*, Centro de Estudos Vida & Consciência Editora LTDA, São Paulo, 2003.

GASPARETTO, Zibia, *Nadie es de nadie*, Centauro Prosperar, Bogotá, 2003.

GASPARETTO, Zibia, *Tudo tem seu preço*, Centro de Estudos Vida & Consciência Editora LTDA, São Paulo, 2003.

GASPARETTO, Zibia, *Tudo valeu a pena*, Centro de Estudos Vida & Consciência Editora LTDA, São Paulo, 2003.

HERMAN, Judith, *Trauma and Recovery*, M. D. Basic Books, Nueva York, 1997.

NORWOOD, Robin, *Mujeres que aman demasiado*, Ediciones Byblos, Barcelona, 2004.

SÁNCHEZ, Víctor, *Las enseñanzas de don Carlos*, Gaia Ediciones, Madrid, 1995.

SÁNCHEZ, Víctor, *The Toltec Oracle*, Bear & Company, Vermont, 2004.

SÁNCHEZ, Víctor, *The Toltec Path of Recapitulation*, Bear & Company, Vermont, 2001.

VILLOLDO, Alberto, *Las cuatro revelaciones*, Editorial Sirio, Málaga, 2007.

Cómo sanar de amores difíciles, de Bonnie Grossman,
se terminó de imprimir y encuadernar en julio de 2011
en Quad/Graphics Querétaro, S. A. de C.V.
Fracc. Agro Industrial La Cruz,
El Marqués, Qro.

Yeana González, dirección editorial; Elman Trevizo, coordinación editorial;
Gilma Luque, edición; María Fernanda Heredia, cuidado de la edición;
Víctor de Reza, formación y diseño